'신성한 지혜'를 찾아가는 여정

일러두기 / 이 책은 자아통달 책 시리즈의 4번째 책으로, 제2 광선의 초한인 로드 란토께서 킴 마이클즈를 통해 전달해 주신 책입니다. 자아통달 시리즈는 1권부터 순차적으로 읽어 나가면서 각 광선에 대한 통달을 달성하는 것을 목표로 합니다. 각 광선의 통달은 자신의 아이앰 현존(I AM Presence) 및 상승 마스터들과 내면에서 연결되고 자신의 창조력을 물질 세상에 자유롭게 표현하는 과정입니다. 창조력은 세상이나 다른 사람을 바꾸기 위해서는 작동하지 않습니다.

'신성한 지혜'를 찾아가는 여정

ⓒ2017~, Kim Michaels

킴 마이클즈가 저술한 책을 비영리 단체인 '그리스도 의식을 추구하며' 카페에서 공부하는 상승 마스터 학생들이 번역하고 디자인 및 편집을 해서 직접 책을 펴냈습니다. 이 책의 한국어판 저작권은 저작권자인 킴 마이클즈와 계약을 한 '그리스도 의식을 추구하며' 카페에 있습니다. (인터넷 카페 http://cafe.naver.com/christhood)

아이앰 출판사(http://cafe.naver.com/iampublish)는 '그리스도 의식을 추구하며' 카페가 상승 마스터 가르침을 널리 알리기 위한 목적으로 설립했으며, 2015년 9월 4일 (제 2015-000075호)에 등록되었습니다. 주소는 서울시 송파구 장지동 송파파인타운 11단지 내에 있습니다.

번역 및 출판: 아이앰 편집팀. 이 책은 회원들의 후원금으로 출판되었습니다.

2017년 11월 7일 펴낸 책(초판 제1쇄)
2020년 2월 10일 다시 펴냄
ISBN 979-11-962233-3-5
CIP 2017028703

이 도서의 국립중앙도서관 출판예정도서목록(CIP)은 서지정보유통지원시스템 홈페이지 (http://seoji.nl.go.kr)와 국가자료공동목록시스템 (http://seoji.nl.go.kr/kolisnet)에서 이용하실 수 있습니다.

'신성한 지혜'를 찾아가는 여정

The Mystical Initiations of Wisdom

Lord Lanto

킴 마이클즈

I AM

킴 마이클즈(Kim Michaels)
1957년 덴마크 출생. 킴 마이클즈는 50여 권의 책을 펴낸 저자이자 이 시대의 가장 탁월한 메신저 중의 한 사람입니다. 15개국에서 영적인 컨퍼런스와 워크숍을 이끌면서 많은 영적인 탐구자들의 상담자 역할을 해왔으며, 영적인 주제를 다루는 다수의 라디오 프로그램에 출연하기도 했습니다. 그는 다양한 영적인 가르침을 광범위하게 연구해 왔으며, 의식을 고양하는 다양한 실천 기법들을 수행했습니다. 2002년 이래로 그는 예수를 비롯한 여러 상승 마스터들의 메신저로 봉사하고 있습니다. 그는 신비주의 여정에 관한 광범위한 가르침을 전해주었으며, 그 가르침은 그의 웹사이트에서 무료로 제공되고 있습니다.

공식 한국어 번역 사이트(http://cafe.naver.com/christhood)
비영리 단체인 '그리스도 의식을 추구하며' 네이버 카페에서는 킴 마이클즈가 지난 10년 이상 웹사이트에 공개한 상승 마스터들의 메시지 및 기원문을 번역해서 제공합니다. 누구나 가입해서 자유롭게 내용을 볼 수 있으며, 상승 마스터 가르침을 따라 스스로 내면의 여정을 걸어갈 수 있는 환경을 만들려고 노력하고 있습니다. 카페에서는 정기적인 온라인/오프라인 모임과 상승 마스터 컨퍼런스, 자아통달, 힐링 수행 과정을 진행하고 있습니다. (상세 내용은 책 끝부분 참조)

전통적으로, 두 번째 광선은 지혜와 깨달음 그리고 자각을 대표한다고 알려져 있습니다. 더 깊은 차원에서 보면, 이 광선은 분리된 자아가 비실재이며, 분리가 환영임을 알게 해 주는 광선입니다. 바로 이러한 두 번째 광선을 통해, 모든 생명이 하나라는 근원적인 진실을 체험할 수 있습니다, 어디에나 존재하는 창조주 입장에서 보면, 어떤 것도 분리될 수가 없기 때문입니다. 두 번째 광선은 더 높은 이해에 마음의 문을 열게 하는 특성을 지니며, 이것은 마치 근원적인 하나됨이라는 동일한 진실을 많은 다양한 형태로 표현할 수 있다는 깨달음과 같습니다.

킴 마이클즈

차례

소개 · 1

1. 두 번째 광선 소개 · 3

2. 마스터 란토 소개 · 5

3. 비실재에서 실재를 분별하기 · 9

4. 지혜와 힘 · 19

5. 란토의 영을 기원합니다 · 35

6. 지혜와 깨달음 · 55

7. 란토와 하나됨을 기원합니다 · 73

8. 지혜와 사랑 · 93

9. 사랑이 동기가 되기를 기원합니다 · 113

10. 지혜와 순수 · 133

11. 순수한 동기로 지혜를 추구하기를 기원합니다 · 151

12. 지혜와 비전 · 171

13. 지속적인 승리의 태도를 기원합니다 · 189

14. 지혜와 평화 · 209

15. 붓다의 지혜를 기원합니다 · 225

16. 지혜와 자유 · 245

17. 영(Spirit) 안에서 자유를 기원합니다 · 265

2.01 엘로힘 아폴로와 루미나 디크리 · 285

2.02 대천사 조피엘 디크리 · 289

2.03 마스터 란토 디크리 · 293

주요 용어집 · 297

자아통달 과정

한글 서적 명	시리즈
'영원한 나'를 찾아가는 여정	1
내면의 창조적인 힘 (1광선)	3
'신성한 지혜'를 찾아가는 여정 (2광선)	4
'조건 없는 사랑'을 찾아가는 여정 (3광선)	5
'영적인 순수함'을 찾아가는 여정 (4광선)	6
'초월적인 비전'을 찾아가는 여정 (5광선)	7
'내면의 평화'를 찾아가는 여정 (6광선)	8
'영원한 자유'를 찾아가는 여정 (7광선)	9
생명의 강과 함께 흐르기 (8광선) 생명의 강과 함께 흐르기-실습교재	2

그리스도 신성 과정

한글 서적 명	시리즈
그리스도 신성의 마스터키	1
그리스도 신성의 마스터키 - 기원문	2

힐링 과정

한글 서적 명	시리즈
예수와 함께했던 나의 생애들	1
힐링 트라우마	2
신성한 계획 완성하기	3
최상의 영적인 잠재력 완성하기	4
지구에서 평화롭게 존재하기	5

책 끝부분에 각 과정에 대한 소개가 나옵니다.
(종이책 및 전자책(ebook)은 카페에서 구입 가능합니다)

소개

이 책은 자아통달(Self-Mastery)의 여정 시리즈 중 한 권입니다. 이 시리즈의 목적은 영적인 일곱 광선의 신비 입문에 대해 알고, 입문을 통과할 수 있도록 완전한 과정을 제공하는 것입니다. 이 책들은 점진적인 시리즈 형태로 구성되어 있습니다, 그래서 이 책을 읽기 전에 신의 권능을 다루는 첫 번째 광선의 책으로 이 과정을 시작하기를 추천합니다.

이 책은 여러분에게 내면의 지혜를 여는 방법을 보여줄, 두 번째 광선의 특성을 가르칩니다. 여러분이 상승 마스터 가르침에 생소하다면, 이 시리즈의 첫 번째 책인 '영원한 나를 찾아가는 여정(The Power of Self)' 책을 읽으면 큰 도움이 됩니다, '영원한 나를 찾아가는 여정'은 상승 마스터가 가르치는 영적인 여정을 전반적으로 소개합니다. 그 책은 여러분이 이 책의 가르침을 보다 잘 활용할 수 있게 하는 좋은 토대를 마련해줍니다.

이 책은 여러분이 가르침을 더 잘 통합하고 적용하도록 돕기 위한 교재로 설계되었습니다. 학습하는 장에 해당하는 기원문을 낭송하면, 최상의 결과를 얻게 됩니다. 9일 동안 하루에 한 번씩 특정한 기원문을 낭송하고, 해당하는 구술문의 일부를 기원문 낭송 전후에 학습하기를 권합니다. 매일 저녁, 미국 와이오밍주 그랜드 티톤산 너머 에테르층에 있는 마스터 란토의 은거처로 데려가 달라고 요청하세요.

여러분이 기원문을 소리 내어 낭송함으로써, 고진동의 영적인 에너지를 기원하게 됩니다. 기원문에 대한 더 많은 정보와 기원문을 낭송하는 방법은, 다음 사이트를 참조하세요:

www.TranscendenceToolbox.com.

상승 마스터들에 관해 더 자세히 배우고, 구술문이 어떻게 주어지는지 알고 싶으면 다음 사이트를 방문하세요:

www.AscendedMasterLight.com

1
두 번째 광선 소개

색상: **황금색**

해당 차크라: **크라운 차크라**

엘로힘: **아폴로**(Apollo)와 **루미나**(Lumina)

대천사: **조피엘**(Jophiel)과 **크리스틴**(Christine)

초한: **마스터 란토**(Master Lanto)

두 번째 광선 디크리: 2.01 엘로힘 아폴로와 루미나 디크리, 2.02 대천사 조피엘 디크리, 2.03 마스터 란토 디크리 (이 책의 후반부에 있습니다).

두 번째 광선의 순수한 특성

두 번째 광선은 전통적으로 지혜, 깨달음, 자기 이해(self-knowledge)의 광선으로 알려져 있습니다. 더 깊은 차원에서 보면, 이 광선은 분리된 자아가 비실재이며, 분리가 환영임을 알게 해주는 광선입니다. 두 번째 광선을 통해 모든 생명이 하나라는 근원적인 진실을 체험할 수 있습니다, 아무것도 무소부재한 창조주와 분리되어 존재할 수 없기 때문입니다. 더 높은 이해를 향해 마음을 여는 것도 두 번째 광선의 특성입니다, 이를 통해 진리에는 여러 가지 타당한 표현들이 있으며, 이들은 모두 하나됨이라는 동일한 근원적인 실재를 가리킨다는 깨달음을 얻습니다.

두 번째 광선의 왜곡

두 번째 광선의 왜곡은 모든 것을 안다거나 궁극적인 진리가 있다는 거짓 지혜입니다. 이러한 환영은 이원성이라는 핵심 환영에 토대를 두고 있는데, 이원성 환영은 "실재"가 분리된 부분들로 나누어질 수 있으며, 그 분리된 마음은 무엇이 진실이고, 무엇이 진실이 아닌지를 결정할 수 있는 권리와 능력을 지닌다는 것입니다. 두 번째 광선의 왜곡은 절대적으로 자신이 옳다고 확신하는 사람, 특히 광신적인 사람에게서 볼 수 있고, 다른 사람들을 강제로 복종시키려는 사람에게도 나타납니다. 또 다른 왜곡은 지성주의로, 지성주의에 사로잡힌 사람들은 개념 너머 언어로 표현할 수 없는 영(Spirit)에 대한 직접적인 체험없이 어떤 개념에 대해 찬반의 논쟁을 벌입니다.

2
마스터 란토 소개

특수 조명과 필터를 사용하여 색상에 광채를 더하고 황금빛을 겹치는 효과를 준 영화를 본 적이 있나요? 그렇다면 여러분은 마스터 란토의 현존 안에 있는 것이 어떠한지 잠시나마 엿본 것입니다. 마스터 란토의 오라(aura)는 대단히 크고 황금빛으로 충만해서, 여러분은 마치 다른 세상에 온 듯이 느껴집니다, 모든 것이 명료하고, 모든 것이 올바로 있기에 아무것도 그 평화를 방해할 수 없습니다. 정말로 그렇습니다.

마스터 란토는 고대 중국에서 몇 번 육화했으며, 공자의 저술을 통해 알려진 중국 지혜의 창시자로, 주공(周公)으로 널리 알려져 있습니다. 란토는 기원전 500년에 성불했고 상승했습니다. 그는 어느 한 생에서 신을 향한 깊은 헌신을 성취하여 자신의 가슴 센터, 가슴 차크라에서 육안으로 보이는 황금빛 광채를 발산하게 되었습니다. 그 이후로 빛은 더 확장되어 그의 에테르 형상 주위의 넓은 영역으로 황금빛을 발산하고 있습니다. 여러분이 이 빛 안으로 들어서면, 참으로 다른 세계에 있게 되며, 실로 모든 것을 꿰뚫어 보는 지혜의 눈, 이원성 의식의 모든 연막을 꿰뚫는 제3의 눈(single eye)에서 아무것도 숨길 수 없는 세계에 있게 됩니다.

마스터 란토는 초한보다 훨씬 높은 수준을 달성했지만, 상승하지 않은 형제자매에 대한 사랑으로 이 직위에서 봉사하는 일을 선택했습니다. 두 번째 광선의 항상 초월하는 완전한 지혜를 통해 표현되는 이 사랑은, 란토의 학생이 될 자격을 얻으려고 지원하는 사람들을 변형시킵니다.

마스터 란토의 학생이 될 수 있는 자격은 무엇일까요? 여러분은 단지 한 걸음 물러나, 기꺼이 자신의 인식 필터를 살펴보아야 합니다. 그러면 란토께서는 개인의 인식 필터와 깨달음의 화염을 통해 보이는 실재 간의 차이를 보여줍니다, 그 깨달음의 화염은 미국 와이오밍주 그랜드 티톤(Grand Teton) 산 위에 있는 란토의 로열 티톤 은거처에 정박되어 있습니다.

이것은 매우 특별한 기회인데, 자신의 삶에 대한 관점이 인식 필터에 의해 어떻게 채색되어 있는지를 보면서도 자신이 잘못되었거나 어리석다고 느끼지는 않기 때문입니다. 여러분은 비실재를 바라보면서 그 이면의 실재도 인식하게 되며, 이는 아무런 필터 없이 진정한 자기 자신을 본다는 의미입니다. 여러분은 인식 필터라는 것이 단순히 자신이 받아들인 무엇이며, 자신의 과거의 의식 수준에서는 너무나 확고하게 타당했기 때문에 받아들였음을 알게 됩니다. 이제 여러분이 더 높은 의식 상태에 이르렀다면, 자신을 제한하고 자신이 누구인지 제대로 볼 수 없게 만드는 인식 필터를 왜 붙잡고 있겠습니까?

마스터 란토는 이원적인 추론 형태인 뱀의 논리가 가진 교묘함을 학생들이 간파하도록 돕는 데 타의 추종을 불허합니다. 그는 이것이 점진적인 과정임을 알고 있으며, 언제나 고대 지혜의 전통이 가진 특징인 장기적인 안목으로 바라봅니다. 마스터 란토는 붓다의 경지에 이르렀기에, 시간은 그에게 중요한 요소가 아니며 그는 학생들에게 무한한 인내심을 가지고 있습니다.

여러분이 자기 에고를 방어하거나 정당화하려는 욕망을 가지고 뱀의 논리로 그를 설득하려 한다면, 그는 여러분이 그에게 투사를 계속하는 동안 참을성 있게 들어줄 것입니다. 결국, 여러분은 어떤 말보다 더 에고를 화나게 만드는 온화한 미소 외에는 란토에게서 아무런 반응도 볼 수 없을 것입니다. 여러분은 교활한 논리를 그에게 계속 투사하다가 결국은 막다른 골목에서 혼란에 빠지게 되고, 란토의 지도를 받을 수밖에 없는 상황에 이릅니다.

여러분이 의식을 전환하고 철학적 딜레마에서 벗어나도록 란토께 도움을 요청한다면, 그는 여러분이 성취한 수준과 이원성 너머를 보려는 의지에 맞춰 인도해 줄 것입니다. 여러분이 란토께 더 이상 아무것도 숨기지 않는다면, 그가 모든 것을 꿰뚫어 보면서도 항상 조건 없는 사랑을 가지고 인도하고 있음을 알게 됩니다. 마스터 란토는 뱀의 마음이 정의한 모든 조건을 꿰뚫어 보면서, 참된 여러분을 대체하는 어떤 조건도 받아들이지 않습니다.

그는 항상 진정한 여러분을 지원하므로, 학생들은 결국 자신들이 보지 못하는 무엇을 란토께서는 그들 내면에서 보고 있음을 깨닫습니다. 여러분이 란토의 눈을 통해 자신을 보려는 진정한 바람을 가질 때, 여러분은 지혜 광선뿐만 아니라 일곱 광선 모두를 통해 흐르는 무한하고 무조건적인 사랑을 발견합니다. 이때 란토의 눈은 반짝이기 시작하며 그의 미소는 세상을 초월한 듯한 붓다의 표정에서, 반가워하며 인정하는 매우 친근한 미소로 바뀝니다.

3
비실재에서 실재를 분별하기

나는 두 번째 광선의 초한 마스터 란토입니다. 두 번째 광선은 흔히 신의 지혜의 광선으로 여겨졌습니다. 그런데 내가 신의 지혜라고 말할 때, 왜 많은 사람이 "지혜"라는 단어에만 집중하고 "신"이라는 단어를 잊어버릴까요? 사람들은 지혜가 세상의 지혜를 의미한다고 생각하는데, 신의 지혜를 마음속에 떠올리는 데 어떤 참조틀을 가지고 있길래 그러할까요? 많은 사람이 신의 우상을 마음속에 가지고 있습니다, 그래서 신의 지혜를 이 세상을 초월하는 지혜라고 생각하면서도, 자신들이 수 백년, 수 천년 동안, 심지어 기록된 역사 이전부터 숭배해온 거짓된 신의 이미지에서 오는 지혜로 보게 됩니다.

사실상 지구의 본질적인 문제는 최초의 추락한 천사들이 지구로 내려온 이후에 사람들이 갖게 된 거짓된 신의 이미지라고 말할 수 있습니다. 당시에 그들은 사람들의 관심을 끄는 무슨 형상이든 이용했고, 외부의 신이라는 그들의 우상을 퍼뜨렸습니다.

그러나 신을 전혀 모르면서 어떻게 신의 지혜를 알 수 있겠습니까, 신보다 우주를 운영하는 방법을 더 잘 안다고 생각한 추락한 존재들이 지구 안팎에서 만든 작은 멘탈 박스에 신이 들어맞아야 한다고 생각한다면 말입니다. 확언하건대, 만약 추락한 천사들에게 우주를 운영하는 책임을 줬다면, 우리가 열역학 제2 법칙으로 설명한 원리에 따라 우주는 벌써 오래전에 자멸했을 것입니다. 내부의 모순이 내재된 어떤 체계든 결국 무너지기 마련이며, 이는 우리가 뱀의 마음이라고 부르는 이원성 의식이 창조한 거짓 지혜에 기반을 두고 있기 때문입니다.

로열 티톤 은거처로의 특별한 초대

두 번째 광선의 초한으로서, 나는 여러분이 이 책의 기원문을 낭송하면, 로열 티톤 은거처에 와서 특별한 수업을 받을 수 있도록 초대하겠습니다. 이 수업은 뱀의 지혜를 꿰뚫어 볼 의지가 있는 사람들과, 이원성 베일 뒤에서 자의적으로 지혜를 정의하는 존재들의 메커니즘을 간파할 준비가 된 사람들에게 도움이 됩니다. 추락한 존재들은 지구에서 가장 흔한 공통된 믿음에 사람들을 가둬 두려고 집단의식 속에 많은 교묘한 관념들을 삽입했습니다, 여러분은 여기서 해방되는 방법을 자신의 의식 수준에 따라 단계적으로 지도를 받습니다. 그 교묘한 믿음은 다음과 같습니다: "우리는 절대적인 진리를 알고 있다. 우리는 무엇이 실재인지, 무엇이 진실인지 알고 있다, 우리는 신이 있는지 없는지, 신이 어떤 존재인지 알고 있다. 신은 우리 종교에서 묘사하는 바와 같다. 아니면 우리의 유물론이라는 종교에 의하면 신은 존재하지 않는다."

그리고 이 수업은 이 책의 기원문을 낭송하고, 잠들기 전에 미국 와이오밍 티톤 산맥 너머에 있는 로열 티톤 은거처로 데려가 주기를 요청하는 사람에게 주는 특별한 제안입니다. 이 산에서 가장 높은 봉우리는 그랜드 티톤(Grand Teton)이라 부르며, 여러분은 거기서 우리 은거처로 들어가는 황금 문을 찾을 수 있습니다. 이전에는 이 문을 거대한 청동 문으로 묘사했지만, 지구의 영적인 사람들이 많이 참석하면서 우리는 영의 연금술을 통해 이 문을 황금으로 업그레이드했습니다.

사람들이 은거처의 문을 지나 안으로 들어가면 중앙 홀 제단에서 찬란하게 빛나고 있는 깨달음의 황금빛 화염을 보게 됩니다. 그 위에는 지구에 있는 유명한 건축물에서 볼 수 있는 돔보다 훨씬 더 거대한 돔으로 덮인 넓은 공간이 있습니다. 돔은 기둥이 없는 대신, 돔의 무게를 견디는 강도를 가진 빛의 기둥으로 지지됩니다. 그 돔은 물론 물질적인 질료로 만들어지지 않았지만, 그것을 지지하는 빛보다는 밀도가 더 높은 질료로 만들어졌습니다.

물질우주를 지탱하는 빛

이는 모든 것이 빛으로 지지 된다는 사실을 상징합니다. 물질우주에서 눈에 보이는 물질로 구현된 모든 것은 진실로 빛의 기반 위에 떠 있습니다. 옛날 한 동양의 스승이, 전 우주가 거북이 등 위에 있다고 말하자, 누가 이런 질문을 했다는 우화가 있습니다, "그럼 그 거북이 밑에는 무엇이 있나요?" 그는 이렇게 대답했습니다: " 그 거북이 밑에 또 다른 거북이가 있고, 그 밑으로 계속 다른 거북이들이 받치고 있지." 물론, 이것은 선형적인 마음을 당황하게 만드는 선불교의 전통 선문답입니다. 우주를 받치고 있는 거북이 같은 것은 없지만, 물질우주를 지탱하는 빛이 있으며, 실로 위와 아래 사방이 전부 빛입니다. 어느 방향으로 가든 결국, 창조주의 존재까지 이어집니다.

로열 티톤 은거처로 오는 진정한 목표는 두 가지입니다. 첫째는 필사적으로 모든 것을 알기 원하며 삶의 모든 측면, 신에 대한 모든 측면을 데이터베이스에 넣으려는 선형적이고 분석적인 지성의 마음을 당황하게 만드는 일입니다. 지성의 마음은 마주치는 모든 것을 분류하고, 어떤 꼬리표를 붙여서 데이터베이스 안에 넣으려 합니다. 이것이 분석적인 마음의 영원한 목표이며, 그러고 나서야 할 일이 다 끝났다고 느낍니다. 그러면, 에고는 여러분과 여러분의 삶을 통제할 수 있다고 느끼는데, 여러분이 꼬리표를 받아들였기 때문입니다.

따라서 로열 티톤 은거처에서 우리의 첫 번째 목표는, 여러분이 자신과 신과 물질 영역의 삶 모든 측면에 붙여 놓은 이런 꼬리표들을 다 떼어버리도록 돕는 것입니다. 우리는 여러분을 도와, 인류가 영겁의 세월 동안 스스로 부과한 제한들을 넘어서는 일이 가능함을 보여줍니다. 그 제한들은 집단의식 속에서 강화되어, 오늘날 많은 사람은 그리스도가 지상을 거닐었을 때 자연법칙을 넘어서는 기적을 행했다는 것을 믿으려 하지 않습니다. 그들은 내 마지막 생애에서 내 육신을 통해 발산되는 삼중 불꽃을 볼 수 있었다는 사실도 믿지 않을 것입니다.

오늘날 세상의 많은 사람은 그런 생각들을 즉시 거부할 것입니다, 이는 자기 내면에 있는 신의 힘을 무시하고 제한하는 믿음으로 인해 집단의식이 어떻게 오염되었는지를 분명하게 보여줍니다. 예수께서 말했듯이 "사람으로서는 불가능하나, 신과 함께라면 그렇지 않습니다, 신과 함께라면 모든 것이 가능합니다." 그렇습니다, 모든 일이 가능합니다!

여러분이 상상하고 받아들일 수 있는 것은 모두 물질적으로 구현될 수 있습니다. 어머니 빛인 마터 빛(Ma-ter light)은 충분한 강도로 그 위에 투사된 이미지를 모두 구현해냅니다. 오늘날 여러분이 물질층에서 보는 것은 집단의식이 투사한 이미지일 뿐입니다. 지구에서 보는 것 모두가, 과거와 현재에 지구 거주민들의 집단의식이 투사한 것입니다. 여러분이 새로운 이미지를 투사할 때, 그것은 물질우주의 네 층을 통해 내려오면서 외부의 구현물을 변화시킵니다.

신의 지혜는 지성이 아닙니다

여러분이 스스로 받아들였던 제한들에 도전하지 않는다면, 여러분의 지성을 만족시키고 영적으로 진보된 학생이라고 느끼게 하는 일이 무슨 의미가 있을까요? 여러분은 인류의 영적 스승인 우리가 세속적인 의미에서 학생들이 더욱더 현명해지도록 세속적인 지혜를 쏟아 부어 주리라 생각합니까? 우리는 아주 오랫동안 교사였으며 우리 중 일부는 수 세기 전에 상승했습니다. 따라서 육화했을 때와 그 이후에 수많은 학생을 보아왔습니다. 우리는 학생들이 어떻게 오는지, 얼마나 지혜를 원하는지, 사람들 가운데서 얼마나 현명하게 보이고 싶어하는지 보았습니다. 그들은 세상에 나가 다른 사람들보다 더 낫다고 인정받으려는 에고를 만족시킬 수 있도록 상승 마스터들로부터 지혜를 얻고 싶어합니다.

물론 우리는 모든 학생을 환영합니다, 특히 로열 티톤 은거처는 사람들이 더 높은 가르침에 준비되었을 때 처음 오는 시작 단계의 은거처입니다. 우리는 학생이 처음 왔을 때, 품고 있는 어떤 기대든 충족시켜야 합니다. 하지만, 우리는 세속적인 지혜의 한계를 기꺼이 인정하는 지점에 도달한 사람들을 찾습니다. 그들은 영적인 세계의 이런저런 측면이나 우주 법칙의 이런저런 측면에 대해 지적이고 철학적인 설명 너머의 것을 추구할 의지가 있습니다. 학생들이 이 수준에 오면, 우리는 그들이 초월할 수 있도록 은거처에서 더 높은 과정을 제공합니다. 그들은 로열 티톤 은거처에 오는 두 번째의 진정한 목적이 깨달음의 화염인 빛의 황금 망토를 만지는 것임을 점차 인식하게 됩니다, 그 깨달음의 화염은 지구상의 모든 것을 넘어서는 진동이고, 에너지입니다.

로열 티톤에서 초보 학생들이 받는 가르침

만일 우리가 초보 학생들을 깨달음의 화염이 타오르는 중앙 홀로 데려가면, 그들은 불타버리고 말 것입니다. 모든 것을 통제하고 있던 그들의 감각이 산산이 흩어져 그들은 심각한 정체성의 혼란을 겪게 됩니다. 우리는 초보 학생들이 화염에 접촉하지 못하게 합니다. 심지어 학생들이 준비되기 전까지는 화염이 있는 홀에 들어가는 것조차 허용되지 않습니다. 그들이 자신의 정체감과 삶의 기반을 잃지 않으면서, 자신들이 가진 모든 믿음에 의문을 던지고, 지적이며 철학적인 개념을 버리려는 자발적 의지를 보여야 합니다.

그들이 이러한 의지를 보였을 때, 우리는 그들을 홀에 들어가게 허락합니다. 처음에는 그들을 이 홀의 벽을 따라 앉히고, 멀리 떨어져서 화염을 지켜보게 합니다. 그들은 단지 거기에 앉은 채, 멀리서 바라보며 서서히 이 황금빛 깨달음의 화염의 진동에 익숙해집니다. 각각의 학생들의 능력과 의지에 따라 개별적으로 정해진 시간이 지나면, 그들은 더 가까이 갈 수도 있습니다. 그렇게 조금씩 조금씩 이동하면서, 나중에는 화염이 타오르는 받침대 주변의 둥근 울타리까지 걸어갈 수 있게 됩니다.

가슴의 삼중 불꽃에서 타오르는 황금빛 불꽃

그때 그들은 그 화염에 거의 닿을 듯한 거리에서 무릎을 꿇을 수 있습니다. 점점 화염의 강도가 세지면서 마침내 받침대로부터 그들의 가슴속 비밀 공간으로 화염이 도약해 들어오면, 이제 삼중 불꽃 안에서 정말로 황금빛 불꽃이 되어 타오르고, 황금빛 깨달음의 화염을 흡수할 수 있습니다. 이제 학생들은 지구상에서 마주치는 모든 것을, 가슴의 비밀 공간으로 가져와 황금빛 깨달음의 화염이 가진 진동과 비교함으로써, 무엇이 실재이고 비실재인지를 올바르게 분별할 수 있는 그리스도 학생이 됩니다. 이것은 무엇이 참이고 거짓인지가 아니라, 무엇이 실재이고 비실재인지를 아는 궁극적인 척도입니다. 참인지 거짓인지를 따지는 것은 교활한 마음으로 너무나 오용되어 거의 의미가 없는 개념입니다.

그러나 실재하는 것이 있다면, 그것은 깨달음의 화염입니다. 깨달음의 화염을 가슴 중심에 정박시키고 자신의 참조틀로 지니게 된다면, 그 불꽃과 같지 않고 그 불꽃과 똑같이 진동하지 않는 것은 실재가 아님을 알 수 있습니다. 우리가 로열 티톤 은거처에서 추구하는 목표는, 학생들이 가슴에 황금빛 깨달음의 화염을 정박하고 사회로 나가 깨달음을 전할 수 있는 단계까지 학생들을 끌어올리는 것입니다. 그럼으로써 그들은 뱀의 거짓 지혜와 신의 진정한 지혜인 깨달음의 화염을 구별하는 능력을 토대로, 성 저메인의 황금시대를 가져오게 도울 수 있습니다. 나, 란토는 지구에 황금시대를 가져오고자 하는 성 저메인의 작업을 수 세기 동안 지지해왔습니다. 우리는 어느 때보다 더 가깝지만, 육화한 학생들이 황금빛 깨달음의 화염과 다른 광선의 화염들을 구현하고자 하는 의지에 비례하여 가까워집니다.

나는 여러분에게 열망하는 입문 과정을 잠깐 엿볼 기회를 주었습니다. 이 책의 두 번째 광선 디크리와 기원문은 황금빛 깨달음의 화염과 두 번째 광선에 조율하기 위해 물질층에서 사용할 수 있는 최상의 도구라고 확신합니다. 또한, 그 도구들은 매일 밤 여러분이 로열 티톤 은거처로 확실하게 여행하도록 하는 최상의 방법이며,

여러분을 이러한 입문에 참여하게 해줍니다. 여러분이 이 디크리와 기원문들을 통해 황금빛 깨달음의 화염을 물질층으로 가져올 수 있는 추진력을 점차 구축하게 되면, 여러분 육체와 외면의 마음도 가슴속 비밀 공간에 지닌 그 화염의 진동을 견딜 수 있게 됩니다.

나, 란토는 여러분에게 이런 황금 같은 기회를 주며, 주어진 재능을 증식하려는 여러분의 의지와 두 번째 광선과 다른 광선의 부름에 따르는 사람들에 의해 생겨난 추진력에 조율하려는 세상 사람들의 의지를 지켜볼 것입니다.

낡은 여세를 초월하기 위한 시혜

일곱 광선을 위한 모든 디크리와 기원문을 방출함으로써, 우리는 지구상의 영적인 사람들에게 낡은 추진력을 초월할 수 있는 주요한 시혜를 주고 있습니다. 어쩌면 여러분이 우리의 디크리와 기원문이 지나치게 단순하다고 생각할지도 모르겠습니다. 어떤 사람은 이것을 '동요(童謠)'라고 불렀지만, 우리는 여러분에게 도구를 주려는 우리의 소임을 다했습니다. 도구의 효율성은 자유의지의 영역에서는 보장될 수 없습니다. 하지만, 재능을 증식하려는 여러분의 의지에 따라 도구는 작동한다고 보장할 수 있습니다. 모든 것은 지구상의 영적인 여러분이 이 도구를 얼마나 잘 활용하는지, 또 여러분이 배가시킨 원래의 추진력을 우리가 얼마나 배가시킬 수 있는지에 달려 있습니다.

만약 충분한 사람들이 일곱 광선의 디크리와 기원문을 낭송한다면, 실로 주요한 돌파구가 생길 가능성이 있습니다. 그때 우리는 일곱 광선과 통합의 여덟 번째 광선을 대리하는 육화 중인 사람들이 갑자기 자기 모습을 드러내는 것을 보게 될 것입니다. 광선의 왜곡으로 만들어진 특정한 문제를 초월하도록 사람들에게 힘을 부여하는 각 광선의 참조틀에 기초해서, 인류는 진정으로 지상에서 보는 모든 문제에 대해 새로운 접근법을 가져올 수 있게 됩니다.

 일곱 광선 없이는 물질우주의 어떤 것도 창조될 수 없습니다, 이것은 일곱 광선의 왜곡이 없이는 제한이 만들어질 수 없다는 의미입니다. 육화 중인 사람들이 특정한 광선의 순수한 빛을 기원할 때, 그 빛은 왜곡을 태워버립니다. 그 광선의 특성은 사람들에게 왜곡을 만든 믿음을 초월하는 데 필요한 통찰력을 줍니다. 일단 오용된 에너지와 신념을 초월하면, 문제는 더 이상 존재할 수 없게 됩니다. 사람들은 그 광선의 진실한 구현을 가져오게 되고, 갑자기 여러분은 사회에서 큰 진전을 보게 됩니다.

 2012년 이후는 인류에게 새로운 시작으로, 백지에서 출발하는 새로운 기회라고 볼 수 있습니다. 성 저메인의 황금시대 기반을 구축할 수 있는 큰 잠재력이 있습니다. 그러나 이는, 학생들이 열린 문이 되기 위해 자신 안에서 일곱 광선의 낡은 추진력을 기꺼이 초월하는 것과 함께 시작되어야 합니다. 이 책과 이 시리즈의 다른 책들은 여러분에게 이런 기회를 부여해 줍니다. 나 란토는 현존하는(I AM) 황금빛 깨달음의 화염에 헌신하며, 황금빛 깨달음의 화염에 여러분을 봉인합니다.

4
지혜와 힘

나는 상승 마스터 란토입니다. 나는 주(主, Lord) 란토로 알려져 있습니다. 진실로 나는 신의 지혜인 두 번째 광선의 주님(Lord) 또는 초한이지만, 지구의 세속적인 종교와 특정한 종교 운동에서 오용해온 "주(Lord)"라는 단어를 선호하지 않습니다. 나는 여러분의 군주가 아닙니다. 나는 여러분이 자신을 보듯이 여러분을 보지 않습니다. 나는 여러분이 나를 보듯이 나를 보지 않습니다.

나는 우주 시간으로는 눈 깜짝할 순간이지만, 지구의 시간으로는 아주 오랫동안 상승 마스터로 지내왔습니다. 나 자신은 상승한 세계의 새내기지만, 지구 시간으로 말하면 아주 긴 시간입니다. 나는 붓다 의식 수준으로 상승했고, 모든 것에 불성이 있다는 고타마 가르침의 실상을 봅니다.

나는 내면에서 불성을 보고 나 자신에게서 불성을 봅니다, 여러분이 불성을 아직 보지 못할지라도 나는 여러분 내면에서 불성을 봅니다. 그러므로 내 유일한 목표는, 여러분이 자신과 주변의 모든 것에서 불성을 보고 내 안에서도 불성을 보게 되어, 우리 모두가 자기-인식하는 존재로서 신의 지혜의 빛이라는 실재 안에서 진실로 동등한 존재임을 여러분이 알도록 해주는 일입니다.

궁극의 지혜

궁극의 지혜란 무엇일까요? 얼마나 오랜 시간 동안 사람들이 지혜를 얻으려고 애써 왔는지 생각해보세요, 궁극의 지혜는 모든 생명이 하나이고, 모든 것이 불성이며, 따라서 형태의 다름이 가치의 다름을 의미하지 않는다는 것을 아는 지혜입니다. 가치를 따지는 것은 전적으로 지혜의 실재에서 분리된 마음이 만든 완전히 인위적인 개념입니다, 그 마음은 자신이 불성에서 분리되었다는 환영을 만들었습니다, 분리된 마음에는 불성이 없는데, 불성을 차단하고 분리된 장소를 만들기 때문입니다.

여러분이 여정을 가다 보면, 불성에서 분리될 수 있다는 주장이 얼마나 어리석은지 알게 되는 지점에 도달합니다. 불성은 모든 것이고 모든 것 안에 있으며, 불성이 없이는 어떤 것도 만들어지지 않았음을 이해하게 됩니다. 모든 곳에 존재하며 무조건적인 모든 것을 꿰뚫는 불성에서 아무것도 분리될 수 없습니다. 그러나 나는 여러분이 의식의 48단계에서 96단계 사이의 여정 중에 내 은거처로 왔을 때는 불성을 볼 수 없다는 사실을 충분히 이해합니다. 여러분은 왜 불성을 경험할 수 없을까요? 여러분이 지금 가진 의식 수준의 인식 필터를 통해 삶을 바라보고 있으므로, 당연히 그럴 수밖에 없습니다.

반(反)-지혜의 인식 필터를 벗기기

스승으로서 내 역할은 여러분이 분리된 마음, 이원성 마음, 뱀의 마음, 타락한 마음 등등 여러분이 그것을 뭐라 부르든 간에, 이런 것들에 의해 만들어진 베일, 즉 반-지혜의 베일을 꿰뚫어 보도록 도와주는 일입니다. 물론 상승한 우리도 이러한 단어를 사용하는데, 하물며 여러분이 지구에서 선형적인 마음을 통해서 사물을 볼 때 식별할 수 있는 이름이 필요하다는 점을 우리는 잘 알고 있습니다. 그러나 꼬리표는 사실 분리된 마음에서 나옵니다. 우리는 모든 것이 하나인 불성의 실재를 경험하기 때문에 꼬리표를 붙일 필요가 없습니다.

우리는 무언가 불성에서 분리되면 즉시 느낍니다. 우리에게서 분리된 모든 것은, 어떤 의미에서는 어둠과 같습니다. 이것은 모두 실재가 아니며, 여러분이 극복해야 하는 어떤 것입니다. 우리에게는, 이 어둠이 저 어둠보다 더 낫다는 식의 가치 판단이나 등급을 매기는 일은 무의미합니다. 그것들은 모두 실재가 아닙니다. 그것들은 환영이기 때문에 영원히 놓아버려야 합니다.

이것이 우리의 역할입니다. 우리는 그 역할을 수행하기 위해 여러분을 들여다보고, 여러분의 마음 상태와 특정한 인식 필터를 살펴보고, 그 필터를 구성하는 핵심 신념을 살펴본 후에 그러한 신념을 다룰 필요가 있습니다. 여러분이 특정한 의식 수준에 도달한다 해도, 여러분은 인식 필터를 통해서 삶을 보게 됩니다. 다시 말하자면, 여러분의 의식 수준이 48단계에서 96단계로 오를 때, 여러분은 모든 단계를 오를 때마다 특정한 인식 필터의 층, 즉 특정한 인식 필터를 버리게 됩니다.

여러분이 48번째 의식 수준에 있는 동안, 여러분은 48개의 인식 필터를 통해서 삶을 보고 있는 것입니다. 이 각각의 48개의 인식 필터는, 의식의 48단계에서 96단계로 이끄는 입문의 나선형 계단에서 각각 하나의 단계를 나타냅니다. 그렇다고 여러분이 96단계에 이르면 인식 필터에서 벗어난다는 말이 아닙니다. 여러분은 96단계와 144단계 사이에서 또 다른 48단계의 인식 필터를 통해 다음 단계로 올라가기 시작합니다.

여러분이 내 은거처로 오면, 여러분이 통과하고 있는 역할과 과정은 인식 필터를 하나씩 벗겨내는 것임을 확실히 배우게 되며, 이 역학을 알면 도움이 됩니다. 이것은, 여러분이 특정한 의식 수준에 있으면, 삶을 바라보는 모든 인식 필터를 한꺼번에 즉각적으로 벗겨내지 못한다는 사실을 이해하는 데 도움이 됩니다. 예를 들어 여러분은 40개의 인식 필터를 가지고 삶을 바라보고 있을지도 모릅니다. 하지만, 한 번에 40개를 모두 벗겨내지는 못합니다. 만약 이런 일이 일어나면, 여러분은 정체성과 방향성, 지속감과 자아감을 잃어버리게 됩니다. 여러분은 인간적인 자아감을 자신의 아이앰 현존에 정박한 개체성에 기반한 자아감으로 즉시 바꿀 수는 없습니다. 이런 일은 가능하지 않습니다; 여러분은 한 번에 하나씩 인식 필터를 벗기기 위해 한 걸음씩 걸어야 합니다.

예수께서 "인내로 너희 영혼을 얻으리라"라고 말씀하셨던 것처럼, 이것은 여러분에게 인내심을 줄 수 있습니다. 두 번째 광선의 보호 아래 상승 과정을 시작하려고 내 은거처로 오는 새로운 학생들은 다소 인내심이 부족합니다. 이것은 사랑하는 마스터 모어의 지도하에서 신의 권능과 의지의 첫 번째 광선과 일곱 광선의 입문을 갓 통과했기 때문에 너무나 자연스러운 일입니다. 여러분이 입문을 통과하려면 어떤 힘을 가져야 하고, 어떤 의지와 결심을 계발해야 합니다. 이것은 모두 자연스럽고 옳지만, 영적인 여정에서 여러분이 얻을 수 있는 가장 중요한 통찰력은 입문에는 여러 단계가 있다는 사실입니다. 어떤 한 단계를 통과하도록 해준 것이, 그 다음 단계도 통과하도록 해주지는 못합니다.

두 번째 광선 은거처에서의 도전

로열 티톤 은거처로 오는 많은 학생이 있으며, 그들은 두 번째 광선의 입문을 통해서 자신의 여정에 힘을 더해줄 것이라고 생각합니다. 그들은 첫 번째 광선에서 추진력을 만들었기에, 이 힘을 이해한다고 생각합니다. 그들은 그것이 단지, 과정에 들어가서 공부하기 위해 자신들이 가진 힘과 추진력과 결단력을 사용하는 문제라고 생각합니다, 그리고 그들은 두 번째 광선의 통달에 이르게 해줄 비밀의 책과 비밀의 통찰력과 비밀의 지혜를 찾을 때까지 공부합니다. 아, 사랑하는 이들이여, 이것이 나에게는 참으로 도전입니다! 어떤 의미에서, 우리 모두는 그런 학생들을 원합니다. 그들은 배우기를 간절히 원하며, 열심히 전진하려고 합니다, 하지만, 그들의 열망이, 특히 신의 지혜인 두 번째 광선에서 자신이 전진하는 것을 훨씬 힘들게 하고 있습니다.

상승 마스터들로서 우리가 직면하는 가장 큰 도전은 바로 우리가 상승했다는 사실입니다. 우리는 지구상의 사람들이 가지고 있는 인식 필터를 벗었습니다. 우리는 더 높은 의식 단계로 올라갔습니다. 여러분이 우리의 의식 수준으로 상승하기 위해 우리와 같은 과정을 겪도록 도움을 주려고 할 때, 우리는 매우 까다로운 도전과 마주하게 됩니다.

그 도전이란, 우리의 상승한 의식 상태와 여러분의 의식 상태 사이의 차이점에 대한 정확한 관점을 여러분에게 주지 못한다는 사실입니다. 여러분은 단순히 수많은 인식 필터를 통해 삶을 바라보기 때문에, 상승한 의식 상태가 어떤지 헤아릴 수 없습니다. 심지어 우리도 상승한 의식 상태와 상승하지 않은 의식 상태 사이의 거리와 차이에 대하여 정확한 관점을 줄 수가 없습니다. 만약 우리가 이것을 여러분에게 전한다면, 여러분은 낙담하게 됩니다. 여러분은 그

거리가 너무 멀어서 건너기가 불가능해 보이기 때문에 거의 희망이 없다고 생각하게 됩니다.

이것은 물론 불가능한 일은 아니지만, 인간의 의식 상태에서 상승한 의식 상태로 나아가는 과정은 정말로 놀라운 변화입니다. 선형적인 이미지를 예로 들면, 태어났을 때부터 시각장애인인 두 사람이 있다고 상상해보세요. 어느 날 갑자기 한 사람이 시력을 얻고, 여러분이 보는 세상을 보게 됩니다. 이 사람이 다른 사람에게 세상이 어떻게 보이는지를 설명해야 한다고 상상해보세요.

여러분이 보고 당연히 여기는 것을 한 번도 본 적이 없으며, 태어날 때부터 시각장애인이었던 사람에게 세상이 어떻게 생겼는지 설명해야 한다고 상상해보세요. 여러분이 이해할 수 있는 방식으로 그 차이를 설명할 수 있는 단어가 없을 정도로, 상승한 의식 상태와 상승하지 않은 상태 사이의 차이는 너무나 큽니다.

상승 마스터들이 소통하는 방법

여러분은 상승한 세계에 있는 내가 전하는 말을 듣고 읽습니다. 여러분은 내가 상위 영역에 서 있거나 앉아 있고, 내가 말을 하면 메신저가 받아서 자신의 목소리로 물리적인 표현을 한다고 생각할 수 있습니다. 이것은 그런 경우가 아닙니다. 상승 영역에서 우리는 말로 의사소통을 하지 않기 때문에, 나는 여기에 앉아서 말을 하지 않습니다. 우리가 의사소통 하는 방식은 여러분과 너무 달라서, 상승하지 않은 상태에서는 전혀 가늠할 수 없습니다. 어떤 이는 우리가 생각을 통해서 의사소통 한다고 말하지만, 여러분의 사고는 우리가 생각하는 방식과 아주 다르므로, 그것 또한, 정확하지 않습니다.

우리는 전체적이고 포괄적인 방식으로 소통합니다. 우리는 생각뿐만 아니라 감정과 느낌과 경험을 통해서 의사소통을 합니다. 내가 구술문을 전하는 동안, 낮은 영적인 영역과 더 높은 에테르 영역 안의 특정한 장소에 나의 현존을 실제로 구현하고 있습니다. 여러분이 어떤 '장소'라고 부를 수 있는 곳에 내 마음의 본질을 구현하고 있습니다. 나는 물질우주의 네 층인, 정체성, 멘탈, 감정, 물질층으로 보내질 수 있는 자극을 표현하고 있습니다. 나는 정체성, 멘탈, 감정체를 통해 타고 내려가는 메신저의 마음의 네 수준으로 자극을 보내며, 그 자극이 사람들이 듣거나 읽는 말로 표현되는 의식하는 마음의 수준에 도달할 때까지 보냅니다. 나는 말이 아니라 포괄적인 의사소통의 형태를 내보내고, 물질계의 네 단계를 거치면서 말의 형태를 띠게 됩니다.

언어 이면의 더 깊은 본질에 도달하기

여러분은 의사소통이 언어의 형태로 일어난다고 생각하며, 이것에 매우 익숙하도록 프로그램되어 있습니다. 내가 직면한 가장 큰 도전은 여러분이 듣거나 읽을 수 있도록 말해야 한다는 것입니다, 그렇지 않으면 여러분은 나의 의식 수준에서 오는 어떤 자극도 파악할 수 없습니다. 내가 여러분에게 전하려는 것은 사실 말로써 표현되는 의미가 아닙니다, 선형적인 마음은 말을 통한 표현에 집착하지만, 말입니다. 내가 여러분과 소통하려는 것은 내 의식 수준에서 여러분에게 투사하는 직관적이고 전체적(holistic)인 소통 방식을 여러분이 엿보는 경험을 하게 해주는 것입니다.

이것은 어떤 말이나 의미가 아니라, 여러분의 의식을 변형시키는 내면의 신비롭고 전체적인 경험입니다. 언어로 말하는 것은 의미가 없기에, 말에 관심을 두지 않아야 한다고 생각할지도 모릅니다, 하지만, 나는 지금 여러분에게 말이나 의미에 주의를 기울이지 말라고 얘기하는 것이 아닙니다. 오직 말이나 의미에만 집중해서는 안 된다는 뜻입니다. 여러분은 언어를 넘어서는 영역에도 관심을 두어야 하며, 이로써 단 한 순간이라도 내 소통 방식의 포괄적이고 전체적인 특성을 경험할 수 있습니다.

이 책의 주된 목적은, 여러분이 외면의 마음으로 특정한 광선의 특성을 충분히 파악할 수 있는 도구를 주는 데 있으며, 여러분은 실제로 그 광선에 조율할 수 있고 이로써 육체가 잠든 동안 마음은 우리의 에테르 은거처를 방문할 수 있습니다. 여러분이 육체에서 빠져나갈 때, - 내가 "여러분"이라고 말할 때 누군가를 구체적으로 지정하지 않음을 유의하세요 - 여러분은 자신의 인식 필터를 가지고 간다는 사실을 이해해야 합니다. 이것은 여러분이 에테르 은거처에 올 때 지구에서 알고 있던 익숙한 무언가를 찾을 것으로 기대한다는 의미입니다.

우리가 직면한 도전을 이제 조금이나마 볼 수 있나요? 우리 임무는 여러분이 인식 필터를 넘어서도록 돕는 것이지만, 여러분이 학생으로 우리에게 올 때 자신의 인식 필터를 가진 채로 오기 때문에, 어느 정도 삶에 대한 여러분의 지각을 인정받으리라고 기대합니다. 여러분이 58단계와 같은 특정한 의식 수준일 때, 우리는 모든 인식 필터를 산산조각 낼 수 없습니다. 모든 인식 필터를 제거하는 것은 우리의 일이 아니며, 우리는 단지 여러분이 다음 단계로 나아갈 수 있도록 그 수준에 해당하는 필터를 넘어서도록 도와줍니다.

여러분이 은거처로 올 때, 우리는 여러분의 현재 의식 수준에 해당하는 인식 필터를 제거하도록 도와줄 준비가 되어 있으며, 여기에서 가장 중요한 질문은 이것입니다, "여러분은 그 인식 필터를 놓아버릴 준비가 되었습니까?" 이것은 매우 중요한 질문이며, 내 지도의 첫 번째 수준으로 이를 제시합니다, 왜냐하면, 이로써 사실상 여러분이 로열 티톤 은거처로 와서 내 지도를 받을 수 있는지의 여부가 결정되기 때문입니다.

지혜는 무기가 아닙니다

중간지대에 갇혀 있는 일부 학생들이 있습니다. 그들은 첫 번째 광선의 입문을 통과했지만, 힘을 적용하는데 과도하게 열중해서, 두 번째 광선의 입문으로 이동하지 못합니다. 그들은 여기에 와서, 지혜와 두 번째 광선의 입문을 통해 자신들의 기존 방식을 강화하려 합니다. 그들은 마치 세상의 대학에 있는 많은 학생과 유사합니다, 그들은 그저 이 모든 지혜 - 지식이나 암기하고 암송하는 능력 - 로 마음을 프로그램하거나 채우면, 시험을 통과할 수 있다고 생각하기 때문입니다. 그러나 이런 것은 두 번째 광선의 은거처에서 통하는 방식이 아닙니다.

신의 지혜는 세속적인 지혜가 아닙니다. 세속적인 지혜의 이미지를 투사한 채 신성한 지혜에 입문하러 온다면, 여러분은 진정으로 이 입문에 참여할 수 없습니다. 그러므로 여러분이 이곳에서 반드시 거쳐야 하는 첫 단계는 지혜가 무기로 사용되어야 한다고 생각하는, 세상에 널리 퍼져 있는 인식 필터에서 벗어나는 일입니다.

유감스럽게도, 상당수의 학생은 첫 번째 광선의 입문을 거치면서 이 인식 필터를 강화했습니다. 마스터 모어께서는 이 점을 잘 알고 있습니다. 그는 학생들이 지혜를 오용하는 인식 필터를 강화하지 못하도록 최선을 다해 도움을 주지만, 여러분이 48단계와 52단계 사이에서는 인식 필터를 벗겨낼 준비가 되어 있지 않기 때문에 그의 선택은 제한적입니다. 따라서 여러분은 두 번째 광선의 첫 번째 입문에 올 때까지 준비가 되어 있지 않습니다.

마스터 모어께서는 여러분이 그 입문을 통과하도록 데려갈 수 없습니다. 그는 여러분이 인식 필터를 가지고 있음을 알고 있습니다. 여러분이 인식 필터를 강화하지 않도록 도울 수는 있지만, 일부 학생들은 그것을 따르지 않습니다. 그들은 첫 번째 광선의 입문에서 얻은 추진력과 힘을 인식 필터를 강화하는 데 사용합니다. 그들은 이제 내 은거처에서 열심히 공부해서 더 많이 알고, 더 현명해지고, 더 똑똑해지는 어떤 지혜를 찾으려고 기대합니다.

그들은 세상의 많은 사람이 하듯이 행동합니다. 지식인들이 누가 가장 많은 지혜를 가지고 있고, 누가 남들보다 현명하고 앞서는지 가려내기 위해 늘 경쟁적으로 토론하듯이, 그들은 여기에서도 그렇게 행동합니다. 거기에는 반대편이 있어야 하고, 진실과 거짓이 반드시 있어야 합니다. 무엇이 진실인지 아는 사람은 같은 지식을 가지지 않은 사람이나, 삶을 같은 방식으로 바라보지 않아서 잘못되고 악한 사람들을 제압해야 합니다. 그들은 사기꾼이 틀림없습니다. 그들은 다른 사람들을 조종하고 기만하며, 우리는 우리의 지혜로 그들을 압도해야 됩니다.

언어는 초월하기 위한 도구입니다

이것이 여러분이 세상에서 보고 있는 상황입니다. 이는 매우 통상적인 반응입니다, 그렇지 않습니까? 어쩌면 여러분은 자신이나 적어도 영성 분야에 있는 사람들이 타인들을 제압하려는 이 시도에 개입했음을 인식할 것입니다. 여러분 가운데 얼마나 많은 사람이, 상승 마스터들이나 다른 스승에게 받은 영적인 지식이 다른 모든 것보다 우월하다고 믿고 있나요? 다시 한번, 우리는 상승한 스승들이 가지고 있는 도전에 직면했습니다.

우리가 주는 지혜가 진실이 아니고, 올바르지 않으며, 타당하지 않다고 말하는 것이 아닙니다, 우리가 주는 지혜는 궁극의 지혜가 아니며 궁극의 지혜는 언어를 넘어서 있습니다. 그것은 전체적이고 모든 것을 포괄하는 체험입니다. 우리가 가르침을 통하여 여러분에게 줄 수 있는 것은 오로지 언어이며, 언어로 옮기는 과정에서 포괄적이고 전체적인 본질은 어느 정도 상실됩니다. 그렇다고 우리가 전하는 말이 가치가 없다는 의미가 아니라, 단지 초월을 위한 도구라는 의미입니다. 바이블이든 상승 마스터의 구술문이든, 여러분이 말로 된 표현을 절대적인 진리로 간주한다면, 여러분은 신성한 지혜를 잃어버리게 됩니다. 여러분은 세속적이거나 인간적인 지혜를 얻었지만, 이것은 실재에 대한 빈약한 대용품일 뿐입니다. 이것이 로열 티톤 은거처에서 입문의 첫 단계로써 여러분이 알아야 할 내용입니다.

로열 티톤 은거처에서의 첫 번째 입문

우리는 학생들을 그룹으로 만들어, 특정한 질문을 주제로 토론하도록 요청합니다. 처음에, 우리는 단순히 그들이 이미 알고 있는 것을 근거로 토론하도록 합니다. 예를 들면 이런 질문입니다, "인간은 어떻게 뭔가를 알 수 있는가? 자신이 알고 있는 것이 실재하는 것이며, 진실하고, 타당하다는 사실을 어떻게 알 수 있는가?" 이것은 철학자들이 수 세기 동안 논쟁해온 질문입니다. 철학에 대해, 그리고 철학자가 말한 내용을 약간 공부해 두면 도움이 되는데, 왜냐하면, 이것은 정확히 내 은거처의 첫 단계에서 여러분이 해야 할 일이기 때문입니다.

학생들이 자신들의 지식을 바탕으로 첫 번째 토론을 한 다음에, 우리는 그들에게 우리 도서관으로 가서 세계적인 철학자가 이 질문을 어떻게 다뤘는지 살펴보라고 요청합니다. 그러고는 각자 철학자를 선택하도록 하고, 함께 모여 특정한 철학자가 그것에 대해 말한 내용을 근거로 토론하게 합니다. 그리고 이 토론을 계속하라고 요청합니다. 우리는 그들에게 어떤 방향도 제시하지 않고 도움도 주지 않습니다. 당연히 그들은 이 과제를 매우 열심히 수행하며, 특히 자신이 얻은 힘의 추진력을 지혜로 전환한 사람들이 가장 열성적입니다.

그들은 자신이 선택한 철학자가 올바른 견해와 유일한 진리를 말했다고 믿습니다. 그리고 마치 그것이 정말 절대적인 진리인 것처럼, 그의 진리가 실제로 이 문제를 보는 제일 나은 방법인 것처럼, 그의 진리를 근거로 논쟁을 계속합니다. 그들은 다른 이들과 논쟁을 하지만, 그들도 자신의 철학자가 가장 높은 진리를 말했다는 견해를 가지고 있으므로, 거기에 앉아서 점차 파벌을 만들게 됩니다. 대부분 그들은 여러 관점으로 시작했다가 점점 줄어들어 나중에는 주된 두 적수만 남게 됩니다.

철학을 살펴보면, 대부분의 주제에는 주된 두 학파가 있음을 알 수 있습니다. 하나는 아버지(Father), 다른 하나는 어머니(Mother)입니다. 하나는 확장하는 힘인 아버지 신성의 왜곡이고, 다른 하나는 수축하는 힘인 어머니 신성의 왜곡입니다. 로열 티톤 은거처의 지도자들은 불성에 도달했기 때문에, 논쟁에 휘말리지 않으면서 학생들이 논쟁을 계속하도록 해줍니다.

어느 편도 상대편을 이해시킬 수 없고, 쟁점에 대한 다른 접근법을 찾을 필요가 있다고 생각하는 지점으로 오기까지, 학생들이 얼마나 오랫동안 앉아서 논쟁하는지 놀라울 따름입니다. 학생들이 토론과 사고방식 자체에 의문을 가지면, 그들은 이제 앞으로 한 단계 나아갈 준비가 된 것입니다.

우리는 때때로 많은 인원을 가진 그룹으로 시작합니다. 우리는 그들이 교대로 자신의 관점을 발표하고 토론하도록 두며, 그저 지켜보고 있습니다. 학생들이 논쟁 자체와 그 논쟁 이면의 사고방식에 의문을 가지면, 우리는 그 학생을 추려낼 수 있습니다. 그러면 그 학생은 더 이상 힘으로 표현한 지혜가 아니라, 지혜 자체인 두 번째 광선을 통해 지혜를 표현하는 입문인 다음 단계로 나아갈 수 있습니다.

첫 입문을 통과하지 못하는 학생

논쟁에 대해 의문을 품지 못하는 학생에게는 토론을 계속하도록 둡니다. 이는 종종 오랜 시간이 걸리지만, 서서히 학생들이 빠져나오고, 대부분 두 학생만 남게 됩니다. 그들은 리더가 되었고, 지혜의 표현에 가장 큰 힘을 가졌으며, 그들이 옳고 유일한 진리를 가졌다고 가장 많이 확신한 이들입니다. 따라서 그들은 더 큰 힘으로 논쟁을 했습니다.

여러분은 이런 위세를 가진 학생들이 얼마나 오랫동안 논쟁을 계속할 수 있는지를 알면 놀라게 됩니다. 그들이 도서관에 들어가서 책을 통해 궁극의 주장을 찾으려 한다는 사실을 알면 한 번 더 놀랍니다. 학생들이 이것을 놓아버리지 못하고 상대에게 매우 화가 나서 은거처뿐만 아니라 입문의 과정마저 떠나버리는 일들이 정말로 일어납니다.

일부 사람들은 그들의 지혜로 상대를 제압하려는 시도를 포기하지 않기 때문에, 48단계 아래에 해당하는 수준으로 떨어집니다. 흔한 일은 아니지만, 48단계와 96단계 사이의 모든 단계에서 여러분이 48단계 아래의 대칭되는 단계로 떨어지는 것이 가능합니다. 여러분이 분노나 두려움 또는 다른 부정적인 감정으로 현재 의식 수준의 입문을 왜곡할 때 이런 일이 일어납니다. 다른 방법은 없는지, 그리고 좌절로 이어지지 않는 방법은 없는지 의문 없이, 더욱더 극단적인 형식으로 표현하기를 계속합니다.

나는 여러분이, 오늘날 지구에서의 대중들의 삶을 살펴보면, 그런 사람들이 있다는 사실을 알았으면 합니다. 여러분은 언론과 정치, 과학계 및 대학교와 같은 교육기관에서 그런 이들을 볼 수 있습니다. 그들은 지적인 방식으로 하는 토론을 즐깁니다. 그들은 종종 훌륭한 지식과 지혜를 가지고 있다고 생각하지만, 그것은 세속적이고 이원적인 지혜입니다. 그것에서는 결코 해법이 나올 수 없습니다. 오늘날 어떤 주제에 관한 책을 쓰는 일부 사람들은 아주 오랫동안 같은 일을 해왔다고 말할 수 있습니다. 아마도 그들은 특정한 관점을 주제로 논쟁하는 책을 쓰고 있을 것이며, 그 일이 이번 생에 시작된 것이 아닙니다. 이것은 아주 오래전에 시작되었습니다.

오늘날 활동하는 지성인 가운데 2000년 전 서기관과 바리새인으로 육화했던 사람들이 있습니다. 예수께서 살아 계신 그리스도로서 그들 앞에 서 있을 당시에, 그들은 세속적인 지혜를 내세우며 예수께 대항했습니다. 고타마께서 육화했던 당시 그에게 반박했던 힌두교의 브라만 중에서도 이 시대에 육화해 있는 사람들이 있습니다. 붓다께서 '모든 것에는 불성이 있다'라고 하셨을 때, 그들은 그 말이 옳지 않다고 반박했습니다, 이 말이 당시 그들의 경전의 가르침과 모순되었기 때문에 그들은 고도의 지성적 논법을 사용하며 격렬한 논쟁을 벌였습니다.

지혜의 영(Spirit)을 경험하기

이것은 힘으로 지혜를 오용하는 패턴입니다. 그들은 말로 된 하나의 표현을 지혜의 월등한 형태라고 높이고, 모든 것이 이 지혜를 따라야 한다고 투사합니다. 심지어 그들은 살아 있는 붓다와 그리스도조차 자신의 인식 필터를 따라야 한다고 투사했습니다. 살아 있는 붓다와 그리스도는 사람들이 인식 필터라는 닫힌 멘탈 박스에서 벗어나도록 돕기 위해서 왔습니다. 그 멘탈 박스는 여러분이 지혜의 가르침 하나를 선택해서 절대적인 지위로 높이기 위해 힘을 사용했기 때문에 닫혀 버렸습니다. 여러분의 지혜에 대한 언급이 완벽하게 타당할지도 모릅니다. 이것은 진실일 수도 있지만, 실재를 묘사하는 유일한 방식은 아닙니다. 단 하나의 유일한 진리란 존재하지 않으므로, 이것은 유일한 진리가 아닙니다. 언어로 된 표현은 모두 하나의 묘사일 뿐입니다. 말로 된 표현은 모두 진실할 수도 없고 전부 타당할 수도 없습니다. 말로 된 묘사 중에는 거짓도 있지만, 진실하고 타당하며 실재이고 유용한 묘사도 많습니다. 이는 그저 말을 초월하고 지혜의 영에 대한 전체적인 경험을 얻기 위해 유용한 묘사일 뿐입니다, 지혜의 영으로부터 신성한 말씀(the Word)이 나오지만, 지혜의 영은 언어를 초월하고, 형상을 초월합니다.

사랑하는 이들이여, 여기에 두 번째 광선의 첫 번째 입문을 통과한 사람과 통과하지 못한 사람의 차이점이 있습니다. 그들은 말로 된 하나의 표현을, 지상의 모든 사람이 존경하고 숭배하고 따르는 우월하고도 절대적인 진리로 높이기 위해 그들의 힘을 계속해서 남용합니다. 바로 거기에 두 번째 광선의 입문에 대한 첫 번째 도전이 있습니다. 여러분이 첫 번째 광선의 입문을 통과했을 때 내면의 수준에서 이 도전을 맞을 준비를 합니다. 이것을 읽고 있는 많은 사람은 이미 내면의 수준에서 입문을 통과했습니다. 중요한 질문은 이것입니다: "여러분 외면의 마음이 내면의 진전에 조율되었습니까?"

말로 된 표현은 그저 말 너머에 있는 실재를 묘사하기 위해 가능한 방법의 하나일 뿐이라는 것을 외면의 의식하는 마음으로 인식했습니까? 이것은 유일한 진리가 아닙니다. 이것은 유일한 표현이 아니므로 폐쇄된 멘탈 박스를 가져서는 안 됩니다. 여러분이 폐쇄된 멘탈 박스를 가지고 있으면, 나 란토는 여러분을 가르칠 수가 없습니다. 그러면 여러분은 다른 사람들과 투쟁하는 고난의 학교로 다시 돌아가서 배워야 하며, 말로 된 특정한 표현은 말로 표현할 수 없는 것을 표현하려는 하나의 방법일 뿐임을 고려하게 될 때까지 많은 육화를 거치면서 이러한 투쟁을 지속해야 합니다.

심지어 신의 말(Word of God)도 신의 완전함을 담을 수 없습니다. 란토의 말조차도 현존하는 영의 완전함을 담을 수 없습니다. 말을 통해 나를 알 수 있다고 생각한다면, 여러분은 나를 알려는 시도조차 하지 않는 상태입니다. 내가 여러분에게 전하는 것을 들으려고 마음의 라디오를 나에게 조율하면, 나의 현존을 여러분에게 전하겠습니다. 그러면 여러분은 지혜의 두 번째 광선에서 첫 번째 인식 필터를 벗기기 위한 입문을 통과하게 됩니다.

나는 란토입니다. 나는(I AM) 영입니다. 나는 말로 표현될 수 있는 것 이상이며, 그 이상을 여러분에게 전해주기를 간절히 원합니다. 내가 이렇게 할 수 있으려면, 여러분이 생각하는 나와 신과 영적인 실재와 지상의 생명을 묘사한 그 어떤 말로 된 표현도 다 놓아버려야 합니다. 전적으로 말을 넘어선 경험에 여러분의 마음을 열기 위해서 내가 준 말들을 활용하세요. 나는 란토입니다. "란토"는 단지 단어입니다. "I"는 단지 단어입니다. "AM"도 단지 단어일 뿐입니다. 나는(I AM) 그 이상입니다. 여러분이 나를 그 이상의 존재로 알게 되면, 여러분 자신도 그 이상의 존재임을 알게 됩니다.

5
란토의 영을 기원합니다

I AM THAT I AM, 예수 그리스도의 이름으로 나의 아이앰 현존이, 무한히 초월해 가는 내 미래의 현존을 통해 흐르며, 완전한 권능으로 이 기원을 해주시기를 요청합니다. 나는 사랑하는 엘로힘 아폴로와 루미나, 엘로힘 헤라클레스와 아마조니아, 대천사 조피엘과 크리스틴, 대천사 미카엘과 페이쓰(Faith), 마스터 란토와 마스터 모어를 부르며, 지혜를 다른 사람과 경쟁하거나 무기로 사용하는 성향을 극복하게 해달라고 요청합니다. 내가 마스터 란토와 하나되고 아이앰 현존과 하나되는 것을 막는 모든 패턴을 인식하고 내려놓도록 도와주세요.
(여기에 개인적인 요청을 추가하세요)

1. 나의 스승께 귀의합니다

1. 사랑하는 란토여, 나는 스승이신 당신께 귀의합니다. 나를 일깨워 주시어, 내가 나 자신과 주위의 모든 것과 당신 안에 있는 불성을 깨닫게 하소서, 그러면 우리가 정말 평등한 존재임을 알게 됩니다, 신의 지혜인 빛의 실재 안에서 자기-인식하는 존재들은 모두가 평등하기 때문입니다.

사랑하는 아폴로여, 당신의 지혜 광선으로
내 눈을 열어주시어 새날을 보게 하소서,
나는 이원성의 거짓말과 기만을 꿰뚫어 보며,
패배를 가져오는 마음의 틀을 초월합니다.

**사랑하는 아폴로, 황금빛 엘로힘이시여,
우리는 이제 당신의 찬란한 빛을 봅니다,
당신이 고요히 지혜의 페이지를 펼치면,
나는 모든 낡은 것에서 자유로워집니다.**

2. 궁극의 지혜는, 모든 생명이 하나이며 만물이 불성임을 아는 것입니다, 따라서 형태가 다르다고 가치가 달라지지 않습니다.

사랑하는 아폴로여, 당신의 화염 안에는,
언제나 생생한 지혜가 흐르고 있습니다,
당신의 빛 안에서 내 최상의 의지를 깨달으며,
나는 그 영원한 흐름에 합류합니다.

**사랑하는 아폴로여, 당신의 빛은,
우리가 지상에 육화한 이유를 밝혀 줍니다,
우리는 선두에서 함께 일하며,
우리의 우주 구체를 더 높이 들어올립니다.**

3. 가치란, 지혜의 실재에서 분리된 마음이 만든 완전히 인위적인 관념입니다, 이 마음은 자신이 불성과 분리되어 있으며, 자신이 있는 곳에는 불성이 없다는 환영을 창조했습니다, 즉 분리된 마음은 불성을 차단하는 분리된 거처를 만들었습니다.

사랑하는 아폴로여, 모든 거짓말을 드러내주시니,

나는 에고의 모든 결박을 끊어버립니다,
뱀의 이원성을 초월하는 진정한 열쇠는,
내 인식임을 깨닫습니다.

**사랑하는 아폴로여, 이제 당신의 부름을 들으며,
우리는 위대한 지혜의 전당으로 인도됩니다,
추락으로 이끄는 모든 거짓말이 드러나니,
우리는 만물의 하나됨을 되찾습니다.**

4. 사랑하는 란토여, 나는 분리된 마음과 이원성 마음, 뱀의 마음과 타락한 마음이 만들어낸 반-지혜의 베일을 기꺼이 꿰뚫어 보겠습니다.

사랑하는 아폴로여, 당신의 지혜는 너무나 명료해서,
당신과 하나 되면 어떤 뱀도 두렵지 않습니다,
나는 기꺼이 내 눈의 들보를 보며,
뱀이 만들어낸 이원론에서 해방됩니다.

**사랑하는 아폴로여, 나는 고양된 비전으로
새로운 단계로 올라선 지구를 봅니다,
꿰뚫어 보는 당신의 시선은 나에게 힘을 주고,
나는 이원성의 미로를 벗어납니다.**

5. 사랑하는 란토여, 나는 기꺼이 당신이 내 안에 오셔서 나를 살펴보게 하겠습니다, 내 마음 상태와, 특정한 인식 필터와, 그 필터를 만든 주된 신념들을 살펴보시고, 그 신념들을 드러내주세요.

오 헤라클레스 블루여, 당신은 모든 공간을
무한한 권능과 은혜로 채워줍니다,

당신은 창조력을 열어주는 열쇠이며,
무한 속으로 초월하는 의지를 구현합니다.

오 헤라클레스 블루여, 당신과 하나 되어,
당신의 실재에 내 가슴을 엽니다,
당신의 불꽃 안에서 이제 명료하게,
자기 초월이 진정한 연금술임을 깨닫습니다.

6. 내가 특정한 의식 수준에 있을 때는, 삶을 바라보는 내 인식 필터를 즉시 다 벗어버릴 수 없다는 사실을 이해합니다.

오 헤라클레스 블루여, 나는 사랑으로,
소리를 높여 신께 무한한 찬양을 바칩니다,
무한히 정묘한 신의 활동 안에서,
각자의 역할을 하는 것에 감사합니다.

오 헤라클레스 블루여, 당신은 모든 생명을 치유하고,
푸른 불꽃의 봉인으로 감싸줍니다,
당신의 빛나는 푸른 불꽃은,
전체 실재를 향한 우리의 깊은 염원을 드러냅니다.

7. 사랑하는 란토여, 나는 인내심을 가지고 기꺼이 당신의 점진적인 인도를 따르겠습니다. 나는 영적인 여정에는 여러 단계가 있음을 인식합니다. 한 단계를 통과했다고, 다음 단계까지 통과하지는 못합니다.

오 헤라클레스 블루여, 이제 내 삶에 맹세하나니,
이 행성이 인간의 투쟁을 초월하도록 돕겠습니다,
당신의 빛은 이원성의 거짓말을 꿰뚫으며,

나의 내적인 시력을 온전히 회복시킵니다.

**오 헤라클레스 블루여, 내가 당신의 의지와 하나 되니,
내 전 존재는 당신의 푸른 화염으로 충만합니다.
당신의 권능이 나를 연마하니,
나는 모든 베일을 뚫고 모든 언덕에 오릅니다.**

8. 나는 힘으로 두 번째 광선의 입문을 통과할 수 없습니다. 나는 비밀리에 전해지는 책과 통찰력과 지혜를 찾을 때까지 공부해야 하고, 그것이 두번째 광선에 통달하는 추진력을 줄 것이라는 꿈을 내려놓습니다.

오 헤라클레스 블루여, 당신 빛의 사원은,
우리 내면의 눈에 모든 것을 드러내 주며,
타오르는 불꽃이 지구에 빛을 방사하니,
우리 행성은 새롭게 다시 태어납니다.

오 헤라클레스 블루여, 당신은 모든 생명을 보호하며,
우리에게 항상 초월하는 힘을 부어 줍니다,
당신 안에서 자아는 끝없이 확장되며,
나는 신의 무한한 나선 안에서 상승합니다.

9. 사랑하는 란토여, 나는 상승한 당신의 마음과 내 의식 상태에는 큰 차이가 있음을 인식합니다. 그러나 이로 인해 좌절하지 않겠습니다. 당신의 마음에 조율하려면 현재의 내 인식 필터를 넘어서야 합니다.

가속해서 나를 일깨우소서, 나는(I AM) 실재하며,
가속해서 나를 일깨우소서, 모든 생명은 치유됩니다,

가속해서 나를 일깨우소서, 나는(I AM) 무한히 초월하며,
가속해서 나를 일깨우소서, 모든 의지는 비상합니다.

가속해서 나를 일깨우소서! (3번)
사랑하는 아폴로와 루미나.
가속해서 나를 일깨우소서! (3번)
사랑하는 조피엘과 크리스틴.
가속해서 나를 일깨우소서! (3번)
사랑하는 마스터 란토.
가속해서 나를 일깨우소서! (3번)
사랑하는 I AM.

2. 나는 두 번째 광선의 입문에 조율하겠습니다

1. 사랑하는 란토여, 나는 당신이 전체적(holistic)이고 포괄적인 방식으로 소통한다는 사실을 깨달습니다. 당신은 생각뿐만 아니라 감정과 느낌과 경험을 통해서도 소통합니다.

대천사 조피엘이여, 위대한 지혜의 빛 안에서,
모든 뱀의 거짓말이 우리 눈에 드러납니다,
마음에 숨어드는 거짓말이 아무리 교묘해도,
당신은 내가 찾은 최고의 스승입니다.

대천사 조피엘이여, 모든 거짓말을 드러내고,
대천사 조피엘이여, 모든 결박을 잘라버리며,
대천사 조피엘이여, 하늘들을 정화하면서,
대천사 조피엘이여, 진실로 내 마음은 비상합니다.

2. 사랑하는 란토여, 당신이 나에게 전하려는 것은 선형적인 마음에

서 나오는 언어나 의미가 아닙니다. 나는 당신의 의식 수준에서 나를 향해 보내는 전체적인 의사소통을 경험하고 싶습니다.

대천사 조피엘이여, 당신의 지혜에 경배하니,
당신의 검(劍)은 이원성의 베일을 갈라 버립니다.
당신이 길을 보여줄 때 무엇이 실재인지 깨닫고,
나는 뱀의 의심에서 즉시 치유됩니다.

**대천사 조피엘이여, 모든 거짓말을 드러내고,
대천사 조피엘이여, 모든 결박을 잘라버리며,
대천사 조피엘이여, 하늘들을 정화하면서,
대천사 조피엘이여, 진실로 내 마음은 비상합니다.**

3. 사랑하는 란토여, 나는 내 의식을 변화시키는 내적이고 전(全)존재적인 신비 체험을 하고 싶습니다. 당신의 포괄적이며 전존재적인 소통의 본질을 체험할 수 있도록 나는 언어를 초월하겠습니다.

대천사 조피엘이여, 당신의 실재는,
이원성에 대한 최고의 해독제입니다.
명료한 당신의 현존 안에서는 모든 거짓이 소멸하고,
당신이 옆에 계시니 어떤 뱀도 두렵지 않습니다.

**대천사 조피엘이여, 모든 거짓말을 드러내고,
대천사 조피엘이여, 모든 결박을 잘라버리며,
대천사 조피엘이여, 하늘들을 정화하면서,
대천사 조피엘이여, 진실로 내 마음은 비상합니다.**

4. 사랑하는 란토여, 두 번째 광선에 조율할 수 있도록, 나는 외면의 마음으로 두 번째 광선의 특성을 충분히 이해하고 싶습니다. 잠

자는 동안 내 마음이 육체를 떠날 때, 당신의 로열 티톤 은거처를
방문하고 싶습니다.

대천사 조피엘이여, 신의 마음이 내 안에 있고,
나는 당신의 명료한 빛을 통해 그 지혜를 깨닫습니다.
내가 하나이신 존재를 볼 때 모든 분리는 사라지고,
내 마음은 완전한 전체성을 이룹니다.

대천사 조피엘이여, 모든 거짓말을 드러내고,
대천사 조피엘이여, 모든 결박을 잘라버리며.
대천사 조피엘이여, 하늘들을 정화하면서,
대천사 조피엘이여, 진실로 내 마음은 비상합니다.

5. 사랑하는 란토여, 당신의 임무는 내가 인식 필터를 넘어서도록 돕는 일임을 압니다. 내가 삶을 바라보는 인식 필터가 있음을 알기에, 당신이 내 인식을 인정해 주리라 기대 하지 않습니다. 나는 인식 필터를 버릴 준비가 되어 있습니다.

대천사 미카엘이여, 당신의 빛나는 푸른 불꽃 안에서,
어두운 밤은 사라지고 오직 당신만이 존재합니다.
당신과 하나 되어 당신의 빛으로 채워지니,
눈앞에 영광스러운 경이가 펼쳐집니다.

대천사 미카엘이여, 당신의 페이쓰(Faith)는 너무나 강렬하여,
대천사 미카엘이여, 나를 단숨에 정화합니다.
대천사 미카엘이여, 나는 당신의 노래를 부르며,
대천사 미카엘이여, 당신과 하나가 됩니다.

6. 사랑하는 란토여, 나는 두 번째 광선의 입문으로 이동하기를 원

합니다. 나는 내 방식을 강화하여 두 번째 지혜 광선의 입문을 통과하려는 욕망을 버립니다.

대천사 미카엘이여, 당신은 보호자시니,
나는 늘 당신의 푸른 방패 안에 거합니다.
어둠 속을 떠도는 모든 존재로부터 봉인되어,
나는 푸른 광휘로 빛나는 당신의 구체 안에 머뭅니다.

대천사 미카엘이여, 당신의 페이쓰(Faith)는 너무나 강렬하여,
대천사 미카엘이여, 나를 단숨에 정화합니다.
대천사 미카엘이여, 나는 당신의 노래를 부르며,
대천사 미카엘이여, 당신과 하나가 됩니다.

7. 나는 시험을 통과하기 위해 온갖 지혜로 마음을 프로그램하고 채워넣으며 공부한다고 해도 충분하지 않음을 깨닫습니다. 신의 지혜는 세속적인 지혜가 아닙니다.

대천사 미카엘이여, 수백만의 천사가
당신의 권능을 찬양합니다.
의심과 두려움의 데몬들을 태워버리는,
당신의 현존은 언제나 가까이 있습니다.

대천사 미카엘이여, 당신의 페이쓰(Faith)는 너무나 강렬하여,
대천사 미카엘이여, 나를 단숨에 정화합니다.
대천사 미카엘이여, 나는 당신의 노래를 부르며,
대천사 미카엘이여, 당신과 하나가 됩니다.

8. 나는 신성한 지혜의 입문에 참여하기를 바라며, 내 안에 있는 세속적인 지혜의 이미지를 버립니다. 나는 지혜를 무기로 사용하려는

인식 필터를 버립니다.

대천사 미카엘이여, 신의 의지는 당신의 사랑이며,
당신은 하늘에서 신의 빛을 모두에게 가져옵니다.
신의 의지는 모든 생명이 비상(飛上)하는 것이며,
자아의 초월은 우리의 가장 신성한 권리입니다.

대천사 미카엘이여, 당신의 페이쓰(Faith)는 너무나 강렬하여,
대천사 미카엘이여, 나를 단숨에 정화합니다.
대천사 미카엘이여, 나는 당신의 노래를 부르며,
대천사 미카엘이여, 당신과 하나가 됩니다.

9. 나는 첫 번째 광선의 입문에서 얻은 힘을 이용해서 이러한 인식 필터를 강화하려는 성향을 버립니다. 나는 열심히 공부해서 다른 학생들보다 더 나아지고 더 현명해지고 더 똑똑해지며 더 많은 지식을 얻으려는 욕망을 버립니다.

천사들과 함께 날아오르며,
나는 스스로를 초월합니다.
천사들은 진실로 존재하며,
그들의 사랑은 모든 것을 치유합니다.

천사들이 평화를 가져오면,
모든 갈등은 그칩니다.
빛의 천사들과 함께,
우리는 새로운 높이로 비상합니다.

천사 날개의 바스락거리는 소리,
물질조차 노래하는 기쁨이여,

모든 원자를 울리는 기쁨이여,
천사들의 날갯짓과 조화 속에서.

3. 나는 타인들에게 맞서기 위해 지혜를 사용하지 않습니다

1. 나는 누가 가장 똑똑하고, 누가 다른 사람을 제압할 수 있는지 가려내기 위해 지식인들처럼 토론하고 경쟁하려는 욕망을 모두 버립니다. 나는 반드시 반대되는 것이 있고, 진실과 거짓이 있다고 생각하는 경향을 버립니다.

마스터 란토여, 황금빛 지혜로,
내 안에서 에고의 거짓말을 드러내소서.
마스터 란토여, 의지를 갖추고,
나 자신의 통달을 성취하겠습니다.

**오 성령이시여, 나를 통해 흐르소서,
나는 당신을 위해 열린 문입니다.
세차게 흘러오는 전능한 빛의 강이여,
초월은 나의 신성한 권리입니다.**

2. 나는, 진리를 아는 사람들과 같은 방식으로 삶을 바라보지 않는 자들은 잘못되고 거짓된 악한 존재이므로 힘으로 제압해야 한다는 의식을 버립니다.

마스터 란토여, 모든 것에서 균형을 이루소서,
나는 지혜의 균형을 요청합니다.
마스터 란토여, 균형이야말로,
황금의 열쇠임을 알게 하소서.

**오 성령이시여, 나를 통해 흐르소서,
나는 당신을 위해 열린 문입니다.
세차게 흘러오는 전능한 빛의 강이여,
초월은 나의 신성한 권리입니다.**

3. 나는 상승 마스터들이나 다른 스승으로부터 받은 내 영적인 지식이 다른 모든 지식보다 우월하다는 믿음을 버립니다. 궁극적인 지혜는 언어를 넘어서 있음을 압니다. 그것은 전체적이고 모든 것을 포괄하는 체험입니다.

마스터 란토여, 상위 영역에서 흘러오는
분별력 있는 사랑을 요청합니다.
마스터 란토여, 사랑은 눈멀지 않았으며,
나는 사랑을 통해 신의 비전을 발견합니다.

**오 성령이시여, 나를 통해 흐르소서,
나는 당신을 위해 열린 문입니다.
세차게 흘러오는 전능한 빛의 강이여,
초월은 나의 신성한 권리입니다.**

4. 나는 언어로 옮기는 과정에서 전체적이고 포괄적인 본질이 어느 정도 상실된다는 사실을 압니다. 언어는 단지 초월을 위한 도구일 뿐입니다.

마스터 란토여, 나는 순수하며,
내 의도는 그리스도의 양처럼 순수합니다.
마스터 란토여, 초월하며 나아갈 때
가속은 내 가장 진실한 친구입니다.

**오 성령이시여, 나를 통해 흐르소서,
나는 당신을 위해 열린 문입니다.
세차게 흘러오는 전능한 빛의 강이여,
초월은 나의 신성한 권리입니다.**

5. 하나의 언어적인 표현을 절대적인 진리로 간주한다면, 신성한 지혜를 잃게 된다는 사실을 압니다. 세속적이고 인간적인 지혜를 얻었다 해도, 이것은 진정한 실재의 빈약한 대용품일 뿐입니다.

마스터 란토여, 나는 완전한 전체이며,
내 영혼에는 더 이상 분리가 없습니다.
마스터 란토여, 치유의 화염이여,
당신의 신성한 이름으로 모두가 균형을 이룹니다.

**오 성령이시여, 나를 통해 흐르소서,
나는 당신을 위해 열린 문입니다.
세차게 흘러오는 전능한 빛의 강이여,
초월은 나의 신성한 권리입니다.**

6. 나는 힘으로 지혜를 오용하려는 패턴을 버립니다. 나는 언어로 된 표현 하나를 우월한 지혜로 격상시켜, 모든 것이 이 지혜를 따라야 한다고 생각하며 투사하려는 욕망을 버립니다.

마스터 란토여, 모든 생명에 봉사하며,
나는 내면의 투쟁을 모두 초월합니다.
마스터 란토여, 진정한 삶을 원하는 모두에게,
당신은 평화를 부어줍니다.

오 성령이시여, 나를 통해 흐르소서,

**나는 당신을 위해 열린 문입니다.
세차게 흘러오는 전능한 빛의 강이여,
초월은 나의 신성한 권리입니다.**

7. 나는 살아 계신 붓다와 그리스도에 대한 내 인식필터를 다른 이들이 반드시 따라야 한다고 투사하는 성향을 버립니다. 살아 계신 붓다와 그리스도는 내가 멘탈 박스에서 벗어나도록 돕기 위해 왔으며, 나는 기꺼이 자유로워지겠습니다.

마스터 란토여, 균형 잡힌 창조를 통해
자유를 얻습니다.
마스터 란토여, 우리는 당신의 균형을,
기쁨의 열쇠로 사용합니다.

**오 성령이시여, 나를 통해 흐르소서,
나는 당신을 위해 열린 문입니다.
세차게 흘러오는 전능한 빛의 강이여,
초월은 나의 신성한 권리입니다.**

8. 나는 '지혜로운 진술' 하나를 선택해서 그것을 힘으로 절대적인 위치에 올렸고, 그래서 내 멘탈 박스가 닫혀 버렸음을 압니다. 이 '지혜로운 진술'은 완벽하게 타당할 수 있지만, 이것이 실재를 묘사하는 유일한 방식은 아닙니다. 단 하나의 유일한 진리란 존재하지 않으므로, 이것은 유일한 진리가 아닙니다.

마스터 란토여, 우리의 요청으로,
당신은 일곱 광선을 모두 균형 잡습니다.
마스터 란토여, 내가 높이 날아오르니,
나의 삼중 불꽃이 찬란하게 빛납니다.

오 성령이시여, 나를 통해 흐르소서,
나는 당신을 위해 열린 문입니다.
세차게 흘러오는 전능한 빛의 강이여,
초월은 나의 신성한 권리입니다.

9. 언어로 된 표현은 모두 하나의 묘사일 뿐입니다. 타당하고 유용한 표현은 하나 이상이지만, 그것들은 모두 묘사일 뿐입니다, 나는 언어 이면에 있는 영과 하나되기를 원합니다.

사랑하는 란토여, 당신의 현존은
나의 내면 구체를 충만하게 합니다.
삶은 이제 신성한 흐름이 되어,
나는 모두에게 신의 지혜를 부어줍니다.

오 성령이시여, 나를 통해 흐르소서,
나는 당신을 위해 열린 문입니다.
세차게 흘러오는 전능한 빛의 강이여,
초월은 나의 신성한 권리입니다.

4. 나는 지혜의 영에게 다가갑니다

1. 묘사는 언어를 초월하며 지혜의 영을 전체적으로 경험하는 데 유용합니다, 지혜의 영은 말씀(Word)이 나오는 근원이지만, 언어를 초월하고 형상을 초월합니다.

마스터 모어여, 우리 앞에 나타나소서,
초월로 가속하는 당신의 불꽃을 받아들이겠습니다.
마스터 모어여, 내 의지는 강렬하고,
내 에너지 센터는 노래로 정화됩니다.

오 성령이시여, 나를 통해 흐르소서,
나는 당신을 위해 열린 문입니다.
세차게 흘러오는 전능한 빛의 강이여,
초월은 나의 신성한 권리입니다.

2. 따라서 내 외면의 의식하는 마음은, 말로 된 표현이 단지 언어를 초월한 실재를 묘사할 수 있는 한 가지 방법일 뿐임을 인식합니다.

마스터 모어여, 당신의 지혜가 흘러오니,
당신과의 조율이 점점 증가합니다.
마스터 모어여, 우리가 서로 연결되니,
나는 뱀의 거짓말을 꿰뚫어 봅니다.

오 성령이시여, 나를 통해 흐르소서,
나는 당신을 위해 열린 문입니다.
세차게 흘러오는 전능한 빛의 강이여,
초월은 나의 신성한 권리입니다.

3. 묘사된 것은 유일한 진리도 아니며 유일하게 가능한 표현도 아닙니다. 나는 하나의 가르침을 담힌 멘탈 박스로 바꾸려는 욕망을 버립니다. 나는 마스터 란토로부터 직접 가르침을 받습니다.

마스터 모어여, 당신의 핑크빛 사랑보다,
더 순수한 사랑은 없습니다.
마스터 모어여, 당신은 모든 조건에서
나를 자유롭게 해방합니다.

오 성령이시여, 나를 통해 흐르소서,
나는 당신을 위해 열린 문입니다.

**세차게 흘러오는 전능한 빛의 강이여,
초월은 나의 신성한 권리입니다.**

4. 란토의 말씀조차 그 자신인 영의 모든 것을 담을 수는 없습니다.
사랑하는 란토여, 나는 언어를 초월해 있는 당신을 알고 싶습니다.

마스터 모어여, 나를 순수하게 만드는,
당신의 단련법을 견뎌내겠습니다.
마스터 모어여, 우리의 의도는 진실하고,
나는 언제나 당신과 하나입니다.

**오 성령이시여, 나를 통해 흐르소서,
나는 당신을 위해 열린 문입니다.
세차게 흘러오는 전능한 빛의 강이여,
초월은 나의 신성한 권리입니다.**

5. 나는 란토의 현존에 내 마음을 조율하는 방법으로 언어를 사용하며, 란토께서 나에게 당신의 현존을 전해주신다는 것을 압니다.

마스터 모어여, 내 비전은 고양되고,
신의 의지는 늘 찬양을 받습니다.
마스터 모어여, 창조적인 의지는,
모든 생명을 더욱더 높이 올립니다.

**오 성령이시여, 나를 통해 흐르소서,
나는 당신을 위해 열린 문입니다.
세차게 흘러오는 전능한 빛의 강이여,
초월은 나의 신성한 권리입니다.**

6. 나는 란토가 '영'임을 인식함으로써, 지혜의 두 번째 광선에서 첫 번째 인식 필터를 내려놓기 위한 입문을 통과합니다.

마스터 모어여, 당신의 평화는 권능이며,
전쟁의 데몬들을 삼켜버립니다.
마스터 모어여, 우리는 모든 생명에 봉사하며,
우리의 화염은 전쟁과 투쟁을 소멸합니다.

**오 성령이시여, 나를 통해 흐르소서,
나는 당신을 위해 열린 문입니다.
세차게 흘러오는 전능한 빛의 강이여,
초월은 나의 신성한 권리입니다.**

7. 사랑하는 란토여, 당신은 말로 묘사할 수 있는 존재 그 이상입니다, 나는 그 이상의 존재인 당신을 받아들이고 흡수합니다.

마스터 모어여, 크나큰 자유 안에서
당신과 나는 영원히 결속됩니다.
마스터 모어여, 당신의 영원한 환희의 강에서,
우리는 새로운 탄생을 맞이합니다.

**오 성령이시여, 나를 통해 흐르소서,
나는 당신을 위해 열린 문입니다.
세차게 흘러오는 전능한 빛의 강이여,
초월은 나의 신성한 권리입니다.**

8. 사랑하는 란토여, 나는 당신을 묘사하거나 신을 묘사하는 데, 혹은 영적인 실재나 지상의 삶을 묘사하기 위해 사용하는 언어로 된 어떠한 표현도 기꺼이 내려놓겠습니다.

마스터 모어여, 우리의 요청으로,
당신은 일곱 광선을 모두 균형 잡습니다.
마스터 모어여, 영원히 스스로를 초월하며,
나는 영(Spirit)을 위해 열린 문입니다.

오 성령이시여, 나를 통해 흐르소서,
나는 당신을 위해 열린 문입니다.
세차게 흘러오는 전능한 빛의 강이여,
초월은 나의 신성한 권리입니다.

9. 사랑하는 란토여, 나는 언어를 완전히 넘어선 경험에 내 마음을 엽니다. 나는 당신이 언어를 초월하는 그 이상의 존재임을 압니다. 나 또한, 그 이상의 존재임을 압니다.

마스터 모어여, 당신의 현존은,
나의 내면 구체를 충만하게 합니다,
삶은 이제 신성한 흐름이 되어,
모두에게 신의 힘을 부여합니다.

오 성령이시여, 나를 통해 흐르소서,
나는 당신을 위해 열린 문입니다.
세차게 흘러오는 전능한 빛의 강이여,
초월은 나의 신성한 권리입니다.

봉인하기
신성한 어머니의 이름으로, 나는 이 요청의 힘이 마터 빛을 자유롭게 함으로써, 나 자신의 삶과 모든 사람과 행성을 위한 그리스도의 완전한 비전을 구현할 수 있음을 전적으로 받아들입니다. I AM THAT I AM의 이름으로, 이것이 이루어졌습니다! 아멘.

6
지혜와 깨달음

나는 상승 마스터 란토이며, 두 번째 광선의 은거처에서 입문 과정을 시작하는 여러분에게 입문의 두 번째 단계를 이해할 수 있는 열쇠를 주고자 합니다. 첫 번째 단계는 힘의 첫 번째 광선을 통해 지혜를 사용하는 단계이며, 두 번째 단계는 지혜의 두 번째 광선을 통해 지혜를 사용하는 단계입니다. 그렇다면 이것은 두 배의 지혜입니다. 여러분은 이 단계의 입문에서 지혜가 어떻게 활용되고 오용될 수 있는지에 관해 더 배워야 합니다.

지혜는 경쟁이 아닙니다

학생들이 서로를 제압하기 위해 지혜를 사용하는 일을 멈출 때까지, 우리가 그들을 어떻게 그룹 안에 머물게 하는지에 대해 말했습니다. 다음 단계에서는 학생들을 그룹에 배정하고 그룹 안에서 특정한 문제를 선택하여 다시 논쟁하게 합니다. 다시 말하지만, 많은 학생이 견해를 주장하는데 있어서, 자신들이 얼마나 현명하고 능숙한지를 보여주는데 열심인 것을 보면 꽤 놀랍습니다. 여러분은 지구에서 삶이 일종의 경쟁이라고 생각하게끔 프로그램되었습니다. 여러분이 지혜의 두 번째 광선의 입문 과정에 있다면, 누가 최상의 주장을 하고 있는지, 누가 가장 설득력 있는 주장을 하고 있는지 경쟁하고 있을 것입니다. 그러나 로열 티톤 은거처에서는 다른 목적이 있습니다. 우리는 학생들에게 세상에서 최고의 주장을 찾는 방법을 가르치지 않습니다. 우리는 궁극적인 주장이 있다고 믿는 바로 그 의식 상태를 초월하도록 도우려고 합니다.

이 세상의 기관들, 특히 종교와 교육기관에 의해 여러분이 어떻게 프로그램되었는지 생각해보세요. 여러분은 모든 것을 측정하는 궁극의 지혜와 궁극의 기준이 어딘가에 존재한다고 생각하도록 프로그램되었습니다. 따라서 이 궁극적인 지혜와 맞지 않는 것은 무엇이든 거짓이고 심판받아야 한다고 말합니다.

그리고 이런 거짓 지혜를 신봉하는 사람들은 그들이 받아들인 신념 체계에 따라서 심판받아야 합니다. 예를 들어, 여러분이 크리스천이라면, 여러분의 지혜와 견해에 동의하지 않는 사람은 반-그리스도여야 합니다. 그들은 악하기 때문에 반드시 지옥에 가야 한다고 생각합니다. 신도 그들이 지옥에 가기를 바란다고 생각합니다. 어쩌면 신은 그들이 지구에서 떠나기를 바라며, 하다못해 여러분의 도움을 받아 그들을 죽여서라도 지구에서 사라지게 만들어야 합니다.

역사상 이러한 패턴이 반복되는 것을 얼마나 많이 보았습니까? 바로 지금 세상에서 자신의 동료를 죽일 의무나 권한을 주는 우월한 지혜를 가졌다고 믿는 사람들이 얼마나 많습니까? 서구 사회에는 타인들을 죽이려는 사람들을 많이 볼 수 없습니다, 하지만, 사람들이 학계의 얼마나 많은 분야에서 여전히 계속 논쟁하면서, 자신의 지혜를 우월한 것으로 받아들이지 않는 사람들을 말 그대로, 정신적으로 파멸시키려 하고 있습니까?

두 번째 광선에서 두 번째 입문

우리는 로열 티톤 은거처에서 학생들이 지치고 진절머리가 날 때까지 충분히 논쟁하도록 둡니다. 우리는 그 그룹들을 지켜봅니다. 우리는 학생들이 한 사람씩 한 사람씩 점차 침묵에 빠지는 모습을 봅니다. 그들은 이제 자신의 지혜를 내세우기를 열망하지 않고 침묵에 빠집니다. 그들은 그저 앉아서 논쟁을 들으며 단지 지켜봅니다. 이제 그들의 마음이 열리기 시작했다고 말할 수 있습니다. 그들은 토론과 논쟁이 왜 해결되지 않는지 의문을 가지기 시작합니다. 아무리 훌륭한 논쟁을 구상해도, 왜 항상 반박할 수 있을까요? 왜 사람들은 특정한 주장에 애착을 두게 되어 다른 것을 보지 못할까요? 어쩌면 이러한 논쟁 너머에 다른 것이 있지 않을까요?

사랑하는 이들이여, 맞습니다, 이때부터 학생들이 다음 단계의 입문에 대해 열리기 시작합니다. 그때 우리는 그들을 한쪽으로 데리고 갑니다. 계속 논쟁하려는 학생들은 그들이 논쟁을 계속할 수 있도록, 새로운 사람들과 새로운 생명흐름이 들어오는 그룹에 내버려 둡니다, 그러면 그들이 질릴 때까지 논쟁은 계속됩니다. 우리는 에너지 수준에서 일어나는 사실을 보여주는 커다란 화면이 있는 특수한 교실로, 마음을 열기 시작한 학생들을 데리고 갑니다. 우리는 그들이 이러한 논쟁에 참여하는 동안, 이들 생명흐름들의 에너지장에서 어떤 일이 일어나는지 실제로 보여줄 수 있습니다. 우리는 여러분의 아이앰 현존으로부터 네 하위체로 빛이 어떻게 흐르는지 시각적으로 보여줄 수 있습니다. 우리는 또한, 상승한 세계의 우리가 개별 학생의 마음속으로 특정한 지혜의 자극을 어떻게 방출할 수 있는지도 보여줄 수 있습니다. 우리는 이 자극이 어떤 모습을 띠는지 시각적으로 아주 자세하게 보여줄 수 있습니다, 이것은 플라톤이 말한 이상적인 형태에 비유될 수 있습니다.

이것은 기초적인 기하학적 모양이며, 삼각형이나 사각형 혹은 원처럼 단순하지 않고, 좀 더 복잡한 기하학적 형태입니다. 여러분은 그것들을 시각적으로 볼 수 있으며, 그것에는 조화롭고 균형 잡힌 아름다움이 있습니다, 여러분은 순수한 수준에서 이 기하학적 형상들이 다른 형상들을 상쇄하거나 파괴하지 않고, 부정적인 간섭 패턴을 만들지 않으면서 어떻게 상호 작용 하는지를 보게 됩니다. 그 다음 우리는 순수한 기하학적 형태로 이루어진 지혜의 자극이 특정한 학생의 정체성체 안으로 내려갈 때, 어떤 일이 일어나는지 시각적으로 보여줄 수 있습니다. 우리는 지혜의 순수한 자극이 학생의 정체성체 안에서 기하학적인 형태와 상호 작용을 시작할 때 정확히 어떤 일이 일어나는지 시각적으로 보여줄 수 있습니다. 정체성체 안의 이 기하학적 형태들은 학생들의 의식 수준에 따라 결정됩니다. 이 입문을 받는 학생들의 특성상, 의식 수준이 그렇게 높지 않기 때문에 정체성체 안의 기하학적 형태와 지혜의 순수한 자극 사이에는 분명한 간섭이 있습니다.

이것은 이미 정체성체 안에서 지혜의 순수한 자극이 부분적으로 차단되고, 왜곡된다는 의미입니다. 본래의 순수성에 비하면 학생들의 멘탈체 안으로 내려가는 자극은, 거의 알아볼 수 없을 정도입니다. 이제 우리는 정체성체에서 나온 자극이 멘탈체 안으로 들어가, 거기 저장된 기하학적인 형태와 어떻게 상호 작용을 하는지 보여줍니다. 그곳에도 장애물과 간섭과 왜곡이 있습니다. 다음에 우리는 멘탈체를 떠나 감정체 안으로 들어가는 자극을 보여줄 수 있습니다. 역시 그 자극도 희석되고 변형되며, 최종적으로 학생들의 의식하는 마음속으로 들어가는 자극은 너무나 희석되어 본래의 순수 자극과는 아무런 관련이 없게 됩니다.

학생들이 처음으로 이것을 볼 때는 언제나 충격을 받습니다. 그들은 지혜의 순수한 자극이 네 하위체를 통해 전달될 수 없다는 무력함에 충격을 받고, 최소한 그들의 의식하는 마음으로 순수한 자극의 일부라도 붙잡으려고 합니다. 그러나 우리의 목적은 학생들에게 충격을 주는 것이 아닙니다. 그 충격은 여러분의 마음이 자신의 아이앰 현존과 상승 영역에서 오는 자극을 얼마나 왜곡하는지를 볼 때 불가피한 것입니다. 영적인 여정의 이 수준에서는, 왜곡이 광범위하며 따라서 그 충격도 그만큼 큽니다.

하지만, 이것은 지극히 자연스러운 일이며, 이런 면에서는 다른 사람들도 학생들과 별반 차이가 없음을 분명히 해줌으로써, 우리는 학생들이 이러한 충격을 처리하도록 도움을 줍니다. 사실 학생들은 대부분의 지구 사람보다 더 열려 있으며 긍정적입니다. 그들은 자신의 멘탈 박스를 인식하고 확장하는 데 더욱 개방되어 있습니다.

여러분의 역할이 어떻게 지혜를 왜곡시키는가?

이 연습에서 우리의 진짜 목적은 세상에 우월한 지혜가 없다는 점을 보여주려는 것입니다. 이것은 학생들에게 그들이 자신의 정체성체 안에 특정한 정체감을 받아들였다는 사실을 보여줌으로써 시작합니다. 이전에 우리는 육화 과정을 연극 공연에서 특정한 역할에 맞는 의상을 입고 분장하는 과정에 비유해서 말한 적이 있습니다. 그것이 바로 정체성 수준에서 일어나는 일입니다. 어떤 경우에는 과거에, 많은 경우 아주 먼 과거에 여러분은 불완전했던 지구의 상태를 보고, 특정한 역할과 특정한 정체성을 취하기로 결정했습니다. 여러분이 개별적으로 맡은 역할은 너무 복잡하지만, 내가 전달하고 싶은 요점을 비교적 간단히 설명하겠습니다.

중세 시대에 십자군의 기사 역할을 여러분이 맡기로 했다고 가정해봅시다. 이유가 무엇이든, 여러분은 성지로 가서 이슬람교도로부터 예루살렘을 탈환하기 위해 싸우는 십자군의 역할을 경험하고 싶다고 결정했습니다. 여러분이 자신의 정체성체에 이 특별한 의상을 입을 때는 의문의 여지없이, 그리고 당연하게, 이 정해진 역할을 받아들이게 됩니다. 십자군으로 규정된 역할을 받아들인다는 것은, 가톨릭교회가 내세우는 기본 교리와 인생관에 의문을 품지 않는다는 의미입니다. 여기에 아무런 의심도 하지 말아야 합니다.

　여러분이 의식하는 자아로서 삶에서 맡은 역할 밖으로 나오면, 가톨릭교회는 실재에 대한 오직 한 관점만을 제시하고, 그것은 궁극적인 지혜가 아니며, 여러 방식으로 의문이 제기될 수 있음을 알 수 있습니다. 노란색 안경을 착용하면 하늘의 푸르름을 볼 수 없듯이, 여러분이 십자군의 의상을 입고 그 역할에 몰입하고 있을 때는 이것을 알 수 없습니다. 안경은 여러분이 물리적으로 보는 내용을 바꿉니다. 그리고, 정체성체에서 취한 그 역할은 여러분이 삶을 보는 방식을 바꿉니다. 여러분은 역할을 넘어선 다른 것은 볼 수 없게 됩니다.

　물론 의식하는 자아인 여러분은 자신이 순수의식이라는 사실에 다시 연결되어, 일시적으로 그 역할에서 벗어나, 그 역할 속에서 보는 내용보다 실재에는 그 이상이 있음을 경험할 수 있습니다. 그러나 여러분이 이렇게 하지 않으면, 말 그대로 여러분은 그 역할의 인식 필터를 통해서만 삶을 경험하게 됩니다. 아이앰 현존을 통해 상승 영역에서 온 어떤 자극이, 그 역할을 정의하는 기하학적인 형태로 인해 완전히 왜곡됩니다. 아이앰 현존으로부터 오는 어떤 자극은 여러분의 의식하는 마음에 도달하기 전에, 여러분의 역할에 의해 왜곡됩니다, 따라서 의식하는 마음은, 현존에게서 오는 자극이 자신의 역할이라는 인식 필터를 통해 형성된 세계관을 유효화하고 확증하는 것을 경험합니다.

학생들이 이것을 보기 시작하면, 최종적인 주장은 존재하지 않으며, 자신이 옳고 다른 이들의 지혜는 잘못이라는 것을 어째서 설득하고 이해시킬 수 없는지 비교적 쉽게 이해합니다. 십자군 전쟁의 상황을 다시 생각해보세요. 한쪽에는 십자군이 있고, 다른 쪽에는 자신의 종교를 우월하게 내세우려는 이슬람교도가 있습니다. 영적인 영역에는 크리스천이나 이슬람교도라는 생명흐름은 없습니다. 상승 영역에는 자신을 크리스천이나 이슬람교도로 동일시하는 존재들이 없습니다. 크리스천이나 이슬람교도는 지구에서 정의된 역할이며, 이것은 정체성층에서 시작됩니다. 이것은 여러분 자신이 아닙니다. 이것은 단지 여러분이 채택한 역할일 뿐이지만, 한번 발을 들여놓으면, 그 역할이 가진 인식 필터를 통해서 세상을 보게 됩니다.

인식 필터는 정보를 버립니다

사랑하는 이들이여, 필터가 하는 일이 무엇일까요? 여러분 부엌에 있는 마시는 물을 정수하는 필터를 생각해봅시다. 필터가 하는 일이 무엇일까요? 필터는 특정한 내용물을 걸러내고, 나머지를 통과시킵니다. 그것이 바로 필터의 본질이고 기능입니다. 마찬가지로, 정체성체에 여러분이 뛰어든 어떤 역할이 있으면, 여러분은 특정한 내용을 거르고 나머지만을 통과시키는 인식 필터를 가지게 됩니다. 이 단계에서 우리가 보여주는 것은, 인식 필터가 본래의 그 성격상 자기 역할과 상충하는 것은 모두 걸러버린다는 사실입니다.

십자군 역할을 수행한다면, 여러분의 인식 필터는 중세 가톨릭 세계관을 부인하는 모든 자극이나 지식, 지혜와 통찰력을 걸러버립니다. 예를 들어, 선지자 모하메드는 신에게서 이러이러한 힘을 받았기 때문에 그리스도교뿐만 아니라 이슬람도 진정한 종교라는 주장을 누군가 여러분에게 제시할 수 있습니다. 여러분은 의식하는 마음으로 이 주장을 들을 수는 있지만, 이 주장에 대해 사유하는 능력은 완전히 여러분의 인식 필터에 의해 결정됩니다. 여러분이 십자군 역할로 들어갔다면 중립적이고 객관적으로 생각할 수 없습니다. 여러분은 하나의 인식 필터를 취했고, 그 필터는 여러분이 그런 주장을 들을 수 없을 정도로 걸러내지는 않지만, 그것이 타당할 수 있다는 모든 느낌은 걸러버립니다. 모든 타당성과 사실성이 인식 필터로 걸러졌기 때문에, 여러분은 그 주장에서 어떠한 타당성도 볼 수 없습니다. 여러분은 그 주장의 결점만 볼 수 있습니다. 여러분은 그 주장을 오직 오류라고 봅니다.

논쟁의 무의미함

십자군이 이슬람교도와 논쟁에 맞설 경우, 에너지 수준에서 어떤 일이 일어나는지 화면으로 보여주면, 학생들은 양측 모두가 상대방을 설득하고 개종시키려는 완전히 헛된 시도에 관여하고 있다는 사실을 비교적 쉽게 알 수 있습니다. 우리는 십자군이 그리스도교를 위해 어떻게 주장을 제시하는지 보여줄 수 있습니다. 우리는 빛이 그 사람의 아이앰 현존으로부터 그의 정체성체 안의 기하학적인 형상을 거치며 어떻게 걸러지고, 이것이 정체성 수준에서 그러한 기하학적인 형상을 구성하는 세계관에 어떻게 현실감과 타당성을 부여하는지 보여줍니다. 이슬람교도가 논쟁을 제기할 때, 비록 그 사람은 의식하는 마음으로 말을 듣지만, 우리는 그 에너지 자극이 감정, 멘탈, 정체성체를 거쳐 실제로 어떻게 처리되는지 보여줍니다. 그 사람의 인식 필터를 통과하면서 상대방에 대한 타당성은 다 걸러졌기 때문에, 실제로 의식하는 마음은 상대방의 주장이 전혀 타당하지 않다고 느낍니다.

양쪽 모두가 이런 의식 수준에 있고, 순수의식에 대한 경험과 연결이 없을 때, 한 사람이 다른 사람을 설득시킬 가능성은 전혀 없습니다. 학생들은 이것을 쉽게 이해할 수 있습니다. 그러므로 그들의 삶을 뒤돌아보면서 다른 사람들과 얼마나 자주 논쟁을 벌였는지 아주 쉽게 살펴볼 수 있습니다. 많은 경우, 이것은 이런저런 사고 체계의 타당성에 대한 철학적 논쟁이 아닐 수도 있습니다. 배우자나 자녀, 부모와의 일상 문제나 관계에 대한 논쟁일 수 있습니다. 다시 한번, 우리는 사람의 인식 필터에 의해 어떻게 자신이 완전히 옳다는 믿음에 이르는지, 또는 다른 사람이 타당하다는 느낌을 어떻게 모두 걸러버리는지 보여줄 수 있습니다.

우리는 왜 이러한 종류의 논쟁과 토론에서 실제로 아무 결과도 얻지 못하는지 보여줄 수 있습니다. 이것은 단순히 여러분의 에너지와 시간, 그리고 주의력을 헛되이 사용하는 일입니다. 이것은 논쟁을 목적으로 하는 논쟁이며, 타인에게 옳다고 인정받음으로써 궁극적인 안도감을 느끼려는 에고의 욕망에서 비롯됩니다. 에고는 필사적으로 여러분을 이런 논쟁에 개입하게 해서 논쟁을 지속하게 만드는데, 여러분의 의식속에 있는 에고와 영체는 이런 무의미한 논쟁에 여러분을 개입시켜 아이앰 현존에게서 오는 왜곡된 에너지의 힘을 얻기 때문입니다.

대부분의 학생에게 이것은 힘든 입문입니다, 아예 건설적인 결과를 초래할 기회조차 없는 논쟁에 자신들이 얼마나 많은 에너지와 시간과 주의력을 낭비했는지를 명확하게 볼 수 있기 때문입니다. 학생들은 육화하는 동안, 시간과 에너지와 주의력이 유한하다는 것을 알기 때문에, 항상 후회하고 회한에 잠깁니다. 그렇다면, 왜 이렇게 무의미한 일에 낭비할까요?

논쟁에 어떤 잠재적 이익이 있는가?

피할 수 없는 진실과 후회의 순간 이후, 우리는 학생들에게 사실은 논쟁이 완전히 무의미하지만은 않다는 점을 보여줍니다. 지구의 현재 상황으로 육화한다는 것은 여러분이 특정한 역할, 즉 특정한 옷을 입는다는 의미입니다. 여러분은 충분한 경험을 하고 더 나은 뭔가를 원할 때까지 그 역할을 수행해야만 합니다. 현재 지구상에 여러분이 하기로 정의된 역할은 필연적으로 다른 사람과의 갈등에 처하는 경우가 대부분입니다. 여러분이 충분한 경험을 하고, 자신의 역할을 의문시하기 전까지는 다른 사람들과 어느 정도의 논쟁을 겪어야 합니다. 더 넓은 관점에서 보면, 그 논쟁들은 여러분의 마음을 다른 접근 방식에 열리게 해주는 이 전환점까지 점점 가까이 이끌어 왔기 때문에, 완전히 헛되지는 않았습니다. 이제 여러분은 자신의 접근 방식과 역할과 인식 필터에 의문을 제기할 수 있는 지점에 이르렀습니다.

이것이 정말 삶을 바라보는 유일한 방법인가? 다른 사람들과 끊임없이 논쟁하는 일이 과연 내가 살아가는 유일한 방식인가? 어쩌면 논쟁은 내가 삶을 바라보는 여러 방식 중 하나일 뿐인 것은 아닐까? 내가 다른 사람과의 논쟁에 지쳤다면, 이 상황을 벗어나는 유일한 출구는 내 인식 필터와 인생관에 의문을 던지는 것이 아닐까?

여러분의 역할은 사람과 경험을 끌어들입니다

전에 언급했던 것처럼, 우리는 주요 도시와 그 주변의 밝은 부분을 보여주는 야간 위성사진처럼 지구를 볼 수 있는 일종의 지도 같은 화면을 보여줄 수 있습니다. 그 화면은, 사람들 사이에 에너지 연결이 어떻게 존재하는지, 그리고 학생들이 자신들과 같은 의식 수준에서 같은 역할을 하는 사람들을 어떻게 끌어들이는지 보여줄 수 있습니다.

여러분이 다른 사람에 대해 적대적인 역할을 맡는다면, 필연적으로 그 사람을 여러분의 삶에 끌어들이게 됩니다. 만약 여러분이 십자군의 역할을 받아들였다면, 이 역할은 분명히 이슬람군과 적대적인 것으로 규정되어 있지 않을까요? 상대가 없다면 이 역할에는 정말로 아무런 의미가 없습니다. 여러분이 오늘날 만들어낸 많은 역할은 훨씬 더 복잡하고, 미묘합니다. 그 역할들은 여전히, 바로 그 규정된 역할로 인해, 자신에게 적대적인 어떤 상대와 얽혀서 논쟁하고 야유를 주고받을 수 있습니다.

이것이 여러분이 가지기를 원하는 경험이라면, 아무런 문제가 없습니다. 그 경험이 포화 상태에 도달하면 유일한 출구는 여러분이 영원히 이 역할을 계속할지, 아니면 그 이상을 보기 위해 의문을 가질지에 달려있습니다, 그 결과 여러분은 그 역할에서 벗어나 삶을 다르게 바라보게 됩니다.

에고를 정당화하기 위한 십자군 전쟁

그러면 학생들은 자신의 여정에서 중요한 전환점에 도달할 수 있습니다. 그들은 에고의 정당함을 입증하기 위해 십자군 출정에 계속 나서는 것이 진정으로 자신이 원하는 것인지, 의문을 제기할 수 있습니다. 많은 경우, 에고를 입증하기 위한 십자군 전쟁은 더 큰 이유를 명분으로 이타주의로 변장했습니다. 우리는 다른 가르침에서 서사적인 사고방식에 대해 말한 적이 있습니다. 예수께서는 "에고 드라마에서 벗어나기(Freedom from Ego Dramas)"라는 심오한 책에서, 서사적인 사고방식이 다른 사람들과 드라마를 어떻게 엮어내는지 설명해주셨습니다. 우리는, 사람들이 다른 이들에게 어떤 가르침의 정당성을 입증하기 위해, 많은 경우 영적인 가르침과 상승 마스터 가르침까지 십자군 전쟁과 같은 방식으로 이용해왔음을 보여줄 수 있습니다. 여러분이 더 깊이 살펴본다면, 이것은 단지 자신을 입증하려는 에고의 욕망을 위한 속임수이자 변장이라는 사실을 알게 됩니다.

이 단계에서는 학생들이 에고의 정당성을 입증하기 위한 투쟁에서 자신이 어떻게 상승 마스터 가르침마저 이용했는지, 보여줄 필요가 있습니다. 이 단계에서 이 과정을 거치지 않는 학생은 없습니다. 여러분이 이 과정을 거치는 것은 완전히 자연스러운 일입니다. 우리는 학생들이 이 입문에 열리게 될 때, 그들의 여정의 현재 수준에서는 이것이 지극히 자연스러운 일임을 보여줄 수 있습니다. 여러분이 상승 마스터 가르침을 처음 발견했을 때, 열광적인 태도를 보이는 것은 전적으로 자연스러운 일입니다.

결국, 우리 가르침은 주류 종교나 물질주의에서 설명해주지 못한 많은 것을 설명하고 있으므로, 여러분의 이해를 높일 수 있습니다. 여러분은 예전에 알지 못했던 많은 것을 알게 됩니다. 많은 의문에 대한 답을 찾을 수 있습니다. 여러분이 처음에 매우 열광해서, 다른 모든 사람이 여러분이 이해하는 사실을 이해하게 할 수만 있다면, 세상이 바뀌고, 특정한 문제가 사라지며 사람들 사이에 더 큰 평화와 이해와 협력이 있으리라 생각하는 것은 당연합니다.

이 느낌이 전혀 잘못된 것이 아님을 이해하는 것이 중요합니다. 세상의 모든 사람이 상승 마스터 가르침을 수용한다면, 사람들 사이에 더 큰 이해와 협력과 평화가 있게 됩니다. 여기에 의문의 여지는 없습니다, 그러나 이 단계에서 학생들에게 보여주려는 내용은, 이러한 논쟁들에 그들이 참여할 때, 심지어 상승 마스터 가르침도 다른 사람들의 인식 필터를 극복하면서 그들을 설득시킬 수 없다는 점입니다. 상승 마스터 가르침이 현재 지구상의 다른 어떤 가르침보다 더 높은 지혜와 타당성을 담고 있다 할지라도 여전히 언어로 표현되었기 때문에, 이슬람교의 가르침이 그리스도교 십자군들에게 아무런 효과가 없는 것과 비슷합니다.

이것이 지난 담화에서 내가 말했던 내용입니다. 말은 말일 뿐입니다. 말은 해석되어야 하며, 여러분의 인식 필터를 통해 특정한 말이 해석될 때, 인식 필터는 여러분의 세계관과 모순되는 말의 유효성을 걸러내게 됩니다. 그것이 과학적 발견이든 언론 보도에서 나왔든, 바이블이나 코란 혹은 상승 영역에서 나왔든 상관없습니다. 여러분의 인식 필터는 정의된 역할과 인식 필터에 모순되는 모든 논쟁의 타당성을 걸러냅니다.

학생들이 인식 필터를 넘어서는 방법

스승으로서 학생들이 마침내 이것을 이해하고, 진정으로 실재를 알게 되었을 때 어떤 일이 일어나는지 보는 것은 참으로 멋집니다! 여러분은 그들에게서 얼마나 많은 짐이 덜어졌는지 볼 수 있습니다. 다른 사람들을 변화시켜 세상을 바꿔야 한다는 책임감을 갖는 대신, 이제 그들은 거짓 교사와 추락한 존재들이 씌운 무거운 멍에를 진정으로 없앨 수 있습니다. 많은 학생은 이 멍에를 상승 마스터들이 부과했다고 믿었습니다. 그들은 자신들이 밖으로 나가서 우리 가르침으로 타인을 변화시키고 투쟁하며, 타인의 생각과 가르침이 거짓임을 보여주기를 상승 마스터들이 바란다고 믿습니다. 이것이 결코 우리의 목표가 아니라는 사실을 학생들이 마침내 깨닫고 받아들일 때, 여러분은 그들이 갑자기 더 바르게 자리 잡는 것을 볼 수 있습니다. 그들은 더 가벼워짐을 느낍니다. 그리고 자신의 삶을 돌아보고 깨닫습니다, "아, 내가 그 모든 일을 다 겪을 필요가 없었구나.

내가 이 모든 갈등과 논쟁을 겪기를 바랐던 자들은 상승 마스터들이 아니었어. 오직 에고와 거짓 교사들만이 논쟁을 원했어."

이때에 이르러서야 학생들은 우리를 다른 관점으로 보기 시작합니다. 이전의 담화에서 말했듯이, 여러분은 나를 현존(I AM)으로 보지 않습니다. 우리는 여러분이 세상으로 나가서 다른 견해들과 싸우고 타인들의 마음을 둘러싼 요새를 무너뜨리는 도구로써 마스터의 가르침을 사용하기를 바라는 존재가 아닙니다, 여러분이 이것을 깨달을 때, 다른 방식으로 나를 이해할 수 있습니다. 그것은 학생들이 마치 처음으로 나를 열린 마음으로 볼 수 있는 것과 같습니다. 그들은 마음속으로 뭔가 째깍 작동하더니, "상승 마스터 란토는 정말로 어떤 존재일까"라는 생각을 하게 됩니다.

그들은 지금까지 필터를 통해서 나를 바라보았음을 깨닫습니다. 그들은 내가 어떻게 해서든 그들에게 무엇을 하도록 강요하고, 뭔가를 원한다고 생각했습니다. 이제 그들은 이 필터를 벗겨내고 더 중립적인 인식으로 나를 바라볼 수 있습니다. 이때가 바로, 내가 기다려 온 순간입니다. 모든 상승 마스터처럼, 내가 나의 현존을 나누는 일은 자연스러운 것입니다. 특정한 학생이나 학생 그룹과 함께 나의 현존을 더 많이 공유할 수 있을 때, 나는 항상 기쁘고 행복하며 감사하게 생각합니다.

스승과 하나 되기

여러분이 어떻게 두 번째 광선의 입문을 통과할 수 있을까요? 그것은 여러분이, 내가 마치 교단에서 여러분에게 가르침을 내리는 것처럼 내 말을 경청함으로써 통과하는 것이 아닙니다. 여러분은 나와 하나가 됨으로써, 두 번째 광선의 입문을 통과합니다. 내가 엄격한 스승이기 때문에 여러분에게 어떤 일을 강요하고 있다고 생각하는 한, 나와 하나가 될 수 없습니다. 여러분이 왜 그런 스승과 하나가 되고 싶겠습니까? 여러분은 어떤 스승과 하나가 되고 싶습니까?

학생들이 처음 내 은거처에 올 때, 그들은 실제로 나에게 배울 수 있는 자세가 되어 있지 않습니다. 그들은 지혜를 이용해서 다른 사람들을 압도하려는 욕구를 가지고 옵니다. 이런 태도가 동료 학생들에게만 국한되어 있다고 생각합니까? 아닙니다, 여러분은 얼마나 많은 학생이 내 은거처로 와서 나와 함께 논쟁하기를 바라는지 알면 놀랄 것입니다. 그들은 두 번째 광선의 지혜와 궁극적인 지혜가 무엇인지, 두 번째 광선은 어떠하며, 이 광선의 초한인 내가 어떠해야 하는지에 대해 선입견을 품고 있습니다. 그들은 종종 나에게 그것을 증명이라도 하듯이 논쟁을 벌입니다. 그러나 나는 참여하지 않기 때문에 일방적인 논쟁입니다. 침묵을 유지하여 그들을 화나게 하거나, 특정한 질문으로 그들의 의문과 투사를 무력화합니다.

의문을 제기함으로써 가르치기

고대 그리스의 철학자 소크라테스는 무엇을 가르치기보다 질문을 함으로써, 학생들이 자신의 관점을 명확하게 하도록 돕거나 자신의 선입견에 의문을 가지도록 한 것으로 알려져 있습니다. 소크라테스는 이 방법을 고안하지 않았습니다. 인식 필터에 의문을 제기하는 것은 매우 중요하므로, 이 방법은 두 번째 광선은 물론, 다른 모든 광선의 마스터들을 통해 오랫동안 사용되어 왔습니다.

물론 지혜와 깨달음을 대표하는 두 번째 광선의 특정한 수준에서는 나와 논쟁을 하고 싶어하는 학생들이 생기는데, 이는 내가 그들을 제한하고 그들이 따라야 하는 뭔가를 강요하고 있다고 생각하기 때문입니다. 그들은 자신이 얼마나 논쟁에 능하고 현명한지, 자신의 에고와 신념 체계와 사상을 입증하기 위해 얼마나 왜곡을 잘하는지 보여주기 위해 열심입니다.

이것은 당연히 내가 그들을 가르칠 수 없게 만듭니다. 그들은 나를 가르치려 하지만, 그들은 아직 상승하지 못했습니다, 그렇지 않나요? 아직 상승 자격을 얻는 과정을 통과하지 못한 그들에게서 내가 뭔가 배울 수 있는 확률은 거의 없습니다. 학생들이 논쟁은 단지 논쟁이고, 말은 단지 말일 뿐이며, 결코 결정적인 결과로 이어지지 않는다는 사실을 깨닫는 데에는 오랜 시간이 걸립니다. 하지만, 이것은 학생들의 깨달음으로 이어질 수도 있습니다: " 나는 지금 그냥 논쟁만 하고 있구나. 다른 사람들과 논쟁하고 있어. 심지어 스승과도 논쟁하고 있는데, 이래서는 더 높은 의식 수준으로 가지도 못하고 결정적으로 더 높은 결과를 절대로 가져올 수 없을 거야. 나는 현재 내 수준에서 다음 수준으로 도약하지 못하고 있다. 사실, 내가 논쟁을 하면 할수록 나는 더욱더 현재의 의식 수준에 갇힐 뿐이다."

상승 마스터는 우월하기를 바라지 않습니다

학생들이 이것을 깨닫기 시작하면 변화가 생겨서, 새로운 방식으로 나를 바라보기 시작합니다. 그들은 이것을 깨닫습니다: "마스터 란토는 정말로 나와 논쟁하지 않는다. 그는 어떤 것도 이해시키려고 강요하지 않는다. 그는 나의 에고와 세계관이 옳다는 것을 증명해보라는 요구도 하지 않는다. 그렇다면 그는 무엇을 하고 있지? 그는 어떤 존재일까?" 이때 학생들은 스승에 대해 지상의 전통적인 관점을 넘어서기 시작합니다. 그들은 내가 교단에서 그들에게 훈시해야 한다고 생각합니다. 내가 그들에게 어떤 지식을 주면, 그들은 그것을 받아서 기억하고 다 외워야 좋은 성적을 받게 된다고 생각합니다.

지구의 스승은 어떤 일을 합니까? 실제로 대부분의 스승은 학생들보다 우월함을 느끼고 싶어서 스승이 됩니다. 그들은 자신의 에고를 입증하기 위해 가르침에 관여합니다. 그들이 학생들에게 가르치는 사상과 신념과 지식은 또한, 지구의 특정한 사상 체계를 입증하는 커다란 하나의 과정입니다. 가톨릭 신학교의 스승은 가톨릭 세계관을 입증하려고 합니다. 많은 경우, 대학교수는 물질주의 세계관을 입증하려고 합니다. 이것은 전 지구적으로 행해지는 에고의 입증이지만, 그저 에고의 입증일 뿐입니다. 여러분이 반대되는 증거를 철저히 다 제외해버린다면, 언제나 자신의 에고가 옳음을 증명할 수 있습니다, 그렇지 않나요?

학생들이 이것을 보기 시작하면, 그들은 내가 그런 부류의 스승이 아님을 깨닫습니다! 나는 내가 옳다고 입증할 필요가 없습니다. 나는 말로 표현된 특정한 가르침을 입증할 필요가 없습니다. 나는 학생들을 다음 수준으로 데려가, 그들이 사랑에 기반한 더 고등의 방식으로 지혜를 사용할 잠재력에 정박하여, 에고를 입증하려는 목적의 논쟁에 말려들지 않기를 바랍니다. 타인에 대한 사랑이 있을 수도 있지만, 지혜를 향한 사랑도 있을 수 있습니다, 말로 된 특정한 표현으로서가 아니라 순수한 기하학적 형상의 정묘한 결합으로서 말입니다.

지금까지 학생들은 말로 표현된 지혜만을 알 수 있었지만, 말을 통한 논쟁의 무의미함을 알게 되면, 어느 시점에서 학생들은 순수한 기하학적 형태인 지혜, 즉 말을 넘어선 지혜를 잠시 엿보게 됩니다. 학생들이 이것을 경험할 때, 여러분은 빛나는 그들의 눈을 볼 수 있습니다. 오, 바로 지금, 그들은 마스터의 옷깃을 만졌습니다!

이제 그들은 기존의 주장과 관점을 되풀이하는 스승에 비해 마스터 란토에게는 그 이상의 무언가가 있음을 알게 되었습니다.

  나는 살아 있는 스승입니다. 나는 말로 채워지지 않았습니다. 나는 대지에서 솟아오르는 샘물처럼 내 존재의 가장 깊은 곳에서 솟아오르는 순수한 기하학적 형상으로 가득차 있습니다, 나는 순수한 물이고 생명수이며, 살아 있는 지혜의 물입니다! 이것이 나(I AM)입니다. 나는(I AM) 마스터 란토입니다! 할 수 있다면 나를 잡으세요.

7
란토와 하나됨을 기원합니다

I AM THAT I AM, 예수 그리스도의 이름으로 나의 아이앰 현존이, 무한히 초월해 가는 내 미래의 현존을 통해 흐르며, 완전한 권능으로 이 기원을 해주시기를 요청합니다. 나는 사랑하는 엘로힘 아폴로와 루미나, 대천사 조피엘과 크리스틴, 마스터 란토께 요청합니다, 내가 에고를 입증하기 위해 투쟁하고 지혜를 무기 삼아 논쟁에 관여하려는 모든 경향을 극복하도록 도와주세요. 내가 마스터 란토와 하나되고 아이앰 현존과 하나되는 것을 막는 모든 패턴을 인식하고 내려놓도록 도와주세요...
(여기에 개인적인 요청을 추가하세요)

1. 나는 네 하위체에서 오는 거짓된 지혜를 버립니다

1. 나는 삶을 경쟁으로 만드는 세상의 프로그램을 초월합니다. 지혜의 두 번째 광선에 입문하는 일은 누가 가장 유식하고 논쟁에서 뛰어난지를 보여주는 경쟁이 아닙니다.

사랑하는 아폴로여, 당신의 지혜 광선으로,
내 눈을 열어주시어 새날을 보게 하소서,

나는 이원성의 거짓말과 기만을 꿰뚫어 보며,
패배를 가져오는 마음의 틀을 초월합니다.

**사랑하는 아폴로, 황금빛 엘로힘이시여,
우리는 이제 당신의 찬란한 빛을 봅니다,
당신이 고요히 지혜의 페이지를 펼치면,
나는 모든 낡은 것에서 자유로워집니다.**

2. 나는 궁극적인 논증과 궁극적인 지혜와 기준이 존재하며, 그것에 반하는 모든 것을 평가해야 한다고 믿는 의식 상태를 초월합니다.

사랑하는 아폴로여, 당신의 화염 안에는,
언제나 생생한 지혜가 흐르고 있습니다,
당신의 빛 안에서 내 최상의 의지를 깨달으며,
나는 그 영원한 흐름에 합류합니다.

**사랑하는 아폴로여, 당신의 빛은,
우리가 지상에 육화한 이유를 밝혀 줍니다,
우리는 선두에서 함께 일하며,
우리의 우주 구체를 더 높이 들어올립니다.**

3. 사람들은 궁극적인 지혜에 따르지 않으면 잘못된 것이므로 심판을 받아야 하고, 심판을 받지 않으려면 강제로 우월한 지혜를 받아들이게 해야 한다고 믿습니다, 나는 이러한 의식 상태를 초월합니다.

사랑하는 아폴로여, 모든 거짓말을 드러내주시니,
나는 에고의 모든 결박을 끊어버립니다,
뱀의 이원성을 초월하는 진정한 열쇠는,

내 인식임을 깨닫습니다.

**사랑하는 아폴로여, 이제 당신의 부름을 들으며,
우리는 위대한 지혜의 전당으로 인도됩니다,
추락으로 이끄는 모든 거짓말이 드러나니,
우리는 만물의 하나됨을 되찾습니다.**

4. 나는 한 가지 형태의 지혜를 가장 우월한 지혜로 받아들이지 않는 사람들을 심리적으로 파괴하려는 목적으로 논쟁을 일삼는 학술적인 사고방식을 초월합니다.

사랑하는 아폴로여, 당신의 지혜는 너무나 명료해서,
당신과 하나 되면 어떤 뱀도 두렵지 않습니다,
나는 기꺼이 내 눈의 들보를 보며,
뱀이 만들어낸 이원론에서 해방됩니다.

**사랑하는 아폴로여, 나는 고양된 비전으로,
새로운 단계로 올라선 지구를 봅니다,
꿰뚫어 보는 당신의 시선은 나에게 힘을 주고,
나는 이원성의 미로를 벗어납니다.**

5. 아무리 훌륭한 논증이라도, 항상 반박하는 반대의 논증이 있습니다. 나는 다른 사람들과 더 높은 방식으로 관계를 맺고 싶으며, 더 높은 형태의 지혜를 알고 싶습니다.

사랑하는 아폴로여, 당신의 지혜 광선으로,
내 눈을 열어주시어 새날을 보게 하소서,
나는 이원성의 거짓말과 기만을 꿰뚫어 보며,
패배를 가져오는 마음의 틀을 초월합니다.

**사랑하는 아폴로, 황금빛 엘로힘이시여,
우리는 이제 당신의 찬란한 빛을 봅니다,
당신이 고요히 지혜의 페이지를 펼치면,
나는 모든 낡은 것에서 자유로워집니다.**

6. 나는 두 번째 광선의 마스터들이 이상적인 기하학 형태로 방출하는, 순수한 지혜를 알고 경험하고 싶습니다.

사랑하는 아폴로여, 당신의 화염 안에는,
언제나 생생한 지혜가 흐르고 있습니다,
당신의 빛 안에서 내 최상의 의지를 깨달으며,
나는 그 영원한 흐름에 합류합니다.

**사랑하는 아폴로여, 당신의 빛은,
우리가 지상에 육화한 이유를 밝혀 줍니다,
우리는 선두에서 함께 일하며,
우리의 우주 구체를 더 높이 들어올립니다.**

7. 마스터 란토여, 당신이 방출하는 순수한 기하학적 지혜가 차단되거나 왜곡되지 않고 순수한 형태로 내 멘탈체를 통과할 수 있도록, 내 정체성체에서 모든 거짓 지혜를 제거하도록 도와주세요.

사랑하는 아폴로여, 모든 거짓말을 드러내주시니,
나는 에고의 모든 결박을 끊어버립니다,
뱀의 이원성을 초월하는 진정한 열쇠는,
내 인식임을 깨닫습니다.

**사랑하는 아폴로여, 이제 당신의 부름을 들으며,
우리는 위대한 지혜의 전당으로 인도됩니다,**

**추락으로 이끄는 모든 거짓말이 드러나니,
우리는 만물의 하나됨을 되찾습니다.**

8. 마스터 란토여, 당신이 방출하는 순수한 기하학적 지혜가 차단되거나 왜곡되지 않고 순수한 형태로 내 감정체를 통과할 수 있도록, 내 멘탈체에서 거짓 지혜를 제거하도록 도와주세요.

사랑하는 아폴로여, 당신의 지혜는 너무나 명료해서,
당신과 하나 되면 어떤 뱀도 두렵지 않습니다,
나는 기꺼이 내 눈의 들보를 보며,
뱀이 만들어낸 이원론에서 해방됩니다.

**사랑하는 아폴로여, 나는 고양된 비전으로,
새로운 단계로 올라선 지구를 봅니다,
꿰뚫어 보는 당신의 시선은 나에게 힘을 주고,
나는 이원성의 미로를 벗어납니다.**

9. 마스터 란토여, 당신이 방출하는 순수한 기하학적 지혜가 차단되거나 왜곡되지 않고 순수한 형태로 내 의식하는 마음을 통과할 수 있도록, 내 감정체에서 거짓 지혜를 제거하도록 도와주세요. 나는 네 하위체를 통해 지혜의 자극이 전해지고, 내 의식하는 마음이 순수한 신호를 파악하기 바랍니다.

가속해서 나를 일깨우소서, 나는(I AM) 실재하며,
가속해서 나를 일깨우소서, 모든 생명은 치유됩니다,
가속해서 나를 일깨우소서, 나는(I AM) 무한히 초월하며,
가속해서 나를 일깨우소서, 모든 의지는 비상합니다.

가속해서 나를 일깨우소서! (3번)

사랑하는 아폴로와 루미나.
가속해서 나를 일깨우소서! (3번)
사랑하는 조피엘과 크리스틴.
가속해서 나를 일깨우소서! (3번)
사랑하는 마스터 란토.
가속해서 나를 일깨우소서! (3번)
사랑하는 I AM.

2. 논쟁은 충분히 했습니다

1. 마스터 란토여, 내가 정체성 층에서 취한 역할이, 삶과 지혜를 바라보는 방식을 어떻게 왜곡하는지 알 수 있도록 도와주세요.

대천사 조피엘이여, 위대한 지혜의 빛 안에서,
모든 뱀의 거짓말이 우리 눈에 드러납니다
마음에 숨어드는 거짓말이 아무리 교묘해도,
당신은 내가 찾은 최고의 스승입니다.

대천사 조피엘이여, 모든 거짓말을 드러내고,
대천사 조피엘이여, 모든 결박을 잘라버리며.
대천사 조피엘이여, 하늘들을 정화하면서,
대천사 조피엘이여, 진실로 내 마음은 비상합니다.

2. 마스터 란토여, 내가 순수의식이라는 사실을 내 의식하는 자아가 다시 깨닫도록 도와주세요. 잠시라도 내 역할 밖으로 나와서, 그 역할 안에서 보는 관점을 넘어선 더 높은 현실이 있음을 체험하게 해주세요.

대천사 조피엘이여, 당신의 지혜에 경배하니,

당신의 검(劍)은 이원성의 베일을 갈라 버립니다.
당신이 길을 보여줄 때 무엇이 실재인지 깨닫고,
나는 뱀의 의심에서 즉시 치유됩니다.

대천사 조피엘이여, 모든 거짓말을 드러내고,
대천사 조피엘이여, 모든 결박을 잘라버리며.
대천사 조피엘이여, 하늘들을 정화하면서,
대천사 조피엘이여, 진실로 내 마음은 비상합니다.

3. 마스터 란토여, 나의 아이앰 현존이 보내는 모든 신호가 내 의식하는 마음에 도달하기 전에 내 역할에 의해 왜곡된다는 사실을 깨닫게 해주세요. 내 의식하는 마음은, 그 신호가 내 역할의 인식 필터를 거치면서 내가 가진 세계관을 확인하고 정당화한다는 사실을 보게 됩니다.

대천사 조피엘이여, 당신의 실재는,
이원성에 대한 최고의 해독제입니다.
명료한 당신의 현존 안에서는 모든 거짓이 소멸하고,
당신이 옆에 계시니 어떤 뱀도 두렵지 않습니다.

대천사 조피엘이여, 모든 거짓말을 드러내고,
대천사 조피엘이여, 모든 결박을 잘라버리며.
대천사 조피엘이여, 하늘들을 정화하면서,
대천사 조피엘이여, 진실로 내 마음은 비상합니다.

4. 이제 나는 왜 궁극적인 논쟁이란 있을 수 없으며, 왜 다른 사람들을 논리적으로 설득할 수 없는지를 압니다. 본질적으로 인식필터는 그 필터를 규정하는 역할과 상충되는 내용을 걸러버립니다.

대천사 조피엘이여, 신의 마음이 내 안에 있고,
나는 당신의 명료한 빛을 통해 그 지혜를 깨닫습니다.
내가 하나이신 존재를 볼 때 모든 분리는 사라지고,
내 마음은 완전한 전체성을 이룹니다.

대천사 조피엘이여, 모든 거짓말을 드러내고,
대천사 조피엘이여, 모든 결박을 잘라버리며.
대천사 조피엘이여, 하늘들을 정화하면서,
대천사 조피엘이여, 진실로 내 마음은 비상합니다.

5. 마스터 란토여, 내 인식필터는 타당할 수 있는 이런 생각들을 모두 걸러버려, 상충되는 생각들을 중립적이며 객관적으로 보지 못하게 방해한다는 사실을 알게 해주세요.

대천사 조피엘이여, 위대한 지혜의 빛 안에서,
모든 뱀의 거짓말이 우리 눈에 드러납니다,
마음에 숨어드는 거짓말이 아무리 교묘해도,
당신은 내가 찾은 최고의 스승입니다.

대천사 조피엘이여, 모든 거짓말을 드러내고,
대천사 조피엘이여, 모든 결박을 잘라버리며.
대천사 조피엘이여, 하늘들을 정화하면서,
대천사 조피엘이여, 진실로 내 마음은 비상합니다.

6. 마스터 란토여, 내 삶을 살펴보고 얼마나 자주 다른 사람과 논쟁을 벌여 왔는지 보게 해주세요. 이러한 논쟁이나 토론이 줄 수 있는 결과가 아무런 의미도 없음을 깨닫게 해주세요. 이것은 에너지와 시간과 주의력을 헛되이 소모하는 일입니다.

대천사 조피엘이여, 당신의 지혜에 경배하니,
당신의 검(劍)은 이원성의 베일을 갈라 버립니다.
당신이 길을 보여줄 때 무엇이 실재인지 깨닫고,
나는 뱀의 의심에서 즉시 치유됩니다.

대천사 조피엘이여, 모든 거짓말을 드러내고,
대천사 조피엘이여, 모든 결박을 잘라버리며.
대천사 조피엘이여, 하늘들을 정화하면서,
대천사 조피엘이여, 진실로 내 마음은 비상합니다.

7. 마스터 란토여, 나는 논쟁을 위한 논쟁에 더 이상 관여하지 않겠다고 맹세합니다. 이런 성향은 타인들의 인정으로 궁극적인 안도감을 얻으려는 에고의 욕망에서 비롯됨을 압니다.

대천사 조피엘이여, 당신의 실재는,
이원성에 대한 최고의 해독제입니다.
명료한 당신의 현존 안에서는 모든 거짓이 소멸하고,
당신이 옆에 계시니 어떤 뱀도 두렵지 않습니다.

대천사 조피엘이여, 모든 거짓말을 드러내고,
대천사 조피엘이여, 모든 결박을 잘라버리며.
대천사 조피엘이여, 하늘들을 정화하면서,
대천사 조피엘이여, 진실로 내 마음은 비상합니다.

8. 마스터 란토여, 내 에고가 어떻게 이러한 논쟁에 나를 계속 관련시키고 그 상태를 유지하는지 보게 해주세요. 내 의식 안에 있는 영체와 에고는 아이앰 현존에게서 오는 에너지를 왜곡하고 헛된 논쟁으로 향하게 해서 그 에너지를 먹고 삽니다.

대천사 조피엘이여, 신의 마음이 내 안에 있고,
나는 당신의 명료한 빛을 통해 그 지혜를 깨닫습니다.
내가 하나이신 존재를 볼 때 모든 분리는 사라지고,
내 마음은 완전한 전체성을 이룹니다.

**대천사 조피엘이여, 모든 거짓말을 드러내고,
대천사 조피엘이여, 모든 결박을 잘라버리며.
대천사 조피엘이여, 하늘들을 정화하면서,
대천사 조피엘이여, 진실로 내 마음은 비상합니다.**

9. 마스터 란토여, 나는 이제 타인들과의 끊임없는 갈등으로 자신을 밀어 넣는 역할을 충분히 했다고 의식적으로 결정합니다. 논쟁은 내가 삶을 바라보는 한 가지 방식임을 알 수 있도록 도와주세요. 나는 내 인생관과 인식 필터에 의문을 가지고, 자신을 살펴보겠습니다.

천사들과 함께 날아오르며,
나는 스스로를 초월합니다.
천사들은 진실로 존재하며,
그들의 사랑은 모든 것을 치유합니다.

천사들이 평화를 가져오면,
모든 갈등은 그칩니다.
빛의 천사들과 함께,
우리는 새로운 높이로 비상합니다.

천사 날개의 바스락거리는 소리,
물질조차 노래하는 기쁨이여,
모든 원자를 울리는 기쁨이여,

천사들의 날갯짓과 조화 속에서.

3. 나는 에고를 입증하려는 욕구를 초월합니다

1. 마스터 란토여, 내가 다른 사람과 반대되는 역할을 맡아, 그 사람을 내 삶으로 끌어들였음을 알게 해주세요. 나는 이러한 경험을 충분히 했습니다. 이제 내 역할에서 벗어나 삶을 달리 바라볼 수 있도록 도와주세요.

마스터 란토여, 황금빛 지혜로,
내 안에서 에고의 거짓말을 드러내소서.
마스터 란토여, 의지를 갖추고,
나 자신의 통달을 성취하겠습니다.

**오 성령이시여, 나를 통해 흐르소서,
나는 당신을 위해 열린 문입니다.
세차게 흘러오는 전능한 빛의 강이여,
초월은 나의 신성한 권리입니다.**

2. 나는 내 여정에서 중요한 전환점에 이르렀습니다. 마스터 란토여, 나는 에고를 입증하기 위한 투쟁을 더는 계속하지 않겠다고 의식적으로 결정합니다.

마스터 란토여, 모든 것에서 균형을 이루소서,
나는 지혜의 균형을 요청합니다.
마스터 란토여, 균형이야말로,
황금의 열쇠임을 알게 하소서.

오 성령이시여, 나를 통해 흐르소서,

나는 당신을 위해 열린 문입니다.
세차게 흘러오는 전능한 빛의 강이여,
초월은 나의 신성한 권리입니다.

3. 마스터 란토여, 내 에고를 입증하기 위한 이 투쟁이 마치 무슨 대의를 위해 봉사하는 것처럼 이타심으로 위장하고 있는 모습을 볼 수 있도록 해주세요. 다른 사람들과 드라마를 만들려는 서사적 사고방식을 초월하도록 도와주세요.

마스터 란토여, 상위 영역에서 흘러오는,
분별력 있는 사랑을 요청합니다.
마스터 란토여, 사랑은 눈멀지 않았으며,
나는 사랑을 통해 신의 비전을 발견합니다.

오 성령이시여, 나를 통해 흐르소서,
나는 당신을 위해 열린 문입니다.
세차게 흘러오는 전능한 빛의 강이여,
초월은 나의 신성한 권리입니다.

4. 마스터 란토여, 에고를 승인하기 위한 이런 투쟁에 내가 상승 마스터 가르침을 어떻게 이용해왔는지 보게 해주세요. 이것이 자연스러운 단계임을 이해하지만, 나는 그런 상황을 충분히 경험했습니다.

마스터 란토여, 나는 순수하며,
내 의도는 그리스도의 양처럼 순수합니다.
마스터 란토여, 초월하며 나아갈 때,
가속은 내 가장 진실한 친구입니다.

오 성령이시여, 나를 통해 흐르소서,

나는 당신을 위해 열린 문입니다.
세차게 흘러오는 전능한 빛의 강이여,
초월은 나의 신성한 권리입니다.

5. 에고를 입증하기 위한 투쟁을 깨닫고 내려놓음으로써, 나는 큰 짐을 덜었습니다. 다른 사람들을 변화시켜서 세상을 바꾸겠다는 책임감을 짊어지는 대신, 거짓 교사와 추락한 존재들이 나에게 씌운 이 무거운 멍에를 벗어버리겠습니다.

마스터 란토여, 나는 완전한 전체이며,
내 영혼에는 더 이상 분리가 없습니다.
마스터 란토여, 치유의 화염이여,
당신의 신성한 이름으로 모두가 균형을 이룹니다.

오 성령이시여, 나를 통해 흐르소서,
나는 당신을 위해 열린 문입니다.
세차게 흘러오는 전능한 빛의 강이여,
초월은 나의 신성한 권리입니다.

6. 이제 나는, 상승 마스터들이 이 멍에를 씌운 것이 아님을 압니다. 내가 그 모든 상황을 다 겪을 필요가 없었음을 깨닫습니다. 내가 이 모든 갈등과 논쟁을 겪기를 바랐던 자들은 상승 마스터들이 아니었습니다. 오직 에고와 거짓 교사들만이 논쟁을 원했습니다.

마스터 란토여, 모든 생명에 봉사하며,
나는 내면의 투쟁을 모두 초월합니다.
마스터 란토여, 진정한 삶을 원하는 모두에게,
당신은 평화를 부어줍니다.

**오 성령이시여, 나를 통해 흐르소서,
나는 당신을 위해 열린 문입니다.
세차게 흘러오는 전능한 빛의 강이여,
초월은 나의 신성한 권리입니다.**

7. 나는 이제 상승 마스터들을 다르게 봅니다. 마스터 란토여, 나는 진정한 당신 그대로를 보고 싶습니다. 내가 밖으로 나가 다른 관점과 투쟁하며, 상승 마스터 가르침을 타인들 마음의 성벽을 허무는 무기로 사용하는 것은 당신이 원하는 바가 아님을 깨닫습니다.

마스터 란토여, 균형 잡힌 창조를 통해,
자유를 얻습니다.
마스터 란토여, 우리는 당신의 균형을,
기쁨의 열쇠로 사용합니다.

**오 성령이시여, 나를 통해 흐르소서,
나는 당신을 위해 열린 문입니다.
세차게 흘러오는 전능한 빛의 강이여,
초월은 나의 신성한 권리입니다.**

8. 마스터 란토여, 나는 다른 방식으로 당신과 연결되기를 원합니다. 나는 열린 마음으로 당신을 보고 싶습니다. 내가 지금까지 필터를 통해 당신을 보았음을 압니다. 필터를 벗고 중립적인 인식으로 당신을 볼 수 있도록 도와주세요.

마스터 란토여, 우리의 요청으로,
당신은 일곱 광선을 모두 균형 잡습니다.
마스터 란토여, 내가 높이 날아오르니,
나의 삼중 불꽃이 찬란하게 빛납니다.

오 성령이시여, 나를 통해 흐르소서,
나는 당신을 위해 열린 문입니다.
세차게 흘러오는 전능한 빛의 강이여,
초월은 나의 신성한 권리입니다.

9. 마스터 란토여, 나는 당신의 현존을 공유하기를 원합니다. 나는 당신 현존의 완전한 표현을 경험하고, 지혜의 현존을 흡수하기를 원합니다.

사랑하는 란토여, 당신의 현존은,
나의 내면 구체를 충만하게 합니다,
삶은 이제 신성한 흐름이 되어,
나는 모두에게 신의 지혜를 부어줍니다.

오 성령이시여, 나를 통해 흐르소서,
나는 당신을 위해 열린 문입니다.
세차게 흘러오는 전능한 빛의 강이여,
초월은 나의 신성한 권리입니다.

4. 나는 마스터 란토와 하나입니다

1. 마스터 란토여, 당신은 나를 내려다보고 비판하는 전통적인 스승이 아님을 보게 해주세요. 두 번째 광선의 입문을 통과하기 위한 열쇠는 당신과 하나가 되는 것임을 깨닫게 해주세요.

마스터 란토여, 황금빛 지혜로,
내 안에서 에고의 거짓말을 드러내소서.
마스터 란토여, 의지를 갖추고,
나 자신의 통달을 성취하겠습니다.

오 성령이시여, 나를 통해 흐르소서,
나는 당신을 위해 열린 문입니다.
세차게 흘러오는 전능한 빛의 강이여,
초월은 나의 신성한 권리입니다.

2. 마스터 란토여, 두 번째 광선의 초한인 당신과 두 번째 광선이 어떠해야 하고, 두 번째 광선의 지혜와 궁극적인 지혜가 어떤 것이라는 내 선입견을 인식하고 초월하도록 도와주세요.

마스터 란토여, 모든 것에서 균형을 이루소서,
나는 지혜의 균형을 요청합니다.
마스터 란토여, 균형이야말로,
황금의 열쇠임을 알게 하소서.

오 성령이시여, 나를 통해 흐르소서,
나는 당신을 위해 열린 문입니다.
세차게 흘러오는 전능한 빛의 강이여,
초월은 나의 신성한 권리입니다.

3. 마스터 란토여, 당신과의 논쟁을 통해 당신에게 무언가를 입증해 보이려는 내 성향을 볼 수 있도록 도와주세요. 내가 얼마나 현명하고 논쟁에서 뛰어난지, 내 에고를 입증하기 위해 특정한 개념이나 신념 체계를 얼마나 능숙하게 곡해하는지 당신에게 보여주려는 욕망을 초월하게 해주세요.

마스터 란토여, 상위 영역에서 흘러오는,
분별력 있는 사랑을 요청합니다.
마스터 란토여, 사랑은 눈멀지 않았으며,
나는 사랑을 통해 신의 비전을 발견합니다.

오 성령이시여, 나를 통해 흐르소서,
나는 당신을 위해 열린 문입니다.
세차게 흘러오는 전능한 빛의 강이여,
초월은 나의 신성한 권리입니다.

4. 마스터 란토여, 다른 사람들이나 스승과 논쟁하는 일을 통해서는 절대로 명확한 결론에 이를 수 없고 더 높은 의식 수준으로 올라서지 못한다는 사실을 알게 해주세요. 논쟁을 하면 할수록, 나는 현재의 의식 상태에 더 고착됩니다. 현재의 의식 수준에서 다음 수준으로 도약하도록 도와주세요.

마스터 란토여, 나는 순수하며,
내 의도는 그리스도의 양처럼 순수합니다.
마스터 란토여, 초월하며 나아갈 때,
가속은 내 가장 진실한 친구입니다.

오 성령이시여, 나를 통해 흐르소서,
나는 당신을 위해 열린 문입니다.
세차게 흘러오는 전능한 빛의 강이여,
초월은 나의 신성한 권리입니다.

5. 마스터 란토여, 당신은 나와 논쟁하지 않으며, 어떤 것도 이해시키려 애쓰지 않음을 압니다. 당신은 내 에고와 세계관이 옳다는 것을 증명하라고 요구하지 않습니다. 나는 당신이 진실로 어떠한 존재인지 알고 싶습니다.

마스터 란토여, 나는 완전한 전체이며,
내 영혼에는 더 이상 분리가 없습니다.
마스터 란토여, 치유의 화염이여,

당신의 신성한 이름으로 모두가 균형을 이룹니다.

**오 성령이시여, 나를 통해 흐르소서,
나는 당신을 위해 열린 문입니다.
세차게 흘러오는 전능한 빛의 강이여,
초월은 나의 신성한 권리입니다.**

6. 마스터 란토여, 내가 더 높은 수준을 보게 되더라도, 에고를 입증하기 위한 논쟁에 관여하지 않도록 도와주세요. 내가 사랑에 기반을 둔 더 높은 방식으로 지혜를 사용할 수 있게 해주세요.

마스터 란토여, 모든 생명에 봉사하며,
나는 내면의 투쟁을 모두 초월합니다.
마스터 란토여, 진정한 삶을 원하는 모두에게,
당신은 평화를 부어줍니다.

**오 성령이시여, 나를 통해 흐르소서,
나는 당신을 위해 열린 문입니다.
세차게 흘러오는 전능한 빛의 강이여,
초월은 나의 신성한 권리입니다.**

7. 마스터 란토여, 내가 말로 표현된 지혜를 초월해서 보도록 도와주세요. 언어를 초월한 지혜, 순수한 기하학적 형상으로 나타나는 지혜를 체험하게 해주세요.

마스터 란토여, 균형 잡힌 창조를 통해,
자유를 얻습니다.
마스터 란토여, 우리는 당신의 균형을,
기쁨의 열쇠로 사용합니다.

오 성령이시여, 나를 통해 흐르소서,
나는 당신을 위해 열린 문입니다.
세차게 흘러오는 전능한 빛의 강이여,
초월은 나의 신성한 권리입니다.

8. 마스터 란토여, 내가 당신의 옷깃을 만질 수 있게 해주세요. 미리 정해진 논점과 관점을 반복하는 스승과는 달리, 당신께는 그 이상의 무언가가 있음을 인식하게 해주세요.

마스터 란토여, 우리의 요청으로,
당신은 일곱 광선을 모두 균형 잡습니다.
마스터 란토여, 내가 높이 날아오르니,
나의 삼중 불꽃이 찬란하게 빛납니다.

오 성령이시여, 나를 통해 흐르소서,
나는 당신을 위해 열린 문입니다.
세차게 흘러오는 전능한 빛의 강이여,
초월은 나의 신성한 권리입니다.

9. 마스터 란토여, 나는 당신을 살아 있는 스승으로 체험하고 있습니다, 당신은 대지에서 솟아나는 샘물처럼, 당신 존재의 가장 깊은 곳에서 솟아오르는 순수한 기하학적 형상으로 가득차 있습니다, 당신은 순수한 물이고 생명수이며, 살아 있는 지혜의 물입니다! 이것이 마스터 란토이며, 나는(I AM) 이 지혜의 현존과 하나입니다.

사랑하는 란토여, 당신의 현존은,
나의 내면 구체를 충만하게 합니다,
삶은 이제 신성한 흐름이 되어,
나는 모두에게 신의 지혜를 부어줍니다.

오 성령이시여, 나를 통해 흐르소서,
나는 당신을 위해 열린 문입니다.
세차게 흘러오는 전능한 빛의 강이여,
초월은 나의 신성한 권리입니다.

봉인하기
신성한 어머니의 이름으로, 나는 이 요청의 힘이 마터 빛을 자유롭게 함으로써, 나 자신의 삶과 모든 사람과 행성을 위한 그리스도의 완전한 비전을 구현할 수 있음을 전적으로 받아들입니다. I AM THAT I AM의 이름으로, 이것이 이루어졌습니다! 아멘.

8
지혜와 사랑

나는 란토이며 여러분을 사랑합니다. 내가 여러분을 사랑하지 않는다면, 왜 이 지구 행성에 있을까요? 나는 지구에 육화 중인 생명 흐름들을 사랑합니다. 나는 이 행성 자체를 사랑하며, 상승 마스터들의 마음과 성 저메인의 마음속에 구상된 이 시대의 계획과 비전을 사랑합니다.

나는 상승한 존재입니다. 물질우주의 광대함에 대해 잠시 생각해보세요. 얼마나 많은 별과 행성과 은하계가 있는지 생각해보세요. 헤아릴 수 없이 많습니다. 이제 여러분이 물질우주 어느 곳이든 자유롭게 돌아다닐 수 있는 우주선을 가지고 있다고 생각해보세요. 여러분은 이 작은 행성에 머물겠습니까, 아니면 저 멀리 지평선 너머에 무엇이 있는지 탐사해보겠습니까? 자, 나는 영적인 세계가 훨씬 더 광대하며 물질우주보다 훨씬 더 흥미로운 지평이 있다고 확신할 수 있습니다. 여러분이 상승하면, 이 영적인 세계의 광대함이 여러분에게 열립니다. 여러분이 원하는 곳은 거의 어디든지 갈 수 있습니다. 그런데, 상승 마스터들은 왜 지구에 머물기로 선택했을까요? 그것은 오직 한 가지 이유, 사랑 때문입니다.

여러분은 어떤 관점이든 입증할 수 있습니다

지난 지혜의 담화에서 언급했듯이, 우리가 학생들에게 보여주려 했던 것은 어떤 관점에 대해 찬성할 수도 있고, 반대 주장을 펼 수도 있다는 점입니다. 반대되는 증거를 제외하고, 증명하고 싶은 어떤 주장이든 증명할 수 있습니다. 여러분은 특정한 역할의 인식 필터를 통해 보는 에고가 만족할 수준까지, 어떤 이원적인 믿음도 입증할 수 있습니다. 지구에는 상승 마스터들의 존재를 의심하는 사람들이 있습니다. 지구에 머무는 우리의 동기를 의심하는 사람들도 있습니다. 우리가 지구에 머물지 말고 떠났어야 한다고 말하는 사람들도 있습니다.

그들은 특정한 인식 필터를 통해 우리를 보고 있으므로, 그들이 완전히 옳다고 확신합니다. 우리는 실제로 존재하며, 지구에 머무를 타당한 동기도 가지고 있지만, 그럼에도 불구하고, 우리를 특정한 멘탈 박스에 집어넣으려는 상승 마스터 학생들도 있습니다. 다시 말하지만, 여러분이 고르고 선택한다면, 여러분이 믿고 싶은 거의 모든 것을 증명하는 상승 마스터 가르침을 찾을 수 있습니다. 여러분은 상승 마스터들이 수천 년 동안 3대 유일신교에 의해 조장된, 하늘에 있는 분노한 신의 개체화된 버전과 같다고 믿고 싶습니까? 자, 그렇다면, 여러분은 이러한 관점을 입증하기 위한 어떤 가르침들을 찾을 수 있겠지만, 우리는 그 관점보다 훨씬 더 큽니다. 우리는 어떤 관점보다도 훨씬 더 큽니다. 우리가 로열 티톤 은거처의 두 번째 단계의 입문에서 보여주려는 것은, 일단 여러분이 폐쇄된 멘탈 박스를 만들면, 이것은 그 틀에 맞지 않는 어떠한 반증이든 모두 걸러내므로 폐쇄된 체계, 폐쇄계, 자기-충족적 예언이 됩니다.

멘탈 박스에서 벗어나기 - 사랑 혹은 힘에 의해서

여러분이 처음에 멘탈 박스를 창조한 그 인식 필터를 통해 삶을 바라보는 한, 멘탈 박스에서 탈출할 수 있는 방법은 없습니다. 인식 필터 내부에서는 그 인식에 대해 의문을 가질 수 없습니다. 여러분은 현재의 멘탈 박스와 인식 필터 바깥으로 자신을 투사할 수 있는 의식하는 자아의 능력을 사용해야만 합니다. 무엇이 의식하는 자아에게 이것을 추진할 동기를 줄까요? 고난의 학교에서 삶에 지치고 좌절하며 너무나 힘들어졌을 때, 그 고통에서 벗어나고자 비로소 자신의 멘탈 박스 밖을 살펴보게 됩니다.

우리는 로열 티톤 은거처에서의 이 과정이, 고통이 너무 심해서 탈출을 시도할 정도로 여러분에게 고통을 느끼게 할 의도는 없습니다. 우리는 여러분에게 탈출구를 제공하기 위해 이곳에 있는 것이 아니며, 따라서 여러분은 입문의 세 번째 단계에서 사랑에 기반한 동기를 계발하기 전에는 더 이상 나아갈 수 없는 지점이 옵니다. 여러분은 자신의 멘탈 박스 이상인 뭔가를 사랑해야 합니다. 여러분은 자신의 인식 필터에 의해 한정된 지혜보다 더 높은 지혜를 더욱더 사랑해야 합니다.

이 사랑을 가지고 있지 않으면, 여러분은 앞으로 나아갈 수 없습니다. 입문의 세 번째 단계에서 우리의 목표는, 여러분의 존재 어딘가에 실제로 그 사랑이 존재한다는 사실을 보여주는 것입니다. 충분히 깊이 살펴보면, 자신의 생명흐름 안에는 현재의 멘탈 박스 너머의 뭔가에 대한 어떤 사랑이 있음을 깨닫게 됩니다. 이 사랑은 여러분이 현재의 역할 속으로 들어와 현재의 멘탈 박스를 만들기 전부터 있었던 것입니다. 의식하는 자아를 물질우주에 육화하도록 한 것이 바로 이 사랑입니다. 여러분은 신의 창조가 펼쳐지는 것을 보려는 사랑을 가지고 있습니다. 여러분은 자신의 아이앰 현존과 자신의 특별히 개체화된 신의 특성들에 대한 사랑을 가지고 있습니다. 여러분은 이러한 신의 특성들을 표현하고, 물질계의 어둠 속에 그 빛이 방사되는 것을 보려는 사랑을 가지고 있습니다.

이 사랑이 바로 우리가 여러분이 다시 발견하도록 돕고자 하는 동기입니다. 틀림없이, 여러분은 첫 번째 광선의 입문을 거치면서 이미 어느 정도 이 동기를 발견했지만, 우리는 여러분을 이 행성으로 데려온 더 큰 사랑에 깊이 연결되도록 도와줍니다. 우리는 여러분이 더 큰 분별력과 지혜로 사랑을 표현할 수 있는 방법을 알도록 도와줍니다. 우리 은거처의 세 번째 광선의 입문에서, 우리는 지혜가 사랑을 통해 표현될 때, 새로운 무언가가 여러분에게 갑자기 이해되도록 돕고자 합니다. 여러분은 사람들이 지구상의 지혜로 행하는 것이, 신성한 사랑에 의한 것이 아니라, 인간적인 사랑에 의한 것이라는 사실을 깨닫기 시작합니다. 그들은 에고와 추락한 존재, 거짓 교사들이 중시하는 가치 판단을 포함한, 판단의 기초로서 지혜를 이용합니다.

그리스도의 분별력과 인간의 판단

지혜는 이 거짓 사랑, 즉 소유하고 통제하려는 사랑으로 왜곡되었고, 따라서 그것은 더 이상 신성한 지혜가 아닙니다. 진정으로 신성한 지혜는 여러분에게 분별력을 주지만, 이 분별력은 인간의 판단과는 관계가 없습니다. 이것은 대부분의 학생이 이전에는 생각조차 해본 적이 없는 것입니다. 그들은 그리스도 분별력과 반-그리스도 마음에서 나온 판단 사이에는 차이가 있음을 결코 생각해보지 않았습니다. 피상적인 관점에서, 사람들은 정교한 기준에 기초하여 어떤 상황이나 사람, 아이디어들을 평가하는 것이, 곧 분별력을 발휘하는 것이라고 생각하는데 익숙합니다. 심지어 많은 사람이 이것을 그리스도의 분별력이라고 생각합니다.

얼마나 많은 크리스천이 그들의 교회가 유일하고 진실하게 바이블을 해석하며, 그들의 교리와 세계관은 분명히 그리스도의 분별력에 토대를 두었다고 확신하고 있는지 보세요. 그들은 그리스도의 말씀에 대하여 진실된 해석을 하기 때문에, 틀림없이 의로운 판단을 하고 있다고 확신합니다. 실제로, 그들은 반-그리스도 마음에 기반을 두고서 그리스도의 말씀에 대해 인간적인 해석을 합니다. 그들은 그리스도의 가르침에 거짓된 이미지를 부여했으며, 이것을 다른 종교와 모든 개념, 바이블의 다른 해석과 다른 사람들을 판단하는 데 사용합니다.

그들은 다른 종교들과 비종교인들을 판단하며, 심지어 동료 크리스천조차 판단합니다. 많은 작은 교회에서, 특히 미국에 있는 교회에서, 신도들은 모든 크리스천 가운데 자신들이 가장 특별하다고 확신합니다. 그들에게만 진정한 가르침이 있다고 확신합니다. 그들은 틀림없이 하늘나라에 가게 되며, 그리스도가 재림할 때 반드시 그를 알아볼 수 있는 사람들이라고 확신합니다. 그리스도가 다시 올 때, 그들은 유일하게 그리스도의 참된 가르침을 가진 이들로 입증된다고 확신합니다. 이것은 물론 그리스도 분별력이 아닙니다.

불행하게도, 심지어 상승 마스터 학생들조차 상승 마스터들로부터 받은 가르침을 기반으로 한 그리스도의 분별력을 가지고 있다고 믿는 이들이 있습니다. 하지만, 내가 말했듯이, 우리가 주는 것은 말입니다. 말은 여러 가지로 해석될 수 있으며, 사람들은 자신들이 가진 인식 필터를 기반으로 해석합니다. 상승 마스터 가르침을 많은 근본주의 그리스도교 단체의 멘탈 박스처럼 완전히 폐쇄된 멘탈 박스를 만드는 데 사용하는 것도 전적으로 가능합니다.

우리가 공개적으로 가르침을 주었던 지난 세기에 이런 일이 일어나는 것을 보았습니다. 심지어 오늘날에도, 특정한 가르침을 취하여 그것을 폐쇄된 멘탈 박스로 바꾸고, 살아 있는 말씀의 메신저가 되는 데 열려 있는 이들에게 전해지는 살아 있는 말씀을 심판하는 데 그 가르침을 사용하며, 자신들이 이 행성에서 가장 진보한 상승 마스터 학생들이라고 확신하는 그룹을 봅니다.

이것은 그리스도 분별력이 아닙니다, 그리고 로열 티톤 은거처의 세 번째 단계의 입문에서 여러분은 이것을 알아야 합니다. 여러분은 말 그대로 그리스도 분별력과 인간적인 판단 간의 진동 차이를 경험할 때까지, 앞으로 나아갈 수 없습니다. 여러분은 사랑을 통해 표현된 지혜의 입문인 세 번째 단계의 입문을 통과할 수 없습니다.

신성한 사랑은 사람들의 자유의지를 제한하지 않습니다

사랑은 판단하지 않습니다. 신성한 사랑은 판단하지 않지만, 인간의 사랑은 전적으로 판단에 기반을 둡니다. 세상 사람들이 사랑에 대한 개념과 주제를 어떻게 다루는지 주위를 한번 둘러보세요. 얼마나 많은 사람이 사적인 관계에서 그들이 사랑한다고 말하는 사람을 조종하고 소유하려고 하는지 보세요. 그들은 이것이 그 사람을 위한다고 생각하지만, 여러분이 그 사람의 자유의지를 침해한다면 어떻게 그 사람을 위한 일이 될까요? 다른 사람들이 그들의 자유의지를 어떻게 행사해야 하는지, 신이 그들의 심판관으로 여러분을 임명했습니까?

우리는 때때로 학생들에게 엄격할 때가 있습니다. 우리는 때때로 그들이 타인과의 관계에서, 조건적인 사랑과 소유하는 사랑을 자신들의 표면 의식 안에서 어떤 방식으로 행사하는지 보여줘야 할 때가 있습니다. 그런 다음 그들에게 이런 특정한 관계를 보여주고, 그들이 특정한 사람을 어떻게 다루고 있는지 보여주며, 왜 그렇게 하는지 물어봅니다. 그들은 항상 자신이 하는 일은 다른 사람을 위해서 꼭 필요한 일이라고 입증할 수 있습니다. 그러면 우리는 때때로 학생들에게 이렇게 질문합니다, "신이 이 사람을 판단하도록 여러분에게 임무를 부여한 계약서를 보여줄 수 있습니까? 이 사람의 구원을 당신이 책임지고 있다고 증명하는 서류는 어디에 있습니까?"

이것은 가끔 학생들을 멈추게 하고 생각하게 만듭니다. 물론 그들은 그러한 계약서가 없다는 사실을 깨닫습니다. 왜 그들은 자신들이 다른 사람들을 구원할 책임이 있고, 그 사람에게 일종의 소유권을 가진 듯이 행동하려는 생각을 구축했을까요?

여러분이 세 번째 단계의 입문을 통과하기 위해서는 반드시 다른 사람을 소유하려는 행동을 그만두어야 합니다. 나는 여러분이 초점을 바꿔서 자기 자신에 대한 소유권을 가지려 해야 한다고 말하고 싶지만, 이것은 쉽게 오해할 수 있는 말입니다. 실제로 많은 사람이 다른 사람들을 소유하려는 욕구를 초월했습니다. 그들은 여전히 자신과 자신의 마음에 대한 소유권을 찾고 있는데, 에고의 관점에서 찾고 있습니다. 그들은 실제로 자신의 마음과 생각, 감정과 정체감을 에고의 통제하에 두려고 합니다. 그래서 자신의 마음에 대한 소유권을 구하기보다는, 여러분이 지구상에서 무언가를 소유하려는 일을 포기하도록 하였습니다.

불성(Budda Nature)을 멘탈 박스에 가둘 수는 없습니다

참된 지혜란 무엇일까요? 모든 것이 불성이므로, 나는 모든 생명은 하나라는 앎이 가장 높은 지혜라고 말했습니다. 이것은 붓다께서 참으로 오래전, 2500년 전에 가르쳤던 내용입니다. 붓다의 가르침에 대해 사람들이 해온 일을 살펴보세요. 그들은 붓다의 가르침을 대상으로 바꾸었습니다. 여러분은 붓다의 가르침에 대한 소유권을 가지고 있다고 믿는 다양한 종파를 발견할 수 있습니다.

사랑하는 이들이여, 붓다의 가르침이란 무엇일까요? 말로 표현된 특정한 외적인 교리일까요? 불교의 핵심적인 깨달음이 '모든 것은 불성'이라면, 붓다의 가르침 또한 불성이 아닌가요? 붓다의 가르침들은 그 안에 불성을 가지고 있습니다.

그렇다면, 불성은 무엇일까요? 사람들은 불성이 완벽한 어떤 상태라고 생각하며, 그것이 완벽하다면 결코 바뀔 수 없는 것이라고 생각합니다. 자 여기에 인간의 핵심적인 문제가 있습니다. 그 핵심적인 문제는 이것입니다: "여러분은 바뀔 필요가 없는 완벽의 상태로 나아가고 있나요, 아니면 불성과의 하나됨을 위해 노력하고 있나요?"

알다시피, 불성은 지속적인 변화입니다. 불성은 영속적인 자기-초월입니다. 불성은 결코 정지된 상태에 머물지 않습니다. 그것은 끊임없이 스스로를 초월하고 있습니다. 이것이 무엇을 의미할까요? 이것은 여러분이 불성을 소유할 수 없다는 의미입니다. 여러분은 불성을 통제할 수 없습니다. 멘탈 박스를 만들고, 그 안에 불성이 들어 있다고 말할 수도 없습니다. 여러분이 멘탈 박스를 만들기도 전에, 불성은 수십억 번이나 초월합니다.

신의 눈은 오직 하나됨만 볼 수 있습니다

인간의 에고는 변하지 않는 완벽한 상태를 만들기를 바라는데, 왜냐하면, 완벽한 상태를 만들 수 있을 때 신의 눈에 받아들여질 수 있다고 믿기 때문입니다. 예수님의 에고에 관한 기본 책들을 포함한 많은 가르침에서 우리가 말했듯이, 신의 눈은 오직 하나됨을 보고, 에고의 눈은 오직 분리만을 보기 때문에 에고는 결코 신의 눈에 받아들여질 수 없습니다.

신의 눈은 모든 생명이 끊임없이 흐르는 '생명의 강'이라는 실재를 봅니다. 하나됨의 눈은 결코 에고를 보지 못하는데, 왜냐하면, 에고는 하나됨에서 벗어나 있고, 실재가 아니기 때문입니다. 하나됨의 눈은 오직 실재인 것만 볼 수 있습니다. 분리의 눈은 비실재인 것만 볼 수 있으며, 이 둘은 결코 만날 수 없습니다. 의식하는 자아가 에고의 인식 필터에서 벗어나 하나됨을 경험하고, 스스로를 불성으로 그리고 항상 초월하는 생명의 강과 하나로서 경험할 때 실재를 만나게 됩니다. 이것이 지혜입니다. 사랑을 통해 표현된 지혜는 여러분이 자신의 인식 필터와 멘탈 박스의 환영보다 그 이상인 뭔가를 원한다고 인식합니다. 여러분은 어떤 고정된 우월한 지혜의 표현보다 살아 있는 지혜의 원천을 원합니다.

세상에는 특정한 영적인 가르침을 발견한 사람들이 있습니다. 그들은 그 가르침을 어떤 우월적 권위를 갖는 상태로 높였습니다. 그들이 그 가르침을 따르고 가르침에 의해 규정된 내용을 수행하거나, 가르침을 소유한다고 주장하는 외부 단체를 따를 때 구원받으며, 하늘나라에 들어가거나 깨달음을 얻거나 열반에 들어가는 등, 그들의 목표가 무엇이든 확실히 보장된다고 믿습니다.

상승 마스터 가르침을 받은 상승 마스터 학생들조차 그것을 무오류와 우월성의 상태로 높이고, 폐쇄된 멘탈 박스로 전환합니다. 그들은 더 이상 살아 있는 우리 가르침을 보고 들을 눈과 귀를 가지고 있지 않습니다. 우리는 불성과 하나이며, 끊임없이 자신을 초월하고 있습니다, 이는 우리 가르침 또한 스스로 끊임없이 초월하고 있다는 의미입니다.

멘탈 박스는 사랑의 왜곡입니다

우리는 스스로를 계속해서 초월하고 이에 따라 과거와 심지어는 최근에 주어진 가르침도 초월하기에, 오직 사랑만이 여러분이 우리와의 관계를 유지하도록 도울 수 있습니다. 미묘한 구별을 하도록 유의하세요. 후원하는 메신저를 통해 주어진 상승 마스터 가르침은 유효한 가르침입니다. 물질계에 가르침이 주어지고 표현되는 그 순간, 우리 상승 마스터들은 이미 스스로를 초월했고, 그 가르침도 역시 초월했습니다. 이것은 그 가르침이 효과가 없다는 의미가 아니라, 우리와 연결을 유지하고 싶다면, 그 가르침을 폐쇄된 박스로 만들어서는 안 된다는 의미입니다. 여러분은 이것을 자신의 자아감과 가르침에 대한 어떤 외적인 해석도 초월하는 기반으로 사용해야 합니다.

하지만, 여러분이 다른 모든 영성 단체나 종교 단체에서 보듯이, 상승 마스터 단체에서 보는 것도, 어떤 필터링 과정입니다. 대부분의 학생은 종종 우리 가르침을 받아서 그것을 폐쇄된 멘탈 박스에 끼워 맞추기를 원합니다. 그렇게 함으로써 그들은 일종의 폐쇄된 박스인 조직 문화를 창조합니다. 심지어 그들은 자신들의 조직 문화와 세계관을 받아들이지 않는 사람들을 몰아낼 수 있습니다. 하지만, 현재 상황을 유지해 나가는 것을 받아들이지 않는 더 개방된 소수의 학생들은 다른 메신저와 다른 단체로 이동하거나, 그들 스스로 우리와 내적인 접촉을 구축함으로써 우리에게 직접 가르침과 자극을 받을 수 있습니다. 이것이 생명의 강입니다. 특정한 틀에 머물기를 원하는 학생들은 왜곡된 형태의 사랑을 가지고 있습니다. 그들은 상승 마스터들을 사랑하고, 우리 가르침을 사랑한다고 하루 종일 주장합니다. 그들은 소유하는 방식으로 우리를 사랑합니다. 그들은 자신들이 영적인 여정에서 매우 편안한 안정기에 도달했다고 규정했으며, 그 안정적 수준에 머무는 것을 우리가 타당하다고 해주기를 바랍니다. 그들은 우리를 자신들의 멘탈 박스에 넣기를 원합니다, 그리고 이것은 아마 사랑으로 하는 것이겠지만, 분명히 인간의 소유하는 사랑일 뿐이어서 이 행성에서 많은 문제를 만들었습니다, 그들은 자신들이 최선의 의도를 가지고 심지어는 최고의 권위로써 행한다고 생각합니다.

정체를 원하나요, 초월을 원하나요?

예수께서 말씀하셨습니다, "나를 사랑하면, 내 계명을 지켜라". 그의 가장 중요한 계명은 무엇일까요? "누구든지 제 목숨을 구하고자 하는 사람은 잃을 것이요, 누구든지 나를 위하여 제 목숨을 잃는 사람은 찾을 것이라"라는 이 말씀이 지속적인 자기 초월 안에서 영원한 생명을 찾게 해줄 것입니다. 예수께서 말씀하신 생명은 '지속적인 자기-초월'입니다. 이것이 바로, 살아 있는 그리스도가 육화한 사람들에게 부여하는 생명입니다. 여러분이 그리스도의 몸과 피를 취하지 않는다면 자신 안에 생명이 없습니다, 왜냐하면, 지구상에 정의된 멘탈 박스에 여러분을 가두려고 하기 때문입니다.

여러분의 영은 멘탈 박스에 끼워 맞출 수 없습니다, 따라서 영은 여러분의 하위 존재로부터 물러나 빛과 생명을 주지 않습니다. 그렇게 하지 않으면, 여러분은 아이앰 현존의 빛을 다른 사람들을 강요하는 데 사용하며, 여러분의 인식 필터와 멘탈 박스를 통해 왜곡된 빛을 표현함으로써 더 많은 카르마를 만들기 때문입니다. 이것은 일종의 은총인데, 여러분이 – 추락한 존재들이 아주 오랫동안 해왔듯이 – 다른 사람들과 상승 마스터들과, 우주 전체와 심지어 신조차도 자신의 멘탈 박스에 넣으려 함으로써 야기되는 많은 양의 카르마를 억제하기 위해 아이앰 현존이 빛을 철회하기 때문입니다. 로열 티톤 은거처의 입문 과정에서 여러분은 자신이 무엇을 사랑하는지를 반드시 생각해봐야 할 필요성에 직면하게 됩니다. 여러분은

지혜와 사랑 103

자신의 현재 멘탈 박스보다 더 사랑하는 무엇이 있습니까? 그러면 여러분은 그것에 조율하고, 스스로에게 매우 진지하고 심각한 질문을 해야 합니다: "여러분은 사랑을 통한 더 큰 하나됨을 원합니까, 아니면 하나됨에 반대되는 현재의 멘탈 박스가 완벽하다는 주장을 하고 싶습니까?" 여러분은 삶과 죽음 사이의 선택과 같은 어떤 선택에 직면했다는 것을 아는 지점에 와야만 합니다. 계속해서 자신의 멘탈 박스를 정당화하고 싶습니까, 아니면 더 사랑하는 것과 더 나은 하나됨을 원합니까? 두 가지를 동시에 가질 수는 없습니다.

동시에 두 가지를 할 수는 없습니다

여러분은 세 번째 단계에서 이 입문에 직면합니다: 빵을 다 먹어버리면 손에 쥐고 있을 수 없듯이, 동시에 두 가지를 할 수는 없습니다. 이 단순해 보이는 속담에 숨겨진 지혜를 생각해보세요. 케이크 한 조각이 있습니다. 여러분은 자리에 앉아서 케이크를 바라보며, 그것을 가지고 있다는 느낌을 즐기거나 그것을 먹을 수 있습니다, 하지만, 먹게 되면 케이크를 가지고 있다는 감각은 잃게 됩니다. 케이크의 목적은 무엇일까요? 케이크를 가져다 유리그릇에 담아서 이렇게 말하며 친구들과 가족에게 보여주는 일이 목적일까요, "내가 가지고 있는 이 멋진 케이크 좀 보세요!" 아니면 그리스도가 제자들을 위해 그의 몸을 나누었듯이 여러분의 친구와 가족을 초대해서 그들을 위해 케이크를 잘라 나누어 먹는 것이 목적인가요? 그들에게 한 조각씩 나누어 줍니다. 여러분은 케이크를 먹습니다, 그리고 예, 여러분의 케이크는 없어졌습니다. 케이크를 가지고 있다는 감각을 잃어버린 대신 여러분은 무엇을 얻었습니까? 여러분은 생명의 강의 흐름과 하나가 됩니다. 여러분은 자유롭게 받았던 것을 자유롭게 주고 있고, 더 많은 것을 받기 위해 스스로를 자유롭게 하고 있으므로 여러분은 이 하나됨을 얻습니다.

선택은 이렇습니다: 여러분은 현재의 영적인 가르침을 유리상자에 넣고 돌아다니며, 고이 모셔진 이 훌륭한 가르침을 자랑스럽게 생각할 수도 있습니다. 혹은 그 가르침을 나누어 먹을 수 있으며, 따라서 여러분이 가지고 있다는 감각을 잃어버릴 수도 있습니다. 그렇다 하더라도, 여러분은 상승 마스터들로부터 흐르는 가르침, 즉 자기-초월의 강의 지속적인 흐름에 동참할 수 있습니다.

여러분은 그 흐름 밖에 서 있을 수도 있고, 하나가 될 수도 있습니다. 두 가지를 동시에 할 수는 없습니다. 사랑하는 이들이여, 여러분은 동시에 둘 다를 할 수는 없습니다. 물론, 에고와 거짓 교사는 여러분이 케이크를 가지고 있으면서 동시에 먹을 수 있다고 믿기를 간절히 바랍니다. 그들은 여러분이 상승 마스터 가르침을 공부하는 한, 틀림없이 여러분의 상승을 향해 나아가고 있다고 믿기를 바랍니다. 여러분이 만약 가르침을 가져오고 있는 유효한 메신저를 발견했는데도, 정체되어 있다면 어떻게 그렇게 될 수 있나요? 여러분이 진실로 그 가르침을 흡수하지 않고 멘탈 박스 너머로 여러분을 데려가도록 허락하지 않는다면, 여러분은 정체될 수 있습니다.

멘탈 박스에 도전하는 가르침의 측면을 여러분의 멘탈 박스가 걸러 내기 때문에, 여전히 흐르며 있는 살아 있는 가르침조차 여러분의 멘탈 박스를 정당화하는 데 사용할 수 있습니다. 만약 여러분의 의식하는 자아가 멘탈 박스 밖으로 나가도록 그 가르침을 사용하지 않는다면, 실제로 멘탈 박스가 여러분을 하늘나라로 데려가 준다는 믿음을 강화하는데 가르침을 사용하게 됩니다.

상승은 신이 여러분을 상승 영역으로 받아들여야만 하는 아주 완벽한 멘탈 박스를 만드는 과정이 아니라고 얼마나 말해야 합니까?

지혜와 사랑 105

상승의 과정은 무형의 천진한 본래의 상태로 여러분이 되돌아갈 때까지, 분리에 기반을 둔 멘탈 박스의 모든 측면을 벗겨내는 과정입니다. 여러분이 이것 혹은 저것이라고 말하는 모든 형상을 초월하면, 늘 여러분이었던 무형의 하강한 존재가 될 수 있습니다. 예수께서 "하늘나라에서 내려온 자를 제외하고는 아무도 하늘나라로 올라가지 못한다"라고 말씀하셨듯이 말입니다. 오직 영적 영역에서 하강한 순수하고 형태가 없는 의식하는 자아만이 다시 상승할 수 있습니다. 이것은 로열 티톤 은거처에서의 세 번째 단계를 약간 넘어서는 수준이지만, 곰곰이 생각해볼 신비이며, 여러분의 마음속에 간직할 만한 타당한 생각입니다.

상승하려면 모든 소유권을 초월하세요

의식하는 자아는 육화를 통해 의식을 확장하지만, 분리된 자아감을 형성하는 것으로는 의식을 확장하지 못합니다. 여러분은 어떤 궁극적인 기준에 따라 살면서, 하늘나라에 들어가도록 허락될 매우 정교한 분리된 자아를 만들기 위해 여기에 있는 것이 아닙니다. 여러분은 이곳에서 분리된 자아를 구축하고, 잠시 동안 삶을 경험한 다음 그 자아를 초월하는데, 마침내 여러분이 이 세상에서 구축할 수 있다고 생각하는 모든 종류의 자아를 초월할 때까지 그렇게 합니다. 이때 여러분은 이 세상의 경험을 모두 마쳤다고 깨닫습니다. 여러분은 이런 형태의 세계를 경험하기 위해 유효한 방법이라고 생각하였던 모든 자아를 초월했습니다. 이제 여러분은 형태가 없는 상태로 돌아갈 준비가 되었고, 이 무형의 상태에서 여러분이 상승합니다.

사람들이 종종 몸에 대해 하는 말처럼, 여러분은 이 세상에 맨몸으로 왔다가 맨몸으로 떠나야 합니다. 여러분은 소유할 수 없지만,

어떤 것은 가질 수 있습니다. 여러분이 가질 수 있는 것은 지금껏 구축해온 분리된 자아가 아닙니다. 그것은 자신의 원인체에 저장된 업적입니다. 여러분은 이것을 지닐 수 있으며, 이것은 이제 상승 마스터로서 여러분의 지속적인 여정을 도울 것입니다.

여러분은 모든 분리된 자아의 측면을 초월할 때까지는 상승 마스터가 되지 못합니다. 여러분이 소유하고 있다고 생각하는 모든 것을 초월해야 합니다. 그리스도를 따르기 위해 여러분은 이 생명을 포기해야 하고, 그러기 위해 이 세상의 무엇보다 그리스도를 더 사랑해야 합니다. 그래서 예수께서 "나보다 아버지나 어머니, 형제나 자매를 더 사랑하는 사람은 나에게 필요하지 않다"라고 말했습니다. 진실로 이것은 사실입니다. 만약 여러분이 계속해서 자기 초월하는 그리스도보다 어떤 분리된 자아를 더 사랑한다면, 여러분은 지속적인 자기 초월의 생명의 강인 그리스도를 따르기 위해 모든 것을 포기할 준비가 되어 있지 않으므로, 그리스도의 제자가 되기에 적합하지 않습니다.

자신의 신성한 개성을 표현하려는 사랑

사랑은 정확하게 자기-초월이기 때문에 최상의 동기부여입니다. 여러분의 창조주께서 그 이상이 되기를 원했기 때문에 여러분이 존재합니다. 여러분의 창조주께서 그 이상이 되기를 원했기 때문에 형태를 가진 이 세상이 존재합니다. 처음에 특정한 형태로써 혹은 그 형태와 자신을 동일시한 다음 그 형태를 초월함으로써 여러분은 그 이상이 됩니다. 동일시가 여러분을 그 이상으로 만들지는 못합니다; 동일시를 포기해야 여러분은 그 이상으로 될 수 있습니다. 내려놓음은 진정한 사랑이며, 소유하려는 욕망은 거짓된 사랑입니다.

우리는 학생들에게 그들이 현재 수준에서 가지고 있는 세계관,

지혜, 멘탈 박스를 포기해야 한다는 점을 보여주려고 합니다. 우리는 그들이 멘탈 박스의 안전보다, 더 큰 사랑과 접촉하도록 합니다. 나는 그리스도를 사랑하는 일에 대해 말했으며, 개인적인 수준에서 그리스도는 정말로 여러분의 신성한 개성의 표현입니다.

나는 이상적인 기하학 형태에 대해 언급했습니다. 여러분의 아이앰 현존은 무엇입니까? 아이앰 현존은 이상적이고 복잡한 기하학적 형태이며, 여러분이 그 형태를 미세하게라도 일별하기 시작하면, 이 세상에 그 형태를 표현하고 싶은 사랑을 느끼게 됩니다. 그러면 여러분의 현재 인식 필터와 멘탈 박스를 통해서는 이를 수행할 수 없음을 알게 됩니다. 여러분은 아이앰 현존 안에서 개성을 표현하거나 아니면 멘탈 박스에 매달리거나 둘 중 하나를 선택할 수 있습니다.

학생들이 이 지점에 와서, 자신의 멘탈 박스가 어떻게 그들을 제한하는지 보게 될 때, 그들의 가슴 차크라가 강렬한 루비 불꽃으로 빛나며 자신의 신성한 개성을 더 잘 표현할 수 있도록 레이저 광선으로 멘탈 박스의 특정한 측면을 태워버리는 결단을 내리게 해줍니다. 이 때가 그들이 자신을 통해 흐르는 신성한 사랑을 느낄 때입니다. 여러분이 자신의 아이앰 현존에 내재된 신성한 개성을 표현하려는 중요한 목표를 가지고 있을 때, 다른 사람들을 통제해야 할 필요가 있을까요? 여러분이 스스로를 통제하고, 지구의 특정한 외적 기준에 따라야 할 필요가 있을까요?

여러분은 신성한 개성을 표현하기 위해 다른 사람에게서 아무것도 필요로 하지 않습니다. 여러분의 신성한 개성을 표현하기 위해 지구에서 아무것도 필요하지 않습니다. 여러분의 신성한 개성을 표현하기 위해 물질계에서 특정한 조건이 필요 없습니다. 외부 조건에 상관없이 그렇게 하는 지점으로 오지 않는 한, 여러분은 자신의 신성한 개성을 절대로 표현할 수 없습니다.

수많은 학생이 외부 조건만 갖춰지면, 그들의 그리스도 신성을 표현할 수 있다는 태도로 우리에게 옵니다. 예수님의 육화에서 얻은 교훈은 무엇인가요? 그의 삶을 보세요! 어쩌면 여러분이 그리스도교가 만든 미화된 관점을 기반으로 볼 때, 예수께서 이상적인 조건을 가졌다고 생각할지도 모릅니다. 하지만, 그의 삶을 보세요! 여관에 남는 방이 없어서 구유에서 태어났던 이야기의 요점이 무엇일까요? 당시 관습에 비추어 정상적이지 않은 혼인관계에서 태어났고, 부모는 이집트로 도망가야 했으며, 미천한 환경에서 자란 요점이 무엇일까요? 중요한 요점은 비록 가장 천하고 겉보기에 불리한 조건일지라도 여전히 불성과 그리스도 신성을 표현할 수 있다는 사실을 보여주는 것입니다.

여러분의 신성한 개성을 표현하기 위해서 무엇이 필요할까요? 그것은 여러분의 삶에서 이상적인 어떤 조건을 요구하지 않습니다. 여러분이 직면한 외부 조건에 상관없이 자신의 신성한 개성을 기꺼이 표현하려는 의지가 필요합니다. 이것은 사랑입니다. 지구상의 조건을 외면의 마음과 에고의 판단을 통해 보지 않을 때, 여러분은 그 조건들을 이상에 미치지 못한다고 판단하거나 다음과 같이 말하지 않습니다: "나는 이 상황에서 어떠한 신성도 표현할 수 없다. 이 표현에는 가치가 없다."

조건 없는 사랑으로 입문을 통과하기

사랑은 여러분이 어떤 상황을 마주할 때, 그 상황에서 신성한 무언가와 그 이상인 무언가를 표현하는 어떤 방법을 찾는 것입니다. 그때가 여러분이 재능을 증식하는 때이고, 표현할 수 있도록 더 많이 받게 될 때입니다. 둘러앉아 영적인 가르침을 받으며 영적인 여정에 대해 어느 정도 이해를 하지만, 자동적으로 그리스도나 영적인 무언가를 표현할 이상적인 상황이 갑자기 나타나기를 기다리는 사람들이 있습니다. 반면 자신이 직면하는 어떤 상황이든, 그 상황에서 더 높은 실재를 표현하려는 방법을 찾는 사람들이 있습니다.

그들이 자신의 재능을 땅에 묻어 두는 대신 증식하는 사람들입니다. 그들은 로열 티톤 은거처의 세 번째 단계에서 입문을 통과한 사람들이며, 그들은 사랑을 표현하기 불가능해 보이는 조건에서도, 사랑할 가치가 없어 보이는 어떤 상황에서도 사랑을 표현하고자 합니다. 심지어 여러분은 사랑을 받을 자격이 없어 보이는 사람, 사랑을 원하지 않는 듯이 보이는 사람, 사랑을 기꺼이 받으려고 하지 않는 사람에게도 사랑을 표현합니다. 심지어 사람들이 여러분과 여러분의 사랑을 깎아 내리고, 짓밟으며, 가장 불쾌한 태도로 비웃을 때조차도 여러분은 사랑을 표현합니다. 여러분은 여전히 내면에서 나오는 표현을 합니다. 여러분은 태양이 되고, 아이앰 현존이라는 태양을 위한 열린 문이 되어 물질세상으로 빛을 비춥니다. 그것이 여러분의 역할이고, 여기에 있는 이유입니다.

다른 사람들이 무엇을 하든 상관없이 여러분의 신성을 표현할 수 있을 정도로 사랑이 충분히 크다면, 이제 여러분은 사랑에 근거한 동기를 발전시킨 상태입니다. 그러면 여러분은 세 번째 단계의 입문을 통과했으며, 네 번째 단계로 넘어갈 수 있습니다. 여러분은 자신이 순수한 의도를 갖게 되는 높은 수준의 순수성으로 자신의 동기를 가속화할 수 있는 비판단성을 개발했습니다.

이것은 물론 다음 담화의 주제입니다. 당분간 여러분이 이 질문을 숙고하기를 바라며 나는 떠납니다: "여러분은 케이크를 가지고 있고 싶은가요, 아니면 그것을 먹고 생명의 강에 뛰어들고 싶은가요?" 나는 란토입니다!

9
사랑이 동기가 되기를 기원합니다

I AM THAT I AM, 예수 그리스도의 이름으로 나의 아이앰 현존이, 무한히 초월해 가는 내 미래의 현존을 통해 흐르며, 완전한 권능으로 이 기원을 해주시기를 요청합니다. 사랑하는 엘로힘 아폴로와 루미나, 엘로힘 헤로스와 아모라, 대천사 조피엘과 크리스틴, 대천사 차무엘과 채리티, 마스터 란토와 베네치아의 폴께 요청합니다, 내가 소유하려는 사랑에서 나오는 동기를 정화하고, 신성한 개성을 표현하는 사랑을 향한 동기를 개발하게 해주세요. 내가 마스터 란토와 하나되고 아이앰 현존과 하나되는 것을 막는 모든 패턴을 인식하고 내려놓도록 도와주세요...
(여기에 개인적인 요청을 추가하세요)

1. 나는 에고보다 지혜를 더 사랑합니다

1. 마스터 란토여, 내가 깊은 내면으로 들어가, 현재의 내 멘탈 박스를 넘어서는 사랑과, 의식하는 자아를 물질우주에 육화하게 만든 그 사랑에 다시 연결되도록 도와주세요.

사랑하는 아폴로여, 당신의 지혜 광선으로,

내 눈을 열어주시어 새날을 보게 하소서,
나는 이원성의 거짓말과 기만을 꿰뚫어 보며,
패배를 가져오는 마음의 틀을 초월합니다.

**사랑하는 아폴로, 황금빛 엘로힘이시여,
우리는 이제 당신의 찬란한 빛을 봅니다,
당신이 고요히 지혜의 페이지를 펼치면,
나는 모든 낡은 것에서 자유로워집니다.**

2. 마스터 란토여, 신이 펼치시는 창조에 대한 사랑, 내 아이앰 현존에 대한 사랑, 개체화된 내 신의 특성에 대한 사랑, 이런 신의 특성을 표현하는 것에 대한 사랑, 물질우주의 어둠 속을 비추는 빛에 대한 사랑에 내가 다시 연결되도록 도와주세요.

사랑하는 아폴로여, 당신의 화염 안에는,
언제나 생생한 지혜가 흐르고 있습니다,
당신의 빛 안에서 내 최상의 의지를 깨달으며,
나는 그 영원한 흐름에 합류합니다.

**사랑하는 아폴로여, 당신의 빛은,
우리가 지상에 육화한 이유를 밝혀 줍니다,
우리는 선두에서 함께 일하며,
우리의 우주 구체를 더 높이 들어올립니다.**

3. 마스터 란토여, 나를 이 행성으로 데려온 사랑과 다시 연결되어, 더 큰 지혜와 분별력으로 사랑을 표현할 수 있게 해주세요.

사랑하는 아폴로여, 모든 거짓말을 드러내주시니,
나는 에고의 모든 결박을 끊어버립니다,

뱀의 이원성을 초월하는 진정한 열쇠는,
내 인식임을 깨닫습니다.

**사랑하는 아폴로여, 이제 당신의 부름을 들으며,
우리는 위대한 지혜의 전당으로 인도됩니다,
추락으로 이끄는 모든 거짓말이 드러나니,
우리는 만물의 하나됨을 되찾습니다.**

4. 마스터 란토여, 세속적인 지혜로 일하는 사람들의 행동은 신성한 사랑에 의해 추진되지 않음을 보도록 도와주세요, 그들의 행동은 인간적인 사랑에 의해 추진됩니다.

사랑하는 아폴로여, 당신의 지혜는 너무나 명료해서,
당신과 하나 되면 어떤 뱀도 두렵지 않습니다,
나는 기꺼이 내 눈의 들보를 보며,
뱀이 만들어낸 이원론에서 해방됩니다.

**사랑하는 아폴로여, 나는 고양된 비전으로,
새로운 단계로 올라선 지구를 봅니다,
꿰뚫어 보는 당신의 시선은 나에게 힘을 주고,
나는 이원성의 미로를 벗어납니다.**

5. 나는 가치 판단을 비롯한 모든 판단의 근거로 지혜를 사용하려는 경향을 모두 내려놓습니다. 진실로 신성한 지혜는 나에게 분별력을 주지만, 분별력은 인간적인 판단과는 아무런 관련이 없습니다.

오 헤로스-아모라여, 당신의 무한한 핑크 사랑 안에서,
남들이 나를 어떻게 생각하든 개의치 않습니다,
나는 당신과 하나 되어 새날을 선포하며,

천진한 아이처럼 즐겁게 뜁니다.

오 헤로스-아모라여, 새로운 삶이 시작되었고,
나는 심각한 악마를 비웃습니다,
당신의 영광스러운 루비-핑크 태양 안에서 정화되며,
나는 신이 주시는 즐거운 삶을 누립니다.

6. 마스터 란토여, 내가 그리스도 분별력과, 반-그리스도 마음에서 나오는 판단의 차이를 알도록 도와주세요.

오 헤로스-아모라여, 삶은 지고의 기쁨이며,
세상은 거대한 장난감과 같습니다,
내 마음이 그 안으로 보내는 모든 것을,
삶의 거울은 그대로 반사합니다.

오 헤로스-아모라여, 나는 뿌린 대로 거둡니다,
그러나 이것은 성장을 위한 차선의 계획입니다,
진정한 원래의 계획은 생명의 흐름으로 들어가,
당신이 주시는 무한한 사랑에 잠기는 것입니다.

7. 마스터 란토여, 내가 근본주의 그리스도교의 멘탈 박스처럼 폐쇄적인 멘탈 박스를 만드는데 상승 마스터 가르침을 어떻게 이용했는지 볼 수 있게 해주세요.

오 헤로스-아모라여, 당신이 조건들을 불태워 주시니,
나는 자유롭게 새로운 전환을 맞이합니다,
무한한 사랑의 흐름에 잠기며,
나는 내 영(Spirit)이 하늘에서 왔음을 깨닫습니다.

오 헤로스-아모라여, 나는 깨어나서 봅니다,
진실한 사랑에는 아무런 조건도 없음을,
악마는 자신의 이원성에 갇혀 있지만,
사랑의 실재는 나를 자유롭게 합니다.

8. 마스터 란토여, 그리스도 분별력과 인간적인 판단, 둘의 진동에서 차이를 경험하도록 도와주세요. 나는 이 입문의 세 번째 단계인, 사랑을 통해 표현되는 지혜의 입문을 통과하고 있습니다.

오 헤로스-아모라여, 나는 마침내,
과거의 덫을 벗어나 높이 올라갑니다,
진정한 사랑 안에서 더 큰 자유를 선언하며,
나는 무한한 사랑과 하나 되어 영원히 흘러갑니다.

오 헤로스-아모라여, 조건들은 속박이며,
뱀의 거짓말로 엮인 그물을 던지지만,
제한 없는 당신의 사랑은 영원히 날아오르며,
루비-핑크빛 하늘로 모든 생명을 들어올립니다.

9. 사랑은 판단하지 않습니다. 신성한 사랑은 판단하지 않지만, 인간적인 사랑은 전적으로 판단에 기초하고 있습니다.

가속해서 나를 일깨우소서, 나는(I AM) 실재하며,
가속해서 나를 일깨우소서, 모든 생명은 치유됩니다,
가속해서 나를 일깨우소서, 나는(I AM) 무한히 초월하며,
가속해서 나를 일깨우소서, 모든 의지는 비상합니다.

가속해서 나를 일깨우소서! (3번)
사랑하는 아폴로와 루미나.

가속해서 나를 일깨우소서! (3번)
사랑하는 조피엘과 크리스틴.
가속해서 나를 일깨우소서! (3번)
사랑하는 마스터 란토.
가속해서 나를 일깨우소서! (3번)
사랑하는 I AM.

2. 나는 소유욕을 초월하겠습니다

1. 마스터 란토여, 소유를 추구하는 인간의 사랑을 이용해서 다른 사람들을 소유하고 통제하려는 모든 경향을 놓아버리도록 도와주세요.

대천사 조피엘이여, 위대한 지혜의 빛 안에서,
모든 뱀의 거짓말이 우리 눈에 드러납니다,
마음에 숨어드는 거짓말이 아무리 교묘해도,
당신은 내가 찾은 최고의 스승입니다.

대천사 조피엘이여, 모든 거짓말을 드러내고,
대천사 조피엘이여, 모든 결박을 잘라버리며.
대천사 조피엘이여, 하늘들을 정화하면서,
대천사 조피엘이여, 진실로 내 마음은 비상합니다.

2. 마스터 란토여, 내가 다른 사람의 선을 위해서 그의 자유의지에 강제로 개입할 수 있다는 환영을 깨닫고 내려놓도록 도와주세요. 신은, 다른 사람들이 어떻게 자유의지를 행사해야 하는지 판단하는 사람으로 나를 임명하지 않았습니다.

대천사 조피엘이여, 당신의 지혜에 경배하니,

당신의 검(劍)은 이원성의 베일을 갈라 버립니다.
당신이 길을 보여줄 때 무엇이 실재인지 깨닫고,
나는 뱀의 의심에서 즉시 치유됩니다.

**대천사 조피엘이여, 모든 거짓말을 드러내고,
대천사 조피엘이여, 모든 결박을 잘라버리며.
대천사 조피엘이여, 하늘들을 정화하면서,
대천사 조피엘이여, 진실로 내 마음은 비상합니다.**

3. 마스터 란토여, 내가 다른 사람들과의 관계에서 조건적인 사랑과, 소유를 추구하는 사랑을 어떻게 하고 있는지 보여주세요.

대천사 조피엘이여, 당신의 실재는,
이원성에 대한 최고의 해독제입니다.
명료한 당신의 현존 안에서는 모든 거짓이 소멸하고,
당신이 옆에 계시니 어떤 뱀도 두렵지 않습니다.

**대천사 조피엘이여, 모든 거짓말을 드러내고,
대천사 조피엘이여, 모든 결박을 잘라버리며.
대천사 조피엘이여, 하늘들을 정화하면서,
대천사 조피엘이여, 진실로 내 마음은 비상합니다.**

4. 신께서, 다른 사람을 판단하는 일을 나에게 맡겼다는 계약을 하지 않았음을 인정합니다. 내가 다른 사람의 구원을 책임져야 한다는 증명서를 나는 가지고 있지 않습니다.

대천사 조피엘이여, 신의 마음이 내 안에 있고,
나는 당신의 명료한 빛을 통해 그 지혜를 깨닫습니다.
내가 하나이신 존재를 볼 때 모든 분리는 사라지고,

내 마음은 완전한 전체성을 이룹니다.

**대천사 조피엘이여, 모든 거짓말을 드러내고,
대천사 조피엘이여, 모든 결박을 잘라버리며.
대천사 조피엘이여, 하늘들을 정화하면서,
대천사 조피엘이여, 진실로 내 마음은 비상합니다.**

5. 내가 다른 사람들의 구원에 책임을 져야 한다는 환영을 버립니다. 나는 다른 사람들을 소유하려는 에고의 성향을 버립니다.

대천사 차무엘이여, 루비 광선의 권능 안에서,
내가 생명을 일깨우는 샤워를 하고 있음을 압니다.
사랑이 의지의 오용을 모두 불태워버리니,
홀연히 내 욕망은 고요해집니다.

**대천사 차무엘이여, 루비 핑크빛 사랑과 함께,
대천사 차무엘이여, 하늘에서 하강한 존재시여,
대천사 차무엘이여, 늘 당신을 마음에 그리니,
대천사 차무엘이여, 오 거룩한 비둘기여 오소서.**

6. 마스터 란토여, 내가 에고의 관점으로 나 자신과 내 마음을 소유하려고 하는지, 내 에고를 생각과 느낌과 정체감의 통제하에 두려고 하는지 알 수 있게 도와주세요.

대천사 차무엘이여, 빛의 나선이시여,
이제 루비 광선의 화염이 밤을 관통합니다.
더 높이 오르지 못한 모두를 태우는 당신의 화염은,
모든 어둠의 세력을 소멸합니다.

**대천사 차무엘이여, 루비 핑크빛 사랑과 함께,
대천사 차무엘이여, 하늘에서 하강한 존재시여,
대천사 차무엘이여, 늘 당신을 마음에 그리니,
대천사 차무엘이여, 오 거룩한 비둘기여 오소서.**

7. 마스터 란토여, 나는 이 세상에서 무언가를 소유해야 한다는 욕구를 버립니다. 내가 아무것도 소유하지 않고, 또 아무것도 나를 소유하지 않는 상태로 가는 길을 보여주세요.

대천사 차무엘이여, 당신의 사랑은 한없이 넓으며,
이제는 명료한 비전으로 내 삶을 이해합니다.
당신이 삶의 목적을 밝게 드러내시니,
당신의 사랑에 잠겨 신의 하나됨을 깨닫습니다.

**대천사 차무엘이여, 루비 핑크빛 사랑과 함께,
대천사 차무엘이여, 하늘에서 하강한 존재시여,
대천사 차무엘이여, 늘 당신을 마음에 그리니,
대천사 차무엘이여, 오 거룩한 비둘기여 오소서.**

8. 마스터 란토여, 모든 것이 불성이므로 모든 생명은 하나라는 인식에 도달하도록 도와주세요.

대천사 차무엘이여, 당신이 주시는 고요함이여,
이제는 죽음도 나에게 고통을 주지 못합니다.
진실로, 사랑 안에는 쇠퇴가 없습니다,
사랑이란 새로운 날로 초월하는 것이기 때문입니다.

**대천사 차무엘이여, 루비 핑크빛 사랑과 함께,
대천사 차무엘이여, 하늘에서 하강한 존재시여,**

대천사 차무엘이여, 늘 당신을 마음에 그리니,
대천사 차무엘이여, 오 거룩한 비둘기여 오소서.

9. 마스터 란토여, 불성은 변화가 없는 완벽한 상태라고 생각하는 경향을 극복하도록 도와주세요. 영구불변의 완벽한 상태를 추구하는 에고의 욕구를 초월하도록 도와주세요. 나는 불성과 하나가 되기를 추구합니다.

천사들과 함께 날아오르며,
나는 스스로를 초월합니다.
천사들은 진실로 존재하며,
그들의 사랑은 모든 것을 치유합니다.

천사들이 평화를 가져오면,
모든 갈등은 그칩니다.
빛의 천사들과 함께,
우리는 새로운 높이로 비상합니다.

천사 날개의 바스락거리는 소리,
물질조차 노래하는 기쁨이여,
모든 원자를 울리는 기쁨이여,
천사들의 날갯짓과 조화 속에서.

3. 나는 사랑을 통해 지혜를 표현합니다

1. 불성은 영속적인 변화입니다. 불성은 영속적인 자기-초월입니다. 불성은 결코 정지된 상태에 머물지 않습니다. 그것은 끊임없이 스스로를 초월하고 있습니다.

마스터 란토여, 황금빛 지혜로,
내 안에서 에고의 거짓말을 드러내소서.
마스터 란토여, 의지를 갖추고,
나 자신의 통달을 성취하겠습니다.

**오 성령이시여, 나를 통해 흐르소서,
나는 당신을 위해 열린 문입니다.
세차게 흘러오는 전능한 빛의 강이여,
초월은 나의 신성한 권리입니다.**

2. 나는 불성을 소유할 수 없습니다. 불성을 통제할 수도 없습니다. 하나의 멘탈 박스를 만든 후에 그 안에 불성이 있다고 말할 수도 없습니다. 내가 멘탈 박스를 만들기도 전에, 불성은 무수히 스스로를 초월합니다.

마스터 란토여, 모든 것에서 균형을 이루소서,
나는 지혜의 균형을 요청합니다.
마스터 란토여, 균형이야말로,
황금의 열쇠임을 알게 하소서.

**오 성령이시여, 나를 통해 흐르소서,
나는 당신을 위해 열린 문입니다.
세차게 흘러오는 전능한 빛의 강이여,
초월은 나의 신성한 권리입니다.**

3. 변하지 않는 완벽한 상태를 창조하고 싶은 것은 오직 인간의 에고입니다, 그래야만 신의 눈에 들 것이라고 에고는 믿기 때문입니다.

마스터 란토여, 상위 영역에서 흘러오는,
분별력 있는 사랑을 요청합니다.
마스터 란토여, 사랑은 눈멀지 않았으며,
나는 사랑을 통해 신의 비전을 발견합니다.

**오 성령이시여, 나를 통해 흐르소서,
나는 당신을 위해 열린 문입니다.
세차게 흘러오는 전능한 빛의 강이여,
초월은 나의 신성한 권리입니다.**

4. 마스터 란토여, 내가 의식하는 자아로서, 에고의 인식 필터를 벗어나 하나됨을 경험하고, 자신이 불성임을 경험하며, 영원히 초월하는 생명의 강과 하나임을 경험하도록 도와주세요.

마스터 란토여, 나는 순수하며,
내 의도는 그리스도의 양처럼 순수합니다.
마스터 란토여, 초월하며 나아갈 때,
가속은 내 가장 진실한 친구입니다.

**오 성령이시여, 나를 통해 흐르소서,
나는 당신을 위해 열린 문입니다.
세차게 흘러오는 전능한 빛의 강이여,
초월은 나의 신성한 권리입니다.**

5. 내가 멘탈 박스와 인식 필터의 환영을 넘어 그 이상을 원할 때, 지혜는 사랑을 통해 표현됩니다. 나는 지혜에 대한 고정된 표현보다는, 살아 있는 지혜의 원천을 원합니다.

마스터 란토여, 나는 완전한 전체이며,

내 영혼에는 더 이상 분리가 없습니다.
마스터 란토여, 치유의 화염이여,
당신의 신성한 이름으로 모두가 균형을 이룹니다.

**오 성령이시여, 나를 통해 흐르소서,
나는 당신을 위해 열린 문입니다.
세차게 흘러오는 전능한 빛의 강이여,
초월은 나의 신성한 권리입니다.**

6. 마스터 란토여, 나는 상승 마스터들도 끊임없이 스스로를 초월하고 있음을 깨닫습니다. 나는 당신과 계속 연결되고 싶습니다, 그리고 외적인 가르침을 내 자아감을 초월하고, 그 가르침에 대한 모든 해석을 초월하기 위한 토대로 사용합니다.

마스터 란토여, 모든 생명에 봉사하며,
나는 내면의 투쟁을 모두 초월합니다.
마스터 란토여, 진정한 삶을 원하는 모두에게,
당신은 평화를 부어줍니다.

**오 성령이시여, 나를 통해 흐르소서,
나는 당신을 위해 열린 문입니다.
세차게 흘러오는 전능한 빛의 강이여,
초월은 나의 신성한 권리입니다.**

7. 예수께서 말씀하신 생명은 '지속적인 자기-초월'입니다. 이것이 바로, 살아 있는 그리스도가 육화한 사람들에게 부여하는 생명입니다. 나는 살아 있는 그리스도의 몸과 생명에 참여하며, 지상에서 규정된 멘탈 박스에 나의 영을 제한하려는 모든 욕망을 버립니다.

마스터 란토여, 균형 잡힌 창조를 통해,
자유를 얻습니다.
마스터 란토여, 우리는 당신의 균형을,
기쁨의 열쇠로 사용합니다.

오 성령이시여, 나를 통해 흐르소서,
나는 당신을 위해 열린 문입니다.
세차게 흘러오는 전능한 빛의 강이여,
초월은 나의 신성한 권리입니다.

8. 마스터 란토여, 내가 인식 필터와 멘탈 박스를 통해 영적인 빛을 어떻게 표현하고 있는지 보게 해주세요. 나는 아이앰 현존의 빛을 사용해서 다른 사람들에게 무언가 강요하고 스스로 카르마를 만드는 경향을 버립니다.

마스터 란토여, 우리의 요청으로,
당신은 일곱 광선을 모두 균형 잡습니다.
마스터 란토여, 내가 높이 날아오르니,
나의 삼중 불꽃이 찬란하게 빛납니다.

오 성령이시여, 나를 통해 흐르소서,
나는 당신을 위해 열린 문입니다.
세차게 흘러오는 전능한 빛의 강이여,
초월은 나의 신성한 권리입니다.

9. 나는 현재의 내 멘탈 박스보다 마스터 란토를 더 사랑합니다. 나는 란토와 내 아이앰 현존이 더 완전하게 하나가 되기를 원합니다. 나는 하나됨에 반대하면서 내 멘탈 박스에 근거한 논쟁을 하려는 욕망을 모두 버립니다. 나는 생명을 선택합니다!

사랑하는 란토여, 당신의 현존은,
나의 내면 구체를 충만하게 합니다,
삶은 이제 신성한 흐름이 되어,
나는 모두에게 신의 지혜를 부어줍니다.

**오 성령이시여, 나를 통해 흐르소서,
나는 당신을 위해 열린 문입니다.
세차게 흘러오는 전능한 빛의 강이여,
초월은 나의 신성한 권리입니다.**

4. 내 동기는 사랑에 바탕을 두고 있습니다

1. 나는 기꺼이 내가 가지고 있다고 생각하는 모든 것을 초월하겠습니다. 나는 형상과 자신을 동일시함으로써 그 이상이 되고, 그런 후 그 형상을 초월합니다. 나를 그 이상의 존재로 초월하게 해주는 것은 동일시가 아닙니다; 나는 동일시를 벗어남으로써 그 이상의 존재가 됩니다.

마스터 폴, 베네치아의 꿈이여,
아름다움을 향한 당신의 사랑은 강처럼 흐릅니다.
마스터 폴이여, 사랑의 모태 안에서,
당신의 권능은 에고의 무덤을 흩어버립니다.

**오 성령이시여, 나를 통해 흐르소서,
나는 당신을 위해 열린 문입니다.
세차게 흘러오는 전능한 빛의 강이여,
초월은 나의 신성한 권리입니다.**

2. 내려놓음은 진정한 사랑이며, 소유하려는 욕망은 거짓된 사랑입

니다. 내가 세상에서 가장 사랑하는 것은 내 신성한 개성을 표현하는 일입니다. 나는 내 아이앰 현존의 이상적인 기하학적 형상들을 사랑합니다.

마스터 폴이여, 당신의 조언은 지혜롭고,
내 마음을 높은 하늘로 올려줍니다.
마스터 폴이여, 지혜가 지닌 사랑 안에서,
하늘의 지고한 아름다움이 흘러옵니다.

**오 성령이시여, 나를 통해 흐르소서,
나는 당신을 위해 열린 문입니다.
세차게 흘러오는 전능한 빛의 강이여,
초월은 나의 신성한 권리입니다.**

3. 루비 불꽃의 강렬함과 결단성으로, 나는 내 멘탈 박스의 특정한 측면을 루비 레이저로 불태워 버립니다. 나는 신성한 개성을 더 많이 표현하고 있으며, 나를 통해 흐르는 신성한 사랑을 느낍니다.

마스터 폴이여, 사랑은 예술이며,
신성한 가슴을 열리게 합니다.
마스터 폴이여, 사랑의 세찬 흐름은,
내 가슴을 신성한 광휘로 씻어 줍니다.

**오 성령이시여, 나를 통해 흐르소서,
나는 당신을 위해 열린 문입니다.
세차게 흘러오는 전능한 빛의 강이여,
초월은 나의 신성한 권리입니다.**

4. 내 주된 목적은 아이앰 현존의 신성한 개성을 표현하는 일입니

다. 나는 다른 사람을 통제하려는 욕망을 모두 버립니다. 나는 지상의 특정한 외적 기준에 적응하기 위해 자신을 통제하려는 욕망을 버립니다.

마스터 폴이여, 가속하소서,
나는 순수한 사랑을 명상합니다.
마스터 폴이여, 모든 의도를 정화하고,
나는 분명 스스로를 초월할 것입니다.

**오 성령이시여, 나를 통해 흐르소서,
나는 당신을 위해 열린 문입니다.
세차게 흘러오는 전능한 빛의 강이여,
초월은 나의 신성한 권리입니다.**

5. 내 신성한 개성을 표현하기 위해 나는 다른 사람에게서 아무것도 필요로 하지 않습니다. 내 신성한 개성을 표현하기 위해 나는 지구에서 아무것도 필요로 하지 않습니다. 내 신성한 개성을 표현하기 위해 나는 물질 세상에서 아무런 특정한 조건도 필요로 하지 않습니다.

마스터 폴이여, 당신의 사랑은 나를 치유하며,
나의 내면의 빛을 다시 드러냅니다.
마스터 폴이여, 모든 생명을 위로하며,
당신과 함께 나는 완전한 전체가 됩니다.

**오 성령이시여, 나를 통해 흐르소서,
나는 당신을 위해 열린 문입니다.
세차게 흘러오는 전능한 빛의 강이여,
초월은 나의 신성한 권리입니다.**

6. 내가 처한 외적인 상황과 상관없이 나는 내 신성한 개성을 표현하겠습니다. 내가 처한 어떤 조건이든 받아들이며, 그 상황에서 더 높은 신성함을 표현하기 위한 방법을 찾겠습니다.

마스터 폴이여, 당신은 모두에게 봉사하며,
우리를 타락에서 벗어나게 합니다.
마스터 폴이여, 우리는 평화롭게 상승하며,
에고는 최후를 맞이합니다.

오 성령이시여, 나를 통해 흐르소서,
나는 당신을 위해 열린 문입니다.
세차게 흘러오는 전능한 빛의 강이여,
초월은 나의 신성한 권리입니다.

7. 사랑할 가치가 없어 보이고, 사랑하는 일이 불가능해 보이는 어떤 조건에서도 나는 사랑을 표현하고 있습니다. 나는 사랑을 원하지 않고 사랑받을 자격이 없어 보이는 사람들을 향해 사랑을 표현하고 있습니다.

마스터 폴이여, 사랑은 모든 생명을 자유롭게 하며,
당신의 사랑은 영원히 지속됩니다.
마스터 폴이여, 당신은 하나됨 안에 머물며,
우리의 여정을 즐겁게 해줍니다.

오 성령이시여, 나를 통해 흐르소서,
나는 당신을 위해 열린 문입니다.
세차게 흘러오는 전능한 빛의 강이여,
초월은 나의 신성한 권리입니다.

8. 나는 내면에서 나오는 것을 표현합니다. 나는(I AM) 태양이 되어 가고 있으며, 물질우주로 빛을 비추는 아이앰 현존의 태양을 위해 열린 문입니다. 이것이 바로 내 역할이고, 내가 여기 있는 이유입니다.

마스터 폴이여, 우리의 요청으로,
당신은 일곱 광선을 모두 균형 잡습니다.
마스터 폴이여, 나를 기쁘게 하는 색으로,
당신은 하늘을 물들입니다.

**오 성령이시여, 나를 통해 흐르소서,
나는 당신을 위해 열린 문입니다.
세차게 흘러오는 전능한 빛의 강이여,
초월은 나의 신성한 권리입니다.**

9. 내 사랑은 충분히 커서, 다른 사람들이 무엇을 하든 상관없이 나는 신성한 사랑을 표현할 수 있습니다. 나는 사랑에 바탕을 둔 동기를 발전시켰습니다.

마스터 폴이여, 당신의 현존은
나의 내면 구체를 충만하게 합니다,
삶은 이제 신성한 흐름이 되어,
나는 모두에게 신의 사랑을 부어 줍니다.

**오 성령이시여, 나를 통해 흐르소서,
나는 당신을 위해 열린 문입니다.
세차게 흘러오는 전능한 빛의 강이여,
초월은 나의 신성한 권리입니다.**

봉인하기
신성한 어머니의 이름으로, 나는 이 요청의 힘이 마터 빛을 자유롭게 함으로써, 나 자신의 삶과 모든 사람과 행성을 위한 그리스도의 완전한 비전을 구현할 수 있음을 전적으로 받아들입니다. I AM THAT I AM의 이름으로, 이것이 이루어졌습니다! 아멘.

10
지혜와 순수

나는 상승 마스터 란토입니다. 나는 로열 티톤 은거처의 네 번째 단계에서 학생들이 통과할 입문에 대해 알려 주려고 합니다. 네 번째 광선의 입문은 순수함 또는 가속을 통해 표현된 지혜를 의미합니다. "순수"는 의도의 순수함을 의미합니다, 이 단계에서 우리는 학생들이 지혜를 사용하는 자신들의 의도를 명확히 볼 수 있도록 돕습니다.

학생들이 나의 은거처에 올 때, 그들은 지구에 만연한 전형적인 욕망을 가지고 옵니다. 그것은 이 세상에서 안전하게 있으려는 에고의 추구에서 비롯되는 욕망입니다. 이 욕망으로 눈이 먼 사람들은 무오류의 상태로 자신을 높일 수 있는 어떤 지혜를 찾고 있습니다. 여러분의 지혜가 무오류라면, 에고는 여러분이 가장 안전한 상태에 있어야 한다고 추론합니다. 이것은 학생들이 자신의 에고가 안전하다고 느끼는 상황을 입증하기 위해 지혜를 사용하는 경향이 있다는 의미입니다. 내가 이 단계에서 직면하는 어려움은 학생들에게 이 접근 방식의 공허함을 보여주는 일입니다.

나는 이것이 얼마나 비논리적이고 위선적인지 학생들이 알아채도록 도와주려고 합니다. 에고를 입증하려는 욕망에 사로잡힌 사람들은, 자신들이 지혜의 활용을 위한 최고의 동기를 가졌다고 주장합니다. 그들은 자신들이 절대적이고 오류가 없는 지혜를 표현하고 있으며, 다른 사람들과 더 높은 명분, 그리고 심지어는 신의 대의를 위한다고 믿으면서, 그들의 지혜를 타인들에게 강요하려 합니다.

그들은 절대적인 형태의 지혜를 가지고 있다고 주장합니다. 하지만, 사실상, 그들의 지혜는 어떤 무언가와 전적으로 관련되어 있습니다. 그들의 지혜는 자신들의 에고가 받아들인 것, 그리고 에고가 구축한 안정감과 확고하게 관련되어 있습니다. 여러 번 말했듯이, 에고는 절대적인 안전을 결코 찾을 수 없습니다. 그들은 이 세상에서 안전을 구축하려고 하지만, 이 세상에 변하지 않는 상황이란 존재하지 않으므로 이것은 언제나 모래 위에 지어진 집과 같습니다. 물론 영적인 세계에도 변하지 않는 것은 없으므로, 고정된 상태의 어떤 완전함이나 안전에 대한 추구는 무의미한 꿈일 뿐입니다. 물론 에고는 이것을 결코 알 수가 없습니다.

생명의 강에서의 절대적인 안전

하지만, 의식하는 자아는 순수의식을 경험함으로써 안전을 경험할 수 있습니다. 순수의식을 경험함으로써, 의식하는 자아는 자신의 고유한 본성이 절대적으로 안전한 상태라는 것을 인식합니다, 하지만, 이 안전은 변하지 않는다는 의미가 아니라 지속적으로 초월한다는 의미에서 그렇습니다. 또는, 여러분 존재의 핵심은 '변하지 않는 의식'이고, 일단 여러분이 그 변하지 않는 의식에 연결되면, 자신의 의식이 집중된 외적인 표현을 지속적으로 초월하는 것에서 안전을 발견한다고 말할 수 있습니다. 그러므로 여러분은 안전하게 느끼기 위해서 생명의 강의 흐름을 멈출 필요가 없습니다; 여러분은 생명의 강과 함께 흐르면서 안전하게 느낍니다. 이것은 완전하고 궁극적인 안전함이지만, 자기-초월을 통한 안전함입니다. 이것은 영원히 흐르고 있는 안전함입니다.

생명의 강에 대해서 내가 어떻게 말했습니까? 그것은 끊임없이 스스로를 초월하고 있습니다. 신성한 지혜에 대해서 내가 무엇을 말했습니까? 그것은 끊임없이 스스로를 초월하고 있습니다. 그러므로 아무것도 멈춰 있지 않으며, 살아 있는 지혜의 샘도 확실히 정체되어 있지 않습니다. 이 말은, 에고는 절대 불변하고 위협받지 않으며, 번복될 수도 없는 지혜의 고정적인 표현을 만들어내려는 불가능한 추구에 매달린다는 의미입니다. 우리가 열역학 제2 법칙으로 설명했듯이, 폐쇄계가 되는 어떤 것이든 내부의 모순이 스스로를 무너뜨리는 혼돈 때문에 결국, 무너지게 됩니다.

두 번째 광선의 네 번째 입문

실제로 여러분이 에고의 외적인 안전을 유지하기 위해 더 열심히 노력할수록, 우주 거울로 내보내는 에너지 자극을 더 많이 만들어내게 됩니다. 이 에너지 자극들은 여러분의 안정감을 위협하는 상황으로 되돌아올 것입니다. 그러므로 학생들은 이 되돌림을 상쇄하기 위해 더 강력한 자극을 내보냅니다, 이것은 물론 더욱 강한 자극으로 되돌아오게 합니다. 이 "군비 경쟁(arms race)"은 여러분이 부담을 견디지 못하고 더 이상 이를 수행할 수 없을 때까지 지속될 수 있습니다.

우리는 물론 여러분이 더 이상 부담을 견딜 수 없기 전에 이 잘못을 보도록 도와주려고 하지만, 우리 은거처에 온 학생 중 일부는 이 좌절하는 상황을 겪어야 합니다. 그리고 마침내 그들은 자신들의 안정감에 대한 위협에 대처할 힘을 가지고 있지 않음을 깨닫게 됩니다. 그러면 여러분은 무엇을 해야 할까요? 여러분은 포기하고 내맡겨야 합니다. 달리 방도가 없습니다.

네 번째 광선의 가속은 축적하는 방식과는 다릅니다. 여러분에게 오는 무엇인가를 상쇄하기 위해 에너지 자극을 만들어내야 한다면, 더욱더 많은 힘을, 더욱더 많은 물질과 물리적인 힘을 축적해야 한다고 생각할 수도 있습니다. 내가 말했듯이, 더 많은 힘을 축적한다는 의미는 미래에 여러분에게 되돌아올 더 강력한 자극을 만든다는 의미입니다.

가속이란 과거에 만들었던 낮은 에너지가 우주 거울에 반사되어 돌아올 때, 자신이 더 이상 느끼지 못하는 높은 수준으로 그 에너지의 진동을 높이는 것으로, 특정한 수준에서의 힘의 축적을 넘어선다는 의미입니다. 그것들은 여러분을 바로 통과해 버립니다. 그것들은 더 이상 여러분에게 중요하지 않습니다. 그것들은 여러분의 삶의 경험과 무관합니다. 이것이 진정한 가속이며, 이 가속에는 여러분이 과거를 초월한다는 의미에서 안전이 있습니다.

상승 마스터 가르침조차 상대적입니다

학생들이 입문의 이 단계를 통과하도록 돕기 위해, 우리는 그들이 에고, 인간과 거짓 교사들이 만든 지혜와 사고 체계들이 정말로 상대적인 것임을 알도록 도우려고 합니다, 비록 그들이 절대적인 것이라고 주장하더라도 말입니다. 그것은 이원성 의식과 관련되어 있기 때문에 상대적이고, 그와 반대되는 것과 연관이 있습니다. 이원성 의식에서 나오는 모든 지혜의 표현에는 상반된 표현이 있습니다. 이전에도 설명했듯이, 우리가 말이 어떻게 해석되고 또 잘못 해석될 수 있는지 학생들에게 가르치는 단계를 거쳤음에도 불구하고,

대부분의 학생은 이것을 이해하기가 쉽지 않습니다. 여전히 사람들은 이것을 파악하기 어렵지만, 그 어려움을 이해할 수 있습니다.

내가 이원성 의식에서 오는 "지혜"의 어떤 표현이 상대적인 반대 개념을 가진다고 말할 때, 이것은 진실입니다; 하지만, 상승 마스터들에게서 오는 지혜의 표현 또한, 마찬가지로 반대가 있습니다. 차이점은 이원성 의식을 통해 지혜가 표현될 때, 이원성 의식은 세상을 '바라보는 방식' 자체에 모순이 있으므로 애초에 반대가 내재되어 있다는 것입니다.

상승한 수준에서 우리가 주는 가르침은 어떤 내적인 모순도 없지만, 우리가 가르침을 주자 마자 거짓 교사나 그들의 학생은 재빠르게 반대되는 가르침을 찾아냅니다; 그리고 말로 주어진 모든 표현에는 반대가 있기 마련입니다. 말로 표현된 어떤 문장도 말로 표현된 또 다른 문장에 의해 상쇄되거나 무력화되고, 무효화되거나 최소한 반박될 수 있습니다. 이것은 지구의 집단의식이 아직 너무 낮아 대부분의 사람이 이원성 의식에 눈이 멀어 있기에 생기는 불가피한 결과입니다. 외면의 자아와 분리된 자아의 인식 필터를 통해서 상승 마스터 가르침을 바라볼 때, 여러분은 쉽사리 그와 반대되는 가르침을 볼 수 있습니다.

여러분은 마스터들의 가르침을 받아들일 수 있지만, 이때 실제로 여러분이 하는 일은 에고의 안전에 대한 요구가 유효하도록 가르침의 표현을 무오류의 상태로 높이는 것입니다. 내가 뭐라고 말했습니까? 말 이면에 있는 '영'을 잊지 않도록, 절대로 말 자체에 초점을 맞춰서는 안 된다고 말했습니다. 여러분이 나의 현존과 지혜의 흐름, 지혜의 살아 있는 영에게 연결되는 것이 핵심입니다. 여러분이 말로 된 지혜의 표현을 오류가 없는 상태로 높이면, 여러분은 영에게 연결될 수 없습니다, 이것은 여러분이 그 표현을 결코 바꾸고 싶지 않고, 그것을 초월하지 않겠다는 의미입니다. 이것은 가속이 아니며, 권위를 나타내는 겉모습을 구축하려는 시도입니다. 우리는 학생들에게 이원성 의식에서 비롯되거나 이원성 의식을 통해 재해석된 지혜의 표현이 '얼마나 상대적인지' 보여주려는 목표가 있습니다.

상승 마스터 학생들조차 상대적인 세계관을 구축하기 위해 우리 가르침을 사용했습니다. 여기에서 중요한 것은, 상대적인 무언가는 절대적인 지혜가 아니라는 것입니다. 이것은 종종 학생들이 이해하기 어려워하는 것인데, 그들이 궁극적인 안전을 구축하려는 욕망에 아직도 사로잡혀 있기 때문입니다. 학생들이 이것을 극복하기 위해서는 커다란 조정이 필요합니다. 사실 외적인 안전을 추구하는 절대적이거나 무오류의 신념 체계 대신 내면의 안전을 발견하는 경험을 할 때 비로소 그들은 순수의식을 경험하기 시작합니다.

심지어는 상승 마스터 학생들조차 특정한 단체의 구성원이 되거나 어느 최고의 메신저를 통해 주어지는 특정한 가르침을 따르면, 그들의 상승이 보장된다는 신념에 집착합니다. 그들은 이 신념을 놓아버리기를 매우 꺼려합니다, 이는 그들에게 더 이상 유효한 메신저가 없고 그래서 살아 있는 말씀의 흐름이 없는 단체에 붙잡혀 있기 때문입니다. 그들은 과거에 주어진 가르침에 집착합니다, 하지만, 그 가르침은 변함없이 타당할지라도, 오늘날의 상승 마스터들의 의식이 표현된 것은 아닙니다. 우리는 그 가르침이 주어진 이후 수없이 스스로를 초월했습니다, 하지만, 물론 언어로 된 표현은 스스로를 초월할 수가 없습니다, 특히 그 표현을 완벽하거나 무오류의 상태로 높였을 때는 초월하기가 더 어렵습니다. 우리는 외적인 안전의 필요성을 기꺼이 포기하려는 학생들에게, 말로 된 표현이 상대적이라는 사실을 깨닫게 함으로써 큰 진전을 이루도록 도와줄 수 있습니다.

말로 된 묘사는 직접적인 경험이 아닙니다

말은 여러 사람에게 다른 의미를 가지기 때문에 다르게 해석될 수 있습니다. 이전에도 같은 예를 들었지만, 다시 한번 사용하겠습니다. 태어날 때부터 장님이었던 사람과 함께 해변에 서 있다고 상상해보세요. 일몰을 보고 있으며, 이제 여러분은 장님에게 일몰에 대해 묘사하고 있습니다. 일반적으로, 여러분은 그 사람에게 여러분이 경험하는 무언가를 설명하려고 하지만, 그는 자신의 눈으로 일몰을 결코 보지 못합니다. 여러분은 어떻게 일몰을 묘사하겠습니까? 여러분은 말을 통해 묘사할 수 있지만, 장님이 그것에서 무엇을 얻을 수 있을까요? 그 사람이 얻는 것은 '일몰에 대한 묘사'입니다.

그것은 아주 멋지고 정확한 묘사일 수는 있겠지만, 단지 묘사일 뿐이며, 직접적인 경험이 아닙니다. 우리가 상승한 세계에서 여러분에게 지혜를 줄 때, 우리는 지혜의 영을 경험하고 있습니다. 그러나 우리가 그 경험을 말로 전환하여 표현할 때, 그것은 영이 아니라 영에 대한 묘사가 됩니다. 이것은 메신저가 얼마나 훌륭한가의 문제가 아닙니다, 단순히 경험을 말로 묘사하는 한계에 따르는 불가피한 결과입니다. 말은 오로지 묘사를 할 뿐입니다. 차이점이 무엇입니까? 여러분이 직접적인 경험을 하지 못할 때만 묘사가 필요합니다. 여러분과 경험 사이에 분리와 거리가 있을 때만 묘사가 필요합니다. 육화한 여러분은 지혜의 영을 한 번도 경험하지 못한 장님과도 같습니다. 우리는 영에 대한 묘사를 언어로써 표현하지만, 여러분의 마음속에서 이것은 그저 묘사일 뿐입니다. 이것이 어떤 의미일까요? 그것은 여러분이 여전히 영과 분리되어 있으며, 오직 영의 묘사만을 파악할 수 있다는 의미입니다. 여러분이 묘사에 집중하면 할수록, 실제로 직접적인 경험에 여러분의 마음을 차단하게 됩니다.

영적인 가르침을 주는 목적

가르침을 주는 우리의 목적은 아름다운 영의 묘사를 학생들에게 주기 위함이 아닙니다. 우리의 목표는 영의 직접적인 경험을 학생들에게 주는 것입니다. 나는 두 번째 광선의 초한입니다. 나는 지구상에서 두 번째 광선에 대해 가장 정교한 묘사를 하려는 학생들에게는 관심이 없습니다. 나는 두 번째 광선의 영이 그들의 마음을 통해 흐르도록 그들의 마음을 기꺼이 열고자 하는 학생들에게 관심이 있으며, 영이 그들을 통해 표현될 때 그들은 영을 경험하게 됩니다. 이것이 바로 내가 원하는 바입니다.

나는, 말로 표현된 묘사를 받아들여서, 마음이 직접 영을 경험하는 것을 차단하는데 그것을 이용하는 학생들을 바라지 않습니다. 나는 여러분이 묘사를 받아들이고, 그것을 직접적인 경험에 마음을 열기 위한 디딤돌로 사용하기를 바랍니다. 이것이 내 목표입니다. 여러분은 어떻게 이것을 이루겠습니까? 특정한 말로 된 표현에 대한 집착을 극복함으로써, 그리고 그 표현은 단지 묘사일 뿐임을 알게 됨으로써, 또한, 오직 말 뒤에 있는 영의 직접적인 경험을 향해 여러분의 마음을 여는 것만이 가치가 있음을 깨달음으로써 그렇게 할 수 있습니다. 여러분이 이것을 깨닫는 지점에 도달할 때, 다음 단계로 나아갈 수 있습니다. 지혜의 영이 자신을 통해 흐르는 열린 문이 되려면 무엇이 필요할까요?

영이 무엇일까요? 다시 말하지만, 여러분은 세상의 주요 종교에서 만들어 놓은 거짓된 신의 이미지, 즉 하늘에 앉아 완벽한 상태를 유지하며 그대로 존재하는 신의 이미지를 가지고 있습니다. 신은 정체된 상태로 존재하지 않습니다. 신은 끊임없이 흐르며, 항상 초월하는 영입니다, 이것이 바로 창조주입니다. 그렇다면, 어떻게 영을 알 수 있을까요? 영과 떨어져 멀리서 바라보는 방식인 묘사를 통해서는 알 수 없습니다. 여러분 자신과 영 사이의 거리를 극복하여, 영과 함께 신비로운 직관으로 들어가 영의 열린 문이 되었을 때, 영을 알 수 있습니다.

어떻게 영이 여러분을 통해 흐르도록 할 수 있을까요? 여러분이 묘사된 언어의 고정적인 표현에 매달리고, 영이 그 표현에 따르게 하거나 그 표현을 유효화하도록 요구한다면 그렇게 할 수 없습니다. 여러분이 영에게 제한을 가한다면, 어떻게 영의 흐름을 경험할 수 있겠습니까? 영이 흐르지 않아야 하고, 정적인 표현을 입증해야 한다고 주장한다면, 여러분은 영을 잃어버리게 됩니다.

말의 표현을 넘어서 자신을 가속하세요

이원성 의식에서 오는 지혜의 표현은 모두가 상대적이라고 말했습니다. 이원성 의식에서 오는 지혜의 표현은 또 다른 이원성 의식에서 오는 지혜의 표현과 관련되어 있습니다. 비록 인간이 그 표현 중 하나는 참이고 다른 하나는 거짓이며, 하나는 옳고 다른 하나는 그르다고 투사할지라도, 이것은 사실이 아닙니다. 이러한 표현 중 어느 것도 여러분이 이원성 의식의 수준 이상으로 스스로를 가속하는데 도움이 되지 않습니다.

여러분에게는 대부분의 사람에 비해, 심지어는 상승 마스터들의 다른 학생들보다 더 높은 수준이 되려는 미묘한 바램이 있습니다. 상승 영역에서 오는 지혜의 표현 또한, 상대적입니다. 심지어 우리가 후원하는 메신저를 통해 주어지는 구술 또한, 절대적인 진실의 표현이 아닙니다. 이것은 상대적인 표현이지만, 우리의 수준에서 오는 표현은 물질계에서의 반대되는 표현과 관련이 없습니다. 이것은 영과 관련이 있습니다, 그래서 여러분이 말을 넘어서서 우리의 표현을 따른다면, 결국 여러분은 영과 함께하게 됩니다. 여러분이 어떤 이원적 표현을 취하고 그 말을 넘어선다면, 이 역시 영에게 도달하게 됩니다. 하지만, 그것은 물질 주파수의 스펙트럼 안에 있는 영이며, 여러분이 상승한 수준으로 초월하는 데 도움을 줄 수는 없습니다.

여러분이 상승 마스터라는 근원에서 오는 가르침을 따른다면, 결국, 여러분은 상승 마스터와, 상승 마스터들의 영과 함께하게 되며, 이원성 수준을 넘어서 스스로를 가속하는데 도움이 됩니다. 이것이 차이점입니다. 이것이, 상승 마스터들의 구술도 심지어 상대적이라는 말의 알파 측면이며, 이에 대한 오메가 측면도 있습니다. 우리가 주는 어떤 표현의 목적은 사람들이 갇혀 있는 특정한 의식 수준과 연관되어 있습니다. 우리의 목표는 궁극적이고 오류가 없는 지혜의 표현을 주는 일이 아니므로, 그 가르침이 필요한 사람들의 수준에 맞춰집니다. 우리는 이것을 말로 할 수 없다는 사실을 압니다.

우리의 목표는 특정한 멘탈 박스의 특정한 의식 수준에 갇혀 있는 사람들에게 적용되는 지혜의 표현을 제공하는 것입니다, 그들이 특정한 멘탈 박스 너머로 그들 스스로를 가속하기 위해 필요한 내용을 제공합니다. 우리는 사람들을 궁극적인 단계로 이끌기 위해 그것을 제공하는 것이 아닙니다. 우리는 사람들이 한 걸음 더 나아가게 하려고 합니다. 이것이 입문의 여정에 대한 정확한 본질입니다. 내 은거처의 네 번째 단계에서, 통과해야 하는 궁극적인 입문은 여러분이 입문의 여정이 무엇인지를 깨닫는 일입니다.

입문의 여정에 관한 본질

여러분이 특정한 48단계, 2단계, 또는 142단계의 어느 수준이든, 여러분에게 중요한 것은 어떤 궁극적인 시험을 통과하거나 궁극적인 지혜를 얻는 일이 아닙니다. 여러분의 과제는 나선상의 계단에서 바로 다음 단계로 나아가는 일입니다. 여러분의 과제는 여러분이 지금 현재 있는 곳에서 위로 데려가줄 다음 입문을 통과하는 일입니다. 그렇게 되려면, 자신의 현재 멘탈 박스에 도전하는 지혜를 얻어서 그 박스 너머로 스스로를 가속해야 합니다.

이것은 최고의 지혜입니다. 최고의 지혜는 항상 여러분의 현재 의식 수준을 파악하면서, 다음 단계로 나아가도록 자신을 가속하는 지혜입니다. 사랑하는 이들이여, 이것이 궁극적인 지혜이지만, 그 지혜는 자연스럽게 여러분의 현재 의식 수준과 바로 위의 의식 수준 모두에 연관됩니다.

말하자면, 지혜의 궁극적인 수준이 있다고도 할 수 있습니다. 그것은 여러분을 상승한 상태로 가속시켜 줄 의식의 144단계에서 매 단계마다 존재하는 수준입니다. 만약 여러분이 58단계에 있다면, 그 수준에서 이해할 수 없는 높은 수준의 지혜가 여러분에게 무엇을 줄 수 있을까요? 여러분은 그 지혜를 자신의 현재 의식 수준에 연관시킬 수 없으므로 그 지혜를 사용할 수 있는 방법이 없습니다. 여러분에게는 바로 지금의 현재 의식 수준과 연관된 지혜가 필요한데, 그래야만 그 지혜를 여러분의 현재 상황에 연관시킬 수 있기 때문입니다, 그리고 그것은 다음 단계와도 연관되어 있으므로 스스로를 다음 단계로 가속할 수 있습니다.

궁극적인 가르침에 대한 욕망을 놓아버리기

로열 티톤 은거처에서 네 번째 광선의 입문을 통과하려면, 지혜의 궁극적인 형태를 얻어서 밖으로 나가 여러분의 뛰어난 지혜로 다른 이들에게 감명을 주려는 에고 기반의 욕망을 버려야 합니다. 이것은 완전히 쓸데없는 탐구이고 욕망입니다. 이것을 알 수 있나요? 이것을 이해할 수 있나요? 지금 내가 여러분에게 주는 것은, 명백한 거짓 가르침이며 여러분을 지옥으로 인도할 가르침이므로, 받아들여서는 안 된다고 울부짖는, 여러분의 에고와 거짓 교사의 저항이 느껴지지 않나요? 이것은 분명히 상승 마스터가 아니라 거짓 계층의 사기꾼에게서 오는 것입니다.

그들은 이렇게 여러분에게 투사하며, 많은 학생이 자신의 의식하는 마음을 두려움의 상태로 들어가게 허용했습니다. 그들은 의식의 다음 단계로 자신들을 데려갈 바로 그 아이디어들을 거부합니다. 어떤 표현과 어떤 메신저, 어떤 단체가 궁극적인 가르침을 제시하고 있다는 믿음에 집착하는 많은 상승 마스터 학생이 있습니다. 물론 이것은 그들이 조금 더 그러한 체험을 해야 하기 때문에 그럴 수밖에 없습니다. 그들이 마침내 스스로 충분하다고 느끼고 놓아버리기 전까지 그들은 극단의 수준까지 경험해야 합니다. 나는 모든 사람이 파악할 수 있는 가르침을 주려는 것이 아닙니다. 나는 의식하는 마음으로 입문을 받아들이고 이해하며, 네 번째 단계의 입문을 통과하는데 준비된 사람들을 위한 가르침을 주고 있습니다.

여러분이 궁극의 가르침을 찾으려는 욕망을 버리는 것은 매우 다행스러운 일인데, 왜냐하면, 그렇게 되면 거짓 가르침에 대한 두려움 또한, 초월하기 때문입니다. 매우 많은 학생이, 상승 마스터 가르침이든 다른 영적, 종교적 가르침이든, 자신들이 진실된 아이디어라고 생각하지 않는 것을 받아들일까 봐 매우 두려워합니다. 그들의 마음은 열려 있지 않습니다. 그들은 자신들이 무오류와 우월성의 지위로 높인 그 믿음 체계 너머로 가는 어떤 것에도 닫혀 있습니다.

사랑하는 이들이여, 이 아이러니를 볼 수 있나요? 여러분이 상승 마스터들의 존재를 알고 우리의 존재를 받아들였음에도, 우리가 상승했음을 인지하지 못하나요? 우리는 상승 영역에 존재합니다. 어떻게 여러분이 상승할까요? 지구상의 모든 것을 초월함으로써 상승할 수 있습니다. 그렇다면, 상승 마스터들로서 우리가 지구상의 믿음 체계를 따라야 한다는 말이 어떤 의미가 있을까요? 상승 마스터들인 우리가, 과거에 인류에게 주었던 믿음 체계를 따라야 한다고 말하는 것이 이치에 맞나요?

여러분은 입증된 한 메신저를 통해서 주어진 우리의 과거 구술문을 가지고, 어떻게 그것을 미래의 모든 메신저에 반대하는 무기로 사용할 수 있습니까? 여러분은 그것을 우리가 여러분에게, 현 시대에 맞는 더 고등한 지혜의 표현 또는 더 고등한 의식을 가져오는 것을 막는 무기로 사용합니다. 이것이 정말 말이 됩니까? 거짓 아이디어들을 너무나 두려워하고, 거짓 교사와 거짓 계층의 사칭자들을 두려워한 나머지, 모든 스승과 심지어 상승 마스터들인 진정한 스승들에게조차 마음을 닫는 일이 정말로 타당할까요?

진정한 학생과 거짓 학생의 차이

다시 말하지만, 이것은 여러분이 스스로를 가속하려는 의도에 관한 문제입니다. 지혜를 얻으려는 여러분의 의도는 무엇입니까? 에고를 입증하고, 안전을 위한 에고의 요구를 충족하기 위한 것입니까, 아니면 여러분의 현재 의식 수준을 초월하기 위한 것입니까? 자신의 현재 의식 수준을 초월하고 싶다면, 오직 한 가지 방법, 즉 여러분의 현재 의식 수준을 초월한 영적인 스승과 직접 접촉함으로써 그렇게 할 수 있습니다.

이것은 여러분이 이해해야 하는 입문 여정의 또 다른 측면입니다. 불행하게도, 언어로 표현된 우월한 지혜의 표현을 습득하기만 하면, 그 공식과 말로 표현된 경전, 종교적인 글이 자동으로 그들을 높은 의식 상태로 나아가게 한다고 믿는 많은 영적인 사람과 심지어 많은 상승 마스터 학생이 있습니다.

절대로 그렇지 않습니다. 이것은 자동적인 통달과 거짓 통달의 마법을 통해 힘으로 하늘을 가지려는 거짓 계층의 사칭자들과 그들의 학생들이 추구하는 방식입니다, 왜냐하면, 그들은 자신들의 분리된 자아나 에고 기반의 자아들을 기꺼이 죽게 하지 않기 때문입니다. 그들은 자신의 결점을 보려고 하지 않으며, 자신의 에고가 죽도록 에고를 포기하지 않고도 특별한 능력을 얻을 수 있고, 다른 이들에게 감명을 주거나 지배할 힘을 얻을 수 있다고 생각합니다.

이들은 진정한 학생들이 아닙니다, 진정한 학생들은 무엇보다도 자신들을 끌어올리기를 원하지만, 다른 모든 생명 또한, 끌어올리려 하기 때문입니다. 여러분은 그리스도의 진정한 학생들이며, 여러분이 자신의 의도를 높일 때, 안전을 추구하는 에고의 요구를 입증하기 위해서 지혜를 습득하지 않습니다. 여러분은 다른 이들에게 감동을 주기 위해 지혜를 습득하지도 않습니다. 여러분은 다른 이들에게 깊은 인상을 줄 수 있는 특별한 힘을 얻거나, 이 물질계에서 원하는 것을 얻기 위해 지혜를 습득하지 않습니다. 여러분은 의식의 다음 단계로 스스로를 가속하는데 도움을 주는 지혜를 추구하고 있으며, 이는 또한, 다른 사람들이 가속을 겪도록 영감을 줍니다. 여러분은 자신을 끌어올리고, 다른 사람들도 끌어올리려 하며, 그렇게 함으로써 모든 생명을 높입니다. 이것이 지혜를 얻는 진정한 동기입니다.

여러분은 궁극적이거나 절대적인 어떤 지혜를 얻으려고 하지 않습니다. 지구상에서 여러분이 육화 중에 마주치는 것으로부터, 여러분은 자신의 의식 수준을 초월하기 위해 그것을 활용하며 또한, 다른 이들이 그들의 수준을 초월하는 데 도움이 되기 위한 지혜를 추구합니다. 이것은 여러분이 밖으로 나가 자신의 우월한 지혜를 다른 사람들에게 강요하며, 그것을 받아들이도록 요구하지 않는다는 의미입니다.

여러분은 꾸밈없이 솔직하게 다른 사람들을 바라보고, 그들이 처해 있는 현재의 의식 수준을 고려합니다. 그런 다음, 여러분은 그들에게 거대한 도약인 200단계가 아닌 한 단계를 높여 줄 무언가를 주려고 합니다. 그들이 그 단계를 밟아갈 때, 여러분은 더 줄 수도 있지만, 한 번에 모든 것을 제공하지는 않습니다. 이것은 지혜가 아닙니다. 이것은 모 아니면 도(all or nothing) 식이 되어가는 에고에 눈이 멀었을 때 사람들이 흔히 하는 일입니다. "우월한 믿음 체계를 통째로 받아들이든지 아니면 지옥에 가든지 해야 된다"라고 크리스천들이 수 세기 동안 사람들에게 집요하게 강요함으로써, 점점 더 많은 사람이 그리스도교 이면의 영, 즉 예수님 자신을 완전히 거부하는 메시지에 진저리치고 있습니다.

여러분이 말을 넘어서 살아 있는, 끊임없이 흐르며 초월하는 마스터의 영을 경험하지 않는 한 어떻게 상승 마스터들의 지혜를 얻겠습니까? 여러분이 지금은 물질로 굳어버린 과거의 말로 된 표현에 영이 따르기를 요구한다면, 어떻게 살아 있는 영을 경험할 수 있겠습니까? 일단 말로 표현되고 나면, 그 말은 고정되지만 영은 절대로 고정되지 않습니다. 고정된 '말의 표현'과 살아 있는 '영의 샘' 가운데 어떤 것을 원합니까?

영적인 여정에서 실패한 실험이란 없습니다

이것이 네 번째 단계에서 여러분의 선택입니다. 때때로 학생들이 다른 무엇보다 오직 '영'만을 바라게 되기까지는 시간이 아주 많이 걸립니다. 마침내 그들이 영을 선택했을 때, 그래서 그들의 의도를 가속하고, 계속해서 기꺼이 가속한다면, 실제로 거짓 교사와 거짓 사칭자들의 가르침에서 그들 자신을 멀리 가속해왔음을 깨닫게 됩니다.

여러분이 계속해서 스스로 가속하고 있다면, 이전에 거짓 가르침을 받아들였던 것이 무슨 문제가 될까요? 그렇게 해서 그 가르침이 거짓임을 알게 되었고, 그것이 거짓임을 보게 됨으로써 여러분이 스스로를 가속해왔고 분별력을 얻었습니다. 이제 여러분은 어떤 것이 효과가 없는지 알게 되었습니다. 여러분은 에디슨이 전구에 적합한 재료를 찾았던 이야기를 들었을 것입니다. 그는 전구를 만들지 못하는 천 가지 방법을 발견했습니다. 각각의 그 실험들은 실패한 실험이 아니었습니다; 그것은 성공적인 실험이었습니다. 그 실험들은 그에게 이것을 알려 주었습니다: "아! 이것은 안 되는구나."

상승의 과정은 무엇일까요? 상승은 여러분이 상승 마스터가 되지 못하는 천 가지 방법을 발견하는 일입니다. 상승 마스터가 되지 못하는 방법을 찾을 때마다, 여러분은 한 단계 올라갑니다. 마침내 여러분은 상승 마스터가 되는 한 가지 방법을 발견할 수 있는 단계에 도달하게 되며, 상승 마스터가 됩니다.

상승의 여정에서 실패한 실험이란 없습니다. 그것이 맞든 안 맞든, 여러분은 그것에서 배울 수 있으며, 더 높은 의식 수준으로 스스로를 가속할 수 있습니다. 상승은 외적인 가르침이나 구루를 따르는 보상으로 주어지는 것이 아닙니다, 진정한 학생들의 특징은 바로 이것을 안다는 것입니다. 상승을 위한 열쇠는 영과 직접 접촉하고, 영을 위한 열린 문이 되며, 영과 하나가 되는 상태라고 깨닫기 시작했기 때문에, 여러분은 기꺼이 실험합니다.

상승 마스터가 무엇입니까? 나는 두 번째 광선의 초한입니다, 하지만, 이것이 내가 두 번째 광선을 공부해왔고, 떨어져 두번째 광선의 지식을 보유하고 있다고 해서가 아닙니다. 나는 두 번째 광선의 영과 하나이기 때문에 두 번째 광선의 초한입니다. 그러므로 나는 두 번째 광선입니다. 나는 더 이상 나 자신을 두 번째 광선과 분리된 존재로 보지 않는 수준으로 올라섰습니다, 왜냐하면, 내가 두 번째 광선이기 때문입니다.

나는 지구를 위한 두 번째 광선의 대리자입니다. 다른 누구도 없습니다. 나를 통해 흐르는 영은 없습니다. 내가 흐르는 영이며, 여러분이 현재의 멘탈 박스에 도전함으로써, 어떤 수준이든 자신의 현재 수준을 초월하도록 도와줄 그 흐름을 향해 자신을 연다면, 나의 영은 여러분을 통해 기꺼이 흐르고자 합니다.

여러분이 도전을 받아들일 의지가 있다면, 나는 도전할 것입니다. 우리는 함께 더 높은 수준으로 흐를 수 있으며 더 높은 순수의 단계, 항상 순수한 지혜의 표현으로 우리를 가속할 수 있습니다. 나는 두 번째 광선의 영입니다. 나는 란토입니다.

11
순수한 동기로 지혜를 추구하기를 기원합니다

I AM THAT I AM, 예수 그리스도의 이름으로 나의 아이앰 현존이, 무한히 초월해 가는 내 미래의 현존을 통해 흐르며, 완전한 권능으로 이 기원을 해주시기를 요청합니다. 사랑하는 엘로힘 아폴로와 루미나, 엘로힘 퓨리티와 아스트레아, 대천사 조피엘과 크리스틴, 대천사 가브리엘과 호프, 마스터 란토와 마스터 세라피스 베이께 요청합니다, 다른 사람들에게 감명을 주거나 강요하기 위해서 지혜를 추구하고 이용하려는 에고 기반의 성향을 모두 극복하게 해주세요. 내가 마스터 란토와 하나되고 아이앰 현존과 하나되는 것을 막는 모든 패턴을 인식하고 내려놓도록 도와주세요...
(여기에 개인적인 요청을 추가하세요)

1. 나는 끊임없이 초월하면서 안전함을 발견합니다

1. 마스터 란토여, 지혜를 사용하는 내 의도를 명확하게 볼 수 있게 도와주세요. 안전을 추구하는 에고와 무오류의 지혜를 찾으려는 에고의 욕망을 꿰뚫어 보고 내려놓게 해주세요.

사랑하는 아폴로여, 당신의 지혜 광선으로,
내 눈을 열어주시어 새날을 보게 하소서,
나는 이원성의 거짓말과 기만을 꿰뚫어 보며,
패배를 가져오는 마음의 틀을 초월합니다.

**사랑하는 아폴로, 황금빛 엘로힘이시여,
우리는 이제 당신의 찬란한 빛을 봅니다,
당신이 고요히 지혜의 페이지를 펼치면,
나는 모든 낡은 것에서 자유로워집니다.**

2. 마스터 란토여, 다른 사람들의 이익과 더 큰 대의를 위한다고 선언하면서 내 지혜를 사용하고 강요하는 일을 최상의 동기로 삼는, 에고 기반의 성향을 깨닫도록 도와주세요.

사랑하는 아폴로여, 당신의 화염 안에는,
언제나 생생한 지혜가 흐르고 있습니다,
당신의 빛 안에서 내 최상의 의지를 깨달으며,
나는 그 영원한 흐름에 합류합니다.

**사랑하는 아폴로여, 당신의 빛은,
우리가 지상에 육화한 이유를 밝혀 줍니다,
우리는 선두에서 함께 일하며,
우리의 우주 구체를 더 높이 들어올립니다.**

3. 마스터 란토여, 에고가 절대적인 지혜라고 규정한 것은 완전히 상대적이라는 사실을 알도록 도와주세요. 그것은, 내 에고가 받아들인 내용이나 에고가 구축한 안전의 감각과 전적으로 관련되어 있습니다.

사랑하는 아폴로여, 모든 거짓말을 드러내주시니,
나는 에고의 모든 결박을 끊어버립니다,
뱀의 이원성을 초월하는 진정한 열쇠는,
내 인식임을 깨달습니다.

사랑하는 아폴로여, 이제 당신의 부름을 들으며,
우리는 위대한 지혜의 전당으로 인도됩니다,
추락으로 이끄는 모든 거짓말이 드러나니,
우리는 만물의 하나됨을 되찾습니다.

4. 마스터 란토여, 내가 의식하는 자아로서 순수의식을 경험하도록 도와주세요, 내 고유한 본성은 영구불변이 아니라 끊임없이 초월한다는 의미에서, 절대적으로 안전한 상태임을 깨닫게 해주세요.

사랑하는 아폴로여, 당신의 지혜는 너무나 명료해서,
당신과 하나 되면 어떤 뱀도 두렵지 않습니다,
나는 기꺼이 내 눈의 들보를 보며,
뱀이 만들어낸 이원론에서 해방됩니다.

사랑하는 아폴로여, 나는 고양된 비전으로,
새로운 단계로 올라선 지구를 봅니다,
꿰뚫어 보는 당신의 시선은 나에게 힘을 주고,
나는 이원성의 미로를 벗어납니다.

5. 마스터 란토여, 내 존재의 중심에서 변함없이 '깨어 있는 의식'을 경험하도록 도와주세요. 나는 변함없이 깨어 있는 의식과 연결되고 있습니다. 나는 인식의 외적인 표현을 끊임없이 초월하는 가운데 안전함을 발견합니다.

사랑하는 아스트레아, 진실한 가슴을 지닌 존재시여,
백청색 원과 검으로 무지(無智)의 드라마를 잘라내어,
당신이 모든 생명을 자유롭게 하시니,
우리 행성은 퓨리티의 날개를 타고 올라갑니다.

사랑하는 아스트레아여, 신 안에서 퓨리티는,
내 모든 생명 에너지를 가속하고,
사랑의 마스터들과 무한 안에서
내 마음을 진정한 하나됨으로 들어올립니다.

6. 나는 안전함을 느끼기 위해 생명의 강의 흐름을 멈출 필요가 없으며, 생명의 강과 함께 흐르며 안전함을 느낍니다. 이것은 완전하고 궁극적인 안전함이지만, 자기-초월을 통한 안전함입니다. 이것은 영원히 흐르고 있는 안전함입니다.

사랑하는 아스트레아여, 모든 생명을 향해,
퓨리티는 오늘 구원의 광선을 발산합니다,
순수함으로 가속하며, 나는 이제 자유로워집니다
사랑의 순수함에 이르지 못한 모든 것에서.

사랑하는 아스트레아, 우리와 하나 되신 존재시여,
백청색 번개 같은 당신의 원과 검은,
퓨리티의 빛으로 거침없이 불순함을 잘라내고,
내 안의 모든 진실을 드러냅니다.

7. 마스터 란토여, 내가 에고의 외적인 안전을 유지하려고 노력할수록, 우주 거울로 에너지 자극을 더 많이 내보내게 된다는 사실을 알게 해주세요. 이 에너지 자극이 되돌아오며 에고의 안도감을 위협하는 상황을 만듭니다.

사랑하는 아스트레아여, 우리 모두를 가속하소서,
당신에게 열렬히 구원을 요청합니다,
모든 생명을 불순한 비전에서 자유롭게 하소서.
두려움과 의심을 넘어 나는 분명히 상승합니다.

**사랑하는 아스트레아여, 나는 기꺼이,
자유를 구속하는 모든 거짓말을 통찰하며,
퓨리티의 빛과 함께 영원히,
모든 불순함 너머로 높이 올라갑니다.**

8. 그러면 나는 돌아오는 카르마에 대응하는 더 강력한 자극을 보내야 하며, 이것은 더 강력한 반사를 일으킵니다. 마스터 란토여, 내가 중압감으로 무너지기 전에 이런 행동의 오류를 깨닫도록 도와주세요.

사랑하는 아스트레아여, 모든 이원성의 투쟁과
갈등 너머로 삶을 가속하소서,
신과 인간 사이의 분열을 모두 소멸하시고,
신의 완전한 계획이 구현되도록 가속하소서.

**사랑하는 아스트레아여, 사랑으로 요청드리니,
보이지 않는 분리의 장벽을 부숴주소서,
나는 타락을 가져오는 모든 거짓말을 버리고,
모두의 하나됨을 영원히 확언합니다.**

9. 마스터 란토여, 이제 나는 에고의 안전을 구축하기 위해 지혜를 힘으로 사용하려는 성향을 모두 버리겠습니다.

가속해서 나를 일깨우소서, 나는(I AM) 실재하며,

가속해서 나를 일깨우소서, 모든 생명은 치유됩니다,
가속해서 나를 일깨우소서, 나는(I AM) 무한히 초월하며,
가속해서 나를 일깨우소서, 모든 의지는 비상합니다.

가속해서 나를 일깨우소서! (3번)
사랑하는 아폴로와 루미나.
가속해서 나를 일깨우소서! (3번)
사랑하는 조피엘과 크리스틴.
가속해서 나를 일깨우소서! (3번)
사랑하는 마스터 란토.
가속해서 나를 일깨우소서! (3번)
사랑하는 I AM.

2. 나는 영의 흐름을 수용합니다

1. 가속이란, 어떤 수준에서 축적된 힘 너머로 올라간다는 의미입니다. 내가 더 높은 수준으로 내 진동을 가속하면, 우주 거울이 되돌려 보내는 더 낮은 에너지를 더 이상 느끼지 않습니다.

대천사 조피엘이여, 위대한 지혜의 빛 안에서,
모든 뱀의 거짓말이 우리 눈에 드러납니다,
마음에 숨어드는 거짓말이 아무리 교묘해도,
당신은 내가 찾은 최고의 스승입니다.

**대천사 조피엘이여, 모든 거짓말을 드러내고,
대천사 조피엘이여, 모든 결박을 잘라버리며.
대천사 조피엘이여, 하늘들을 정화하면서,
대천사 조피엘이여, 진실로 내 마음은 비상합니다.**

2. 더 낮은 에너지는 나를 바로 통과해 버립니다. 그것들은 내게 아무런 의미도 없습니다. 그것들은 내 삶의 경험과 무관합니다. 이것이 진정한 가속이며, 가속하면서 나는 과거를 초월하고 있으므로 안전합니다.

대천사 조피엘이여, 당신의 지혜에 경배하니,
당신의 검(劍)은 이원성의 베일을 갈라 버립니다.
당신이 길을 보여줄 때 무엇이 실재인지 깨닫고,
나는 뱀의 의심에서 즉시 치유됩니다.

대천사 조피엘이여, 모든 거짓말을 드러내고,
대천사 조피엘이여, 모든 결박을 잘라버리며.
대천사 조피엘이여, 하늘들을 정화하면서,
대천사 조피엘이여, 진실로 내 마음은 비상합니다.

3. 마스터 란토여, 에고가 만든 지혜와 사고 체계는 아무리 절대적이라고 주장하여도, 진실로 상대적입니다. 그것들은 이원성 의식과 연관되어 있으므로 상대적이며, 반대 극성을 가지고 있습니다.

대천사 조피엘이여, 당신의 실재는,
이원성에 대한 최고의 해독제입니다.
명료한 당신의 현존 안에서는 모든 거짓이 소멸하고,
당신이 옆에 계시니 어떤 뱀도 두렵지 않습니다.

대천사 조피엘이여, 모든 거짓말을 드러내고,
대천사 조피엘이여, 모든 결박을 잘라버리며.
대천사 조피엘이여, 하늘들을 정화하면서,
대천사 조피엘이여, 진실로 내 마음은 비상합니다.

4. 상대적인 것은 절대적인 지혜가 아닙니다. 마스터 란토여, 내가 순수의식을 체험하도록 도와주세요, 절대적인 무오류의 신념 체계라는 외적인 안전성 대신 내면의 안전성을 찾을 수 있게 해주세요.

대천사 조피엘이여, 신의 마음이 내 안에 있고,
나는 당신의 명료한 빛을 통해 그 지혜를 깨닫습니다.
내가 하나이신 존재를 볼 때 모든 분리는 사라지고,
내 마음은 완전한 전체성을 이룹니다.

**대천사 조피엘이여, 모든 거짓말을 드러내고,
대천사 조피엘이여, 모든 결박을 잘라버리며.
대천사 조피엘이여, 하늘들을 정화하면서,
대천사 조피엘이여, 진실로 내 마음은 비상합니다.**

5. 마스터 란토여, 내가 두 번째 광선 초한의 영을 직접 체험할 수 있도록 도와주세요. 두 번째 광선의 영이 나를 통해 흐르도록 내 마음을 엽니다. 영이 나를 통해 표현될 때, 나는 그 영을 체험합니다.

대천사 가브리엘이여, 경애하는 당신의 빛이여,
당신의 현존에 녹아들며 모든 두려움이 사라집니다.
나는 그리스도의 제자가 되어,
같은 식으로 대응하려는 에고의 욕망을 떠납니다.

**대천사 가브리엘이여, 나는 확신합니다,
대천사 가브리엘이여, 그리스도의 빛은 치유임을.
대천사 가브리엘이여, 모든 의도가 순수해지니,
대천사 가브리엘이여, 당신 안에서 나는 안전합니다.**

6. 마스터 란토여, 나는 당신의 묘사를 직접적인 체험에 마음을 열기 위한 디딤돌로 사용합니다. 나는 말로 된 지혜의 표현에 대한 에고의 집착을 버립니다. 지혜의 표현은 단지 묘사일 뿐이며, 말 이면의 영을 직접 체험하도록 마음을 여는 일에 사용할 때만 가치가 있습니다.

대천사 가브리엘이여, 빛에 대한 두려움이 사라지고,
나는 정화의 불꽃 안에서 기쁨을 누립니다.
당신의 손을 잡고 모든 도전을 마주하며,
무한한 은총의 나선을 따라갑니다.

대천사 가브리엘이여, 나는 확신합니다,
대천사 가브리엘이여, 그리스도의 빛은 치유임을.
대천사 가브리엘이여, 모든 의도가 순수해지니,
대천사 가브리엘이여, 당신 안에서 나는 안전합니다.

7. 신은 정체된 상태로 존재하지 않습니다. 신은 끊임없이 흐르며 무한히 초월하는 영입니다. 나는 영과 분리되어 있다는 거리감을 놓아버립니다. 나는 영과 함께하는 신비로운 직관의 상태로 들어갑니다, 나는 열린 문이 되어 영이 나를 통해 흐르도록 합니다.

대천사 가브리엘이여, 당신의 화염이 흰빛으로 타오르니,
당신과 함께 밤을 벗어나 상승합니다.
에고가 달아나 숨을 곳은 어디에도 없으며,
나는 당신과 빛나는 상승나선 안에 거합니다.

대천사 가브리엘이여, 나는 확신합니다,
대천사 가브리엘이여, 그리스도의 빛은 치유임을.
대천사 가브리엘이여, 모든 의도가 순수해지니,

대천사 가브리엘이여, 당신 안에서 나는 안전합니다.

8. 나는 영에게 지상의 어떤 표현을 입증하거나 따르도록 요구하는 성향을 모두 놓아버리며 영이 나를 통해 흐르도록 허용합니다. 나는 영에게 제한을 가하는 성향을 모두 놓아버립니다. 나는 영이 자유롭게 흐르도록 해줍니다.

대천사 가브리엘이여, 그리스도의 탄생이 다가옴을 알리는,
당신의 트럼펫 소리가 들립니다.
현존의 밝은 빛 안에서 나는 지금 다시 태어나,
찬란한 부활절 아침에 그리스도와 함께 상승합니다.

대천사 가브리엘이여, 나는 확신합니다,
대천사 가브리엘이여, 그리스도의 빛은 치유임을.
대천사 가브리엘이여, 모든 의도가 순수해지니,
대천사 가브리엘이여, 당신 안에서 나는 안전합니다.

9. 마스터 란토여, 나는 당신의 말을 따르며 그 근원으로 갑니다. 나는 당신의 영을 체험하며, 스스로를 이원성 수준 너머로 가속합니다.

천사들과 함께 날아오르며,
나는 스스로를 초월합니다.
천사들은 진실로 존재하며,
그들의 사랑은 모든 것을 치유합니다.

천사들이 평화를 가져오면,
모든 갈등은 그칩니다.
빛의 천사들과 함께,

우리는 새로운 높이로 비상합니다.

천사 날개의 바스락거리는 소리,
물질조차 노래하는 기쁨이여,
모든 원자를 울리는 기쁨이여,
천사들의 날갯짓과 조화 속에서.

3. 나는 더 높은 동기를 가지고 지혜를 추구합니다

1. 마스터 란토여, 내가 진정한 입문의 여정이 무엇인지 깨닫는 입문을 통과하도록 도와주세요. 내 과제는 바로 다음 단계의 입문을 통과하는 것입니다. 나는 현재의 멘탈 박스에 도전하는 지혜를 습득하여, 나 자신을 그 너머로 가속하겠습니다.

마스터 란토여, 황금빛 지혜로,
내 안에서 에고의 거짓말을 드러내소서.
마스터 란토여, 의지를 갖추고,
나 자신의 통달을 성취하겠습니다.

오 성령이시여, 나를 통해 흐르소서,
나는 당신을 위해 열린 문입니다.
세차게 흘러오는 전능한 빛의 강이여,
초월은 나의 신성한 권리입니다.

2. 최고의 지혜는 항상 현재의 의식 수준에서 이해할 수 있지만, 여전히 나를 다음 단계로 가속할 수 있는 지혜입니다. 이 지혜는 내 현재의 의식 수준과 바로 위의 의식 수준 양쪽에 다 연관되어 있습니다.

마스터 란토여, 모든 것에서 균형을 이루소서,
나는 지혜의 균형을 요청합니다.
마스터 란토여, 균형이야말로,
황금의 열쇠임을 알게 하소서.

**오 성령이시여, 나를 통해 흐르소서,
나는 당신을 위해 열린 문입니다.
세차게 흘러오는 전능한 빛의 강이여,
초월은 나의 신성한 권리입니다.**

3. 나는 어떤 궁극적인 형태의 지혜를 얻은 후 밖으로 나가, 내 우월한 지혜로 타인들을 감동시키려는 에고 기반의 욕망을 내려놓겠습니다.

마스터 란토여, 상위 영역에서 흘러오는,
분별력 있는 사랑을 요청합니다.
마스터 란토여, 사랑은 눈멀지 않았으며,
나는 사랑을 통해 신의 비전을 발견합니다.

**오 성령이시여, 나를 통해 흐르소서,
나는 당신을 위해 열린 문입니다.
세차게 흘러오는 전능한 빛의 강이여,
초월은 나의 신성한 권리입니다.**

4. 나는 두려움의 상태로 가고 있는 마음을 의식적으로 멈춥니다. 나는 다음 단계의 의식으로 나를 올려줄 수 있는 아이디어들을 받아들이겠습니다.

마스터 란토여, 나는 순수하며,

내 의도는 그리스도의 양처럼 순수합니다.
마스터 란토여, 초월하며 나아갈 때,
가속은 내 가장 진실한 친구입니다.

**오 성령이시여, 나를 통해 흐르소서,
나는 당신을 위해 열린 문입니다.
세차게 흘러오는 전능한 빛의 강이여,
초월은 나의 신성한 권리입니다.**

5. 나는 궁극적인 가르침을 찾으려는 욕망을 버림으로써 거짓된 가르침에 대한 두려움을 초월하겠습니다. 나는 거짓된 아이디어를 받아들일까 봐 두려워, 참된 아이디어까지 간과하지 않겠습니다. 거짓 계층의 사칭자들이 두려워, 진정한 스승인 상승 마스터들께 내 마음을 닫지도 않겠습니다.

마스터 란토여, 나는 완전한 전체이며,
내 영혼에는 더 이상 분리가 없습니다.
마스터 란토여, 치유의 화염이여,
당신의 신성한 이름으로 모두가 균형을 이룹니다.

**오 성령이시여, 나를 통해 흐르소서,
나는 당신을 위해 열린 문입니다.
세차게 흘러오는 전능한 빛의 강이여,
초월은 나의 신성한 권리입니다.**

6. 지혜를 성취하려는 의도를 이루기 위해서는 내 현재의 의식 수준을 초월해야 합니다. 내가 그렇게 할 수 있는 유일한 방법은, 현재의 의식 수준 너머에 있는 영적인 스승과 직접 접촉하는 것입니다.

마스터 란토여, 모든 생명에 봉사하며,
나는 내면의 투쟁을 모두 초월합니다.
마스터 란토여, 진정한 삶을 원하는 모두에게,
당신은 평화를 부어줍니다.

**오 성령이시여, 나를 통해 흐르소서,
나는 당신을 위해 열린 문입니다.
세차게 흘러오는 전능한 빛의 강이여,
초월은 나의 신성한 권리입니다.**

7. 나는 자동으로 통달에 이르게 하는 마법과, 힘으로 하늘을 가지기 위해 거짓 통달을 구하려는 욕망을 놓아버립니다. 나는 기꺼이 에고에 기반한 자아를 죽게 두겠습니다. 나는 기꺼이 내 눈 안에 있는 들보를 살펴보고, 에고를 포기하겠습니다.

마스터 란토여, 균형 잡힌 창조를 통해,
자유를 얻습니다.
마스터 란토여, 우리는 당신의 균형을,
기쁨의 열쇠로 사용합니다.

**오 성령이시여, 나를 통해 흐르소서,
나는 당신을 위해 열린 문입니다.
세차게 흘러오는 전능한 빛의 강이여,
초월은 나의 신성한 권리입니다.**

8. 나는 진실한 학생입니다. 나는 우선 나 자신을 높이고, 또한, 모든 생명을 높이고 싶습니다. 나는 내 의도를 정화하면서, 다음 수준의 의식으로 가속하기 위해 지혜를 추구하고 있습니다.

마스터 란토여, 우리의 요청으로,
당신은 일곱 광선을 모두 균형 잡습니다.
마스터 란토여, 내가 높이 날아오르니,
나의 삼중 불꽃이 찬란하게 빛납니다.

**오 성령이시여, 나를 통해 흐르소서,
나는 당신을 위해 열린 문입니다.
세차게 흘러오는 전능한 빛의 강이여,
초월은 나의 신성한 권리입니다.**

9. 나는 다른 사람들에게 영감을 주는 유용한 지혜를 찾고 있습니다. 나는 열린 태도로 솔직하게 사람들을 바라보며, 그들의 의식 수준을 고려합니다. 나는 그들에게 한 단계 위로 데려갈 무언가를 주고자 합니다.

사랑하는 란토여, 당신의 현존은,
나의 내면 구체를 충만하게 합니다,
삶은 이제 신성한 흐름이 되어,
나는 모두에게 신의 지혜를 부어줍니다.

**오 성령이시여, 나를 통해 흐르소서,
나는 당신을 위해 열린 문입니다.
세차게 흘러오는 전능한 빛의 강이여,
초월은 나의 신성한 권리입니다.**

4. 상승의 여정에 실패란 없습니다

1. 나는 무엇보다도 영을 원한다고 의식적인 선택을 합니다. 기꺼이 의도를 가속하고 끊임없이 가속함으로써 나는 스스로 가속하고 있

으며, 거짓 계층의 사칭자들과 그들의 거짓 가르침에서 더욱더 멀어집니다.

세라피스 베이여, 당신의 정화하는 눈 배후에,
권능이 있습니다.
세라피스 베이여, 그것은 당신의 숭고한 은거처로
들어가기 위한 치료제입니다.

**오 성령이시여, 나를 통해 흐르소서,
나는 당신을 위해 열린 문입니다.
세차게 흘러오는 전능한 빛의 강이여,
초월은 나의 신성한 권리입니다.**

2. 내가 끊임없이 스스로 가속하고 있다면 거짓 가르침을 받아들인 것이 무슨 문제가 되겠습니까? 나는 그것이 거짓이었음을 알게 되고, 그것을 앎으로써 나 자신을 더 가속했으며, 분별력을 얻었습니다.

세라피스 베이여, 지혜의 성취자시여,
당신의 말씀은 언제나 지극히 심오합니다.
세라피스 베이여, 진실로 내 마음속에는,
당신을 위한 자리 밖에 없습니다.

**오 성령이시여, 나를 통해 흐르소서,
나는 당신을 위해 열린 문입니다.
세차게 흘러오는 전능한 빛의 강이여,
초월은 나의 신성한 권리입니다.**

3. 상승 과정은, 상승 마스터가 되지 못하는 천 가지 방법을 발견하

는 것입니다. 상승 마스터가 되지 못하는 방법을 하나씩 발견할 때마다, 나는 한 단계씩 올라갑니다. 최종적으로 나는 상승 마스터가 될 수 있는 한 가지 방법을 찾는 단계에 이르게 되며, 그런 다음 상승 마스터가 됩니다.

세라피스 베이여, 초월적인 사랑에 응답하며,
내 가슴은 뜁니다.
세라피스 베이여, 당신의 생명은 시(詩)가 되어,
별이 빛나는 고향으로 나를 부릅니다.

**오 성령이시여, 나를 통해 흐르소서,
나는 당신을 위해 열린 문입니다.
세차게 흘러오는 전능한 빛의 강이여,
초월은 나의 신성한 권리입니다.**

4. 상승의 여정에서 실패한 실험이란 없습니다. 나는 효과가 있든 없든 거기에서 배움을 얻고, 더 높은 단계의 의식으로 나를 가속하겠습니다.

세라피스 베이여, 당신의 확실한 인도를 받으며,
베이스 차크라는 순수한 흰색으로 정화됩니다.
세라피스 베이여, 나를 감싸고 있는 영혼은,
더 이상 나를 가둬 두지 못합니다.

**오 성령이시여, 나를 통해 흐르소서,
나는 당신을 위해 열린 문입니다.
세차게 흘러오는 전능한 빛의 강이여,
초월은 나의 신성한 권리입니다.**

5. 마스터 란토여, 당신은 두 번째 광선의 영과 하나이기에, 나는 당신이 두 번째 광선의 초한임을 인식합니다.

세라피스 베이여, 상처를 치료하는 향유는,
마음에 영원한 고요를 가져옵니다.
세라피스 베이여, 내 생각이 순수해지면,
나는 당신의 단련법을 견뎌낼 것입니다.

오 성령이시여, 나를 통해 흐르소서,
나는 당신을 위해 열린 문입니다.
세차게 흘러오는 전능한 빛의 강이여,
초월은 나의 신성한 권리입니다.

6. 마스터 란토여, 나는 당신이 두 번째 광선임을 인식합니다. 당신은 두 번째 광선 그 자체인 까닭에, 더 이상 두 번째 광선과 자신이 하나임을 보지 않는 수준에 올랐습니다.

세라피스 베이여, 비밀스런 시험은
최고가 되고 싶은 에고를 위한 것입니다.
세라피스 베이여, 조화에 이르지 못한 모든 것을,
내 안에서 드러내소서.

오 성령이시여, 나를 통해 흐르소서,
나는 당신을 위해 열린 문입니다.
세차게 흘러오는 전능한 빛의 강이여,
초월은 나의 신성한 권리입니다.

7. 마스터 란토여, 나는 당신이 지구를 위한 두 번째 광선의 대리자임을 인식합니다. 다른 누구도 없습니다. 당신을 통해 흐르고 있는

영도 없습니다.

세라피스 베이여, 감동적인 장면이여,
나는 신성한 높이로 상승합니다.
세라피스 베이여, 신성한 동시성 안에서,
영원한 자유를 누립니다.

**오 성령이시여, 나를 통해 흐르소서,
나는 당신을 위해 열린 문입니다.
세차게 흘러오는 전능한 빛의 강이여,
초월은 나의 신성한 권리입니다.**

8. 마스터 란토여, 나는 당신이 흐르고 있는 영임을 인식하며, 기꺼이 나를 통해 당신의 영이 흐르도록 하겠습니다. 나는 기존 내 멘탈 박스에 도전함으로써 현재 수준을 초월하도록 도와줄 흐름을 수용하겠습니다.

세라피스 베이여, 우리의 요청으로,
당신은 일곱 광선을 모두 균형 잡습니다.
세라피스 베이여, 시간과 공간 안에서,
나는 자아의 피라미드를 올라갑니다.

**오 성령이시여, 나를 통해 흐르소서,
나는 당신을 위해 열린 문입니다.
세차게 흘러오는 전능한 빛의 강이여,
초월은 나의 신성한 권리입니다.**

9. 마스터 란토여, 나는 기꺼이 도전을 받아들이고, 당신은 기꺼이 도전합니다. 우리는 함께 높은 수준으로 흘러가며, 더 높은 수준의

순수함으로, 더 순수한 지혜의 표현으로 가속합니다. 나는 두 번째 광선의 영인 란토와 하나입니다!

세라피스 베이여, 당신의 현존은,
나의 내면 구체를 충만하게 합니다,
삶은 이제 신성한 흐름이 되어,
모두에게 신의 순수성을 부여합니다.

오 성령이시여, 나를 통해 흐르소서,
나는 당신을 위해 열린 문입니다.
세차게 흘러오는 전능한 빛의 강이여,
초월은 나의 신성한 권리입니다.

봉인하기
신성한 어머니의 이름으로, 나는 이 요청의 힘이 마터 빛을 자유롭게 함으로써, 나 자신의 삶과 모든 사람과 행성을 위한 그리스도의 완전한 비전을 구현할 수 있음을 전적으로 받아들입니다. I AM THAT I AM의 이름으로, 이것이 이루어졌습니다! 아멘.

12
지혜와 비전

나는 상승 마스터 란토입니다! 나는 로열 티톤 은거처에서 입문의 다섯 번째 수준에 도달했을 때, 여러분이 거쳐야 할 입문에 대해 얘기하고자 합니다. 이것은 진실과 치유의 광선 또는 비전의 광선이라고 불리는 다섯 번째 광선의 수준입니다. 나는 일반적으로 상승 마스터 학생들에게 잘 알려져 있지 않은 다섯 번째 광선의 요소에 대해 알려 주고자 합니다.

제3의 눈 차크라

다섯 번째 광선은 이마의 중심에 있는 제3의 눈 차크라와 연관이 있습니다. 이 차크라가 활성화되면 육안으로 보이지 않는 것을 볼 수 있다고 말합니다. 많은 영적인 사람이 제3의 눈이 열리면, 오라와 기타 다른 현상들을 볼 수 있는 능력을 얻게 된다고 알고 있습니다. 많은 사람이 이것은 매우 바람직한 것이고, 영적 성취의 표시라고 생각합니다. 그러나 그것은 여러분이 지금까지 세상에서 흔히 보았던 이른바 심령술사에게서 명확히 볼 수 있듯이, 실제로 영적 달성의 표시가 결코 아닐 수도 있습니다. 물질계를 넘어선 무엇에 조율할 수 있는 어떤 능력이 있을지는 몰라도, 그들은 종종 이것을 다룰 수 있는 영적인 성숙함을 갖추고 있지 않습니다.

일반적으로 알려지지 않은 다섯 번째 광선의 영적인 비전이라는 요소가 있습니다. 여러분은 이 세상의 얼마나 많은 사람이 진리의 개념에 집착하고 있는지, 자신의 경험으로 잘 알고 있을 것입니다. 나는 우월한 진리와 우월한 지혜라고 여기는 지혜의 특정한 표현과 특정한 사고체계와 믿음체계가 있다는 생각을 사람들이 어떻게 하고 있는지 말했습니다. 우리는 지구의 마지막 한 사람이 상승할 때까지 멈추지 않고 흐르는 지속적인 흐름, 살아 있는 말씀을 전달하고 있습니다. 하지만, 상승 마스터들의 많은 학생은 우리를 따르지 못하게 막는 특정한 외적인 가르침에 너무 집착하고 있습니다.

비밀 공식의 꿈

사람들이 내 은거처에서 입문의 다섯 번째 수준에 올 때, 그들은 종종 우리 도서관에 가서 그들에게 초인적인 능력을 순식간에 부여할 비밀 공식이 담긴 책을 찾는 것은 시간문제라고 생각합니다. 이 세상의 얼마나 많은 사람이 무지개 끝의 황금 항아리를 쫓고 있는지 살펴보세요. 어떤 사람은 말 그대로 물질적인 부의 황금 항아리를 쫓아가지만, 은유적으로 표현해서 얼마나 많은 영적인 학생이 보통 수준을 넘어서는 능력이나 공식과 지식을 습득하려고 황금 항아리를 쫓는지를 보세요. 영적인 여정에 있는 학생들에게 이것은 커다란 장애물이며, 여러분은 어떻게 해서라도 이것을 버려야 됩니다, 로얄 티톤의 내 은거처에서 즉시 버리는게 어떨까요?

우리는 이 초인적인 능력을 향한 에고 기반의 탐구에서 벗어날 수 있는 지혜를 습득하도록 여러분을 충분히 도울 수 있습니다. 에고에 대해 내가 뭐라고 말했나요? 에고는 궁극적인 안전을 추구합니다. 여러분이 갑자기 어떤 종류의 비밀 공식이나 초인적인 능력을 갖춘다면, 그것이 여러분과 여러분의 에고에게 안도감을 주지 않겠습니까? 하지만, 여러분이 이런 능력을 습득하고, 그것이 여러분의 에고에게 안도감을 준다고 해서 실제로 여러분이 영적인 진전을 이루었을까요? 그와는 반대로, 그런 능력은 여러분의 영적 진전을 방해하고 막다른 골목으로 들어가게 합니다.

많은 학생이 어떤 지식이나 능력을 습득함으로써 무엇인가를 얻으려는 꿈을 꾸며 그런 막다른 길에 들어선 채 우리 은거처로 옵니다. 그들은 우리가 어떤 초인적인 능력을 습득하도록 도와줘야 한다고 생각하고 옵니다. 그들은 또한, 진리는 언어로 표현될 수 있어야 하며, 언어로 표현된 절대적인 진리를 찾을 수 있다고 생각합니다. 로열 티톤 은거처의 도서관에는 지구에 있었던 모든 영적인 가르침이 망라되어 있습니다. 그것은 알렉산드리아의 유명한 도서관과 유사하지만, 훨씬 더 광범위합니다. 우리 도서관은 오래전에 잊힌 이전 문명들까지 망라하고 있습니다. 여러분은 아틀란티스와 레무리아를 알고 있겠지만, 우리 도서관은 사람들에게 알려지지 않은 문명들까지 망라합니다.

사람들이 언어로 표현된 궁극적인 진리에 대해 탐색할 때, 우리는 그들을 도서관으로 데려가 말합니다, "원하는 만큼 진리를 탐색하는 시간을 보내고, 뭔가 찾으면 알려 주세요." 그들은 열정적으로 도서관에서 진리 탐구에 몰입합니다. 실제로 수백만 권의 책이 있으므로, 처음에 그들은 도서관에 있는 엄청난 책의 양에 흥분하고 압도당합니다. 그들은 책을 골라 읽기 시작합니다. 그리고 높은 진리의 표현을 발견하려는 생각에 매우 흥분합니다.

그런 다음, 그들은 겉보기에 위대한 권위와 깊이와 지혜를 가지고 있을 듯한 책을 발견하고, 이제 그것을 읽기 시작합니다. 그들이 계속해서 다른 책들을 읽으며, 진리는 수많은 다른 표현이 있고, 모두 유효해보이고 권위가 있어 보이지만, 모두 조금씩 다르거나 어떤 경우에는 매우 다르다는 사실을 깨닫기까지 얼마나 걸릴지는 단지 시간문제일 뿐입니다.

이것은 학생들로 하여금 무엇을 믿어야 할지 모르는 좌절감을 안겨줍니다. 어쩌면 과학과 종교의 해결되지 않는 분쟁의 결과로 불가지론(신의 존재는 알 수도 없고 입증할 수도 없다는 견해)자가 되어 버린 많은 세상사람들처럼, 여러분도 이 사실을 깨닫게 됩니다. 그들은 무엇을 믿어야 할지 모르거나 궁극적인 진리는 없다고 믿게 됩니다. 내가 여기서 상승 마스터 학생들이 불가지론자가 되기를 바란다고 말하고 있을까요? 세속적인 의미에서는 아니지만, 지난번에 말했듯이, 우리는 여러분이 언어로 된 어떤 묘사라도 궁극적인 진리가 될 수 없음을 깨닫는 지점에 도달하기를 바랍니다.

열린 제3의 눈으로 보는 것

이것은 여정에서 절대적으로 필요한 깨달음입니다. 그렇다면, 여러분은 무엇을 해야 할까요? 학생들이 좌절감을 느끼는 이 지점에 올 때, 그때 우리는 개입해서 그들을 도와줍니다. 우리는 왜 그들이 좌절감을 느끼도록 놓아둘까요? 그들은 절대적인 진리가 있다고 확신하고 우리 은거처로 오기 때문에, 우리가 그들에게 이것이 사실이 아니라고 말해도 들으려 하지 않습니다. 우리가 다음에 전해 줄 내용에 마음을 열기 전에, 그들은 좌절감을 경험할 필요가 있습니다.

다음으로 우리가 하는 일은 학생들이 최고 수준으로 제3의 눈이 열렸을 때, 실제로 볼 수 있는 것을 화면으로 보여주는 특별한 방으로 그들을 데려 갑니다. 세상에는 제3의 눈이 약간 혹은 더 많이 열린 다양한 심령술사들이 있습니다. 하지만, 육화중인 극소수의 사람만이 최상으로 열린 제3의 눈을 가지고 있습니다.

우리는 화면으로 여러분이 제3의 눈이 최고로 열렸을 때 볼 수 있는 내용을 보여줍니다. 우리는 학생들에게 그들이 말로 된 문장을 받을 때, 그 말들은 실제로는 물리적인 말이 아님을 보여줍니다. 여러분이 과학에서 배웠듯이, 물리적인 물질 같은 것은 없습니다. 물질이란 단순히 조밀한 고밀도의 에너지 형태이므로, 물리적인 감각으로 인식되는 것일 뿐입니다. 여러분이 열린 제3의 눈으로 볼 수 있게 되면, 물질의 외형 뒤에 있는 에너지의 흐름을 볼 수 있습니다. 이제 우리는 말로 만들어진 모든 가르침을 분석해, 컴퓨터와 비슷하지만, 훨씬 더 발전된 특수 장치를 통해 말에 의해 생성되는 에너지를 화면으로 보여줄 수 있습니다.

시각적인 설명을 바란다면, 녹음이나 소리를 편집할 수 있는 컴퓨터 프로그램을 생각해보세요. 소리는 컴퓨터 드라이브에 0과 1의 비트로 저장되지만, 화면상에는 위아래로 움직이는 선이나 파동으로 표시됩니다. 여러분은 이제 소리를 재생하고 파동을 볼 수 있습니다. 여러분은 다양하게 바꿀 수 있고 파동도 바꿀 수 있습니다. 이것은 비록 훨씬 더 원시적이지만, 로열 티톤 은거처에서 우리가 가지고 있는 것과 어느 정도는 유사합니다. 학생들이 하는 말을 그 장치에 통과시키면, 말로써 생성된 에너지 흐름을 화면으로 보여줄 수 있습니다.

이 에너지 흐름이 위로 가는지 아래로 가는지, 아니면 단순히 한 곳에 멈추는지 보여줄 수 있습니다. 그리고 실제로 하향 에너지 흐름을 만들어내는 영적, 정치적, 과학적 또는 종교적인 다양한 가르침이 지구에 있음을 보여줄 수 있습니다. 여러분이 그러한 글을 읽고 마음속에 새기거나, 라디오와 텔레비전에서 나오는 소리를 듣게 되면, 실제로 자신의 에너지장에서 하향 흐름을 경험하게 됩니다.

우리는 또한, 라디오나 텔레비전 또는 인터넷을 통해 방송되는 엄청난 양의 음악과 글, 뉴스 방송 대부분이 무의미한 에너지 파동을 어떻게 생성하는지 보여줄 수 있습니다. 그것들은 위아래로 움직이지만, 실제로는 상향이나 하향을 향하는 명확한 움직임을 가지고 있지 않습니다. 그것들은 그저 정체되어 있고 한 자리에서 맴돕니다. 또한, 우리는 상향 에너지 흐름을 생성하는 말로 된 어떤 가르침을 보여줄 수 있습니다. 이것은 물론 여러분의 의식을 높여 주는 가르침입니다. 그러나 여기에서 흥미로운 부분이 있습니다. 물질 우주에서 언어로 표현되는 어떤 말도, 무한하지 않고 단지 어느 정도까지 효과를 내는 에너지 자극을 만들 수 있다는 것입니다.

구술은 특정한 목표가 있습니다

여러분이 지금 현재 특정한 의식 수준에 있고, 이 특정한 구술을 듣거나 읽는다면, 이 구술이 여러분의 의식 수준을 높여줄 것입니다. 여러분이 이 구술에 조율하고 스스로 성장하기를 허락한다면, 이것은 여러분의 의식 수준을 올려줄 자극, 상향 에너지 자극을 만들어냅니다. 물론, 이 구술을 듣거나 읽지만, 조율하지 않고 현재 의식 수준 위로 오르기를 거부하는 일도 전적으로 가능합니다. 이 구술이 주는 것보다 사람들이 이미 높은 의식 수준일 때를 제외하고는, 사람들이 기꺼이 넘어서려 하면, 이 구술은 그들을 현재 의식 수준보다 더 높은 수준으로 인도합니다.

우리가 보여줄 수 있는 것은, 언어로 표현된 모든 가르침은 특정한 의식 수준을 위해 주어졌다는 것입니다. 어느 가르침이든 지구에서 가능한 144 개의 의식 단계 중 하나를 위해서 주어진 것입니다. 지금 주는 이 구술의 목적은 두 번째 광선의 다섯 번째 수준의 입문에 있는 사람들에게 여섯 번째 수준으로 나아갈 수 있는 에너지 자극을 줍니다. 이 구술은 144번째 단계를 위해 주어진 것이 아니며, 궁극적인 진리로서 주어지지도 않았습니다. 여러분을 현재 수준에서 144번째 단계로 데려가기 위한 것도 아닙니다. 이것은 오로지 여러분을 한 단계 위로 올리기 위한 가르침입니다.

여러분이 이 구술이 궁극적인 진리의 가르침이라고 생각한다면 무슨 일이 일어날까요? 우리는, 이 구술에 의해 생성된 에너지 흐름이 여러분을 특정한 의식 수준으로 끌어올리지만, 일정 지점부터는 더 이상 오르지 못하고 선회하기 시작하는 모습을 화면에 시각적으로 보여줄 수 있습니다. 이제부터 여러분은 그저 그 수준에서만 머무르게 됩니다. 왜냐하면, 선회하는 에너지 흐름속에도 어떤 상향과 하향의 감각이 있기 때문입니다. 원을 보면 에너지가 한쪽으로 흘러내려갈 때, 여러분은 내려가는 감각을 느낍니다. 에너지가 반대쪽에서 위로 흘러 올라가면, 여러분은 상향 감각을 느낍니다.

이것은 많은 영적인 학생이 가르침을 발견할 때, 그들에게 일어나는 일을 보여주기 때문에 중요합니다. 내가 말했듯이 이 구술은, 여러분을 한 단계 높일 의도로 나온 것입니다. 이 세상에는 다양한 의식 수준을 겨냥한 많은 영적인 가르침이 있으며, 그것들은 여러분을 위로 올릴 수 있습니다. 이 세상의 어떤 가르침이든 한계가 있습니다. 어떤 다른 방법이 있을 수 없습니다. 10단계에 있는 누군가에게 144단계를 위한 가르침을 줄 수는 없습니다. 그들은 그 가르침을 이해할 수도 없습니다.

하나의 가르침은 어떤 범위를 갖는데, 이는 비록 어떤 가르침이 여러분의 의식 수준을 여러 단계 높여준다 하더라도, 더 이상 높이 올라가지 못하는 지점에 도달하게 된다는 의미입니다. 이제 그 가르침은 원처럼 돌며 움직이는 바다의 물결처럼 되기 시작합니다. 이는 비록 여러분이 여전히 가르침을 따르고 있다 하더라도, 여러분의 의식에서 내려오는 지점이 있다는 의미입니다. 여러분은 하강을 감지하지 못할 수 있고, 그러다가 에너지가 다시 흘러 올라가는 지점이 오며, 이제는 자신이 올라가고 있다고 느끼게 됩니다. 자신이 올라가고 있음을 감지하면, 그 가르침이 자신의 성장에 여전히 도움이 된다고 생각합니다. 이것이 학생들이 수년 또는 수십 년, 또는 평생 동안 특정한 외적인 가르침을 유지할 수 있는 이유입니다, 그들이 이를 충분히 겪은 후, 다음 단계로 그들을 이끌어줄 무언가를 찾을 필요가 있다고 스스로 깨닫기 전까지 말입니다.

이것은 여러분이 외면의 의식하는 마음으로 이해해야 하는 아주 중요한 메커니즘입니다, 왜냐하면, 많은 영적인 학생이 그들의 외적인 가르침과 구루와 단체에 충실해야 한다고 생각함으로써, 막다른 골목으로 들어가지 않게 막을 수 있기 때문입니다. 학생들이 이것을 알고 진정으로 이해했을 때, 그것은 마치 거대한 짐이 덜어진 것과 같습니다. 이제 그들은 특정한 가르침과 구루 혹은 단체에 대해 어떠한 부정적인 반응도 가질 필요 없이 그것을 놓아버릴 수 있음을 알게 됩니다.

학생들이 궁극적인 가르침은 없다는 것을 깨달을 때

특정한 가르침을 찾았을 때, 이 세상의 많은 학생에게 어떤 일이 일어날까요? 얼마 동안 그들은 그 가르침이 자신의 에고가 갈망하는 궁극적인 안전을 가져온다고 생각하며, 매우 열정적입니다. 그들은 이러한 가르침과 구루와 집단을 찾아서 무지개 끝에 있는 황금 항아리를 찾았다고 생각합니다. 그들은 단지 거기에 머물며 같은 일을 계속하기만 하면 언젠가 상승하여, 열반이든 무엇이든 그들의 목표에 도달할 것이라 생각합니다.

얼마 후, 그들은 그 가르침으로는 더 이상 높이 올라갈 수 없는 지점에 도달하게 되고, 다시 맴돌기 시작합니다. 통찰력이 더 있는 학생 중 일부는 자신이 선회하고 있으며, 어디로도 가고 있지 않다는 사실을 깨달을 수 있습니다. 그 가르침이 결코 자신을 더 높이 이끌기 위한 것이 아니라는 사실을 이해하지 못하면, 그들은 분노하고 화를 냅니다. 구루나 그 가르침이 헛된 약속을 했다고 느낄 수도 있습니다. 물론 어떤 경우에는 구루가 헛된 약속을 했을 수도 있습니다. 그러나 다른 경우에 이것은 그저 학생들의 에고가 그 가르침을 헛된 약속으로 재해석하도록 유도했을 뿐, 헛되지 않을 수도 있습니다. 에고는 항상 자동적인 구원이라는 보장되고 쉬운 길을 찾고 있으므로, 이것은 단순히 왜곡된 해석일 뿐입니다.

이러한 학생에게 어떤 일이 일어날까요? 깊은 내면, 즉 마음의 의식적인 수준 너머에서는 그들도 그 가르침에서 벗어나 나아가야 한다는 사실을 압니다. 그들의 외면의 마음이 가르침이나 가르침이 하는 약속에 여전히 집착한다면, 많은 경우 그 집착에서 자유로워지는 유일한 방법은 그 가르침이 궁극적이라는 자신들의 지각을 불현듯 떨쳐버리는 것입니다. 그들은 이것이 거짓임을 깨닫고, 이제 화를 내며 거짓 약속을 한 구루나 가르침을 비난합니다.

이러한 반응의 문제점은 학생들을 의식 수준의 계단에서 내려가게 만드는 것입니다. 가르침을 발견한 많은 학생이 있으며 그들은 스스로 몇 단계를 올라갔지만, 분노함으로써 몇 단계를 도로 내려가는, 때로는 그 가르침으로 올라온 것보다 훨씬 더 많이 내려가는 결과를 초래합니다. 많은 사람이 스스로를 막다른 골목에 봉착하게 했습니다. 많은 사람이 불가지론자가 되어, 실제로 효과 있는 가르침은 없으며 진정한 구루도 없다고 생각합니다. 여러분이 내가 여기서 말하는 것을 이해할 수 있고, 의식하는 마음으로 이 가르침에 정박할 수 있다면, 한 가르침은 단지 여러분을 일정한 수준으로만 끌어올리도록 의도되었음을 깨달을 수 있습니다.

가르침이 주어지는 바로 그때가 그 가르침에 조율할 시간입니다. 사실, 이 가르침에 조율하는 일은 여러분의 책임이며, 여러분 스스로 자발적으로 다음 단계로 나아가겠다고 결정해야 합니다. 학생이 준비되면 스승이 나타납니다. 기존의 가르침을 버리고, 자신의 그리스도 자아와 상승 마스터들의 내적인 지시에 기꺼이 마음을 연다면, 그것을 받게 됩니다. 그러나 자신의 외면의 마음에 조율하고 있을 때는 여러분이 받았다는 것 또한, 외면의 마음으로 알게 됩니다. 여러분은 진공상태에 있는 것처럼 느끼거나 부정적인 반응으로 빠지지 않고도 나아갈 수 있습니다. 여러분이 그 지점에 이르기 위해서는 반드시 놓아버려야 합니다.

여러분 의식의 갈고리를 보기

우리는 학생들에게 그들의 에너지장에 대한 사진을 화면으로 보여줄 수 있습니다. 그들을 스캐너 앞에 둔 다음, 그들이 지구상의 특정한 가르침에 자신들을 묶어 두는 의식 안의 어떤 갈고리를 가지고 있음을 화면에 보여줍니다. 이 갈고리들은 의식 안에서 분열을 일으킵니다. 그것은 그들을 양방향에서 잡아당기거나, 하향 계단으로 다시 내려가게 합니다. 학생들은 아직 버리지 못한 무언가가 있고, 그래서 생명의 강과 함께 나아갈 수 없습니다, 왜냐하면, 그들의 배가 물 속에 정박하도록 닻을 내리고 있거나, 잘못된 방향으로 계속 움직이기 때문입니다. 또한, 끊임없이 흐르는 현재의 강물 흐름을 거슬러서 잘못된 방향을 고집하므로 혼란과 소란이 발생하기 때문입니다. 이것을 간파하고 학생들이 그 연결을 끊을 때, 그들은 자신들이 얼마나 자유로워지는지를 알 수 있습니다. 요점은, 여러분이 의식하는 마음으로 그것을 알아차리고, 그래서 그 연결을 끊겠다는 의식적인 결정을 하기 전에는 여러분이 진정으로 자유롭지 못하다는 것입니다. 로열 티톤 은거처에서 우리가 할 수 있는 일은 여러분이 가진 그런 연결을 보고 정체성체와 멘탈체 그리고 감정체 수준에서 그것을 끊도록 도와주는 일입니다. 그러나 은거처에서는, 여러분이 의식하는 마음의 수준에서 그것을 자르도록 도와줄 수 없습니다. 이것은 여러분이 정상적이고 깨어 있는 의식 상태에서 매우 의식적으로 해야 하는 일입니다. 이것은 물론 세 상위체 수준에서 접근할 때 훨씬 더 쉬워지지만, 여전히 여러분의 의식적인 자각과 노력과 결정이 요구됩니다.

여러분이 의식적으로 이러한 연결을 잘라 버릴 때, 여러분은 새로운 감각의 자유와 낡은 상처와 갈등이 치유되는 것을 느낍니다. 에고와 거짓 교사는 여러분이 이러한 연결을 끊어내기를 바라지 않습니다. 그래서 그들은, 여러분이 마음의 높은 수준에서 이미 얻은 통찰에는 여러분의 의식하는 마음을 닫아야 하며, 지금 수준에 충실하게 남아 있어야 한다고 느끼게 합니다. 그들은 필사적으로 여러분이 나아가지 않고, 가지고 있는 것에 집착하게 합니다.

그러나 여러분이 전진할 때까지는 실제로 치유될 수가 없습니다. 여러분의 마음이 서로 반대 방향으로 끌어당겨지는 분열에서 치유되지 않는다면, 어떻게 여러분이 다섯 번째 광선의 특징인 상위 비전을 성취할 수 있겠습니까? 또한, 여러분이 이 비전을 성취하지 않는다면, 어떻게 온전함을 느낄 수 있겠습니까? 여러분이 온전함을 느끼지 않는다면, 어떻게 다른 이들을 치유하는 열린 문이 될 수 있겠습니까? "의사여, 너 자신을 치유하라"라는 옛말이 있습니다. 우리는 자신의 상처를 치유하기 위해 자신을 설득하는 지혜를 어떻게 사용하는지, 그리고 타인들을 치유하기 위해 타인들을 설득하는 지혜를 어떻게 사용하는지 보여줄 수 있습니다.

의식적으로 성장하기 위해 구술을 이용하기

나와 다른 초한들로부터 주어지는 구술의 목적은 무엇일까요? 그것은 여러분에게 의식하는 마음의 수준에서 여러분 스스로를 설득하기 위한 도구를 주는 것입니다. 여러분이 구술을 공부하면 두 가지 일이 일어납니다. 여러분은 영적인 빛을 받게 되고, 그 빛은 여러분의 에너지장에 변화를 일으키기 시작합니다.

여러분은 또한, 말의 형태로 외적인 지식을 얻게 됩니다. 여러분이 그 말로 무엇을 하느냐가 문제입니다. 어떤 학생은 단지 읽고 이렇게 말합니다, "오 이거야! 정말 흥미로운데." 또 다른 이들은 더 열심히 그것을 공부하고, 심지어 그 가르침을 외운다면 틀림없이 교훈을 얻을 것이라고 생각합니다. 여러분이 이 두 가지 중 효과가 있는 어떤 말들을 만날 때까지, 한 구술문을 읽기를 바랍니다. 구술문은 여러분 안의 무엇인가를 휘저어 더 높은 실재의 가장자리라도 접촉하게 하거나, 그 가르침에 저항을 느끼는 여러분의 반응을 휘저어 놓습니다. 여러분은 저항을 느낄 때 자신을 살펴볼 수 있으며, 이것은 가르침을 적용할 기회입니다. 여러분은 의식하는 마음으로 이 저항이 무엇인지 탐색할 수 있습니다.

물론 여러분은 이런 책을 보편적인 문장으로 만들어야 한다고 이해할 것입니다. 그러나 나는 미래에 이 책을 읽을 모든 학생에게 개인적으로 직접 말을 걸 수는 없습니다. 이 책을 읽고 이 지혜를 각자 개인적인 상황에 적용하는 일은 언제나 여러분의 몫입니다. 이 책에 제시된 가르침과 관련하여 해결되지 않은 의문이나 저항이 느껴질 때, 그 저항이 무엇을 뜻하는지 탐색하는 일은 여러분의 책임입니다. 여러분은 스스로에게 질문해야 합니다. 여러분은 조율하려고 시도해야 합니다. 여러분은 이렇게 자문할 수 있습니다, "만약 이 구술이 사실이라면 어쩌지? 이 구술의 진정한 의미는 무엇일까? 이것이 내가 자유로워지도록 어떻게 도와줄 수 있을까? 이 구술에 대해서 내가 느끼는 두려움은 무엇일까? 이 의심은 무엇일까? 내 마음속에 떠오르는 이 의문은 무엇일까?"

그런 다음, 여러분은 그것을 더 탐색하고 더 살펴보려 노력하며, 더욱더 깊이 들어가고자 노력합니다. 여러분은 자신의 어떤 측면과 어떤 영체가 이 구술에 저항하는지 명확히 알기 위해 스스로 추론합니다. 이렇게 함으로써, 여러분은 그 영체를 드러낼 수 있으며 또한, 그 영체를 창조한 이원성 환영과 믿음을 드러낼 수 있습니다. 우리가 말했듯이, 이런 과정을 통해 여러분은 그 환영을 경험하고 대면하는 지점에 도달할 수 있습니다. 이때 여러분은 자발적으로 즉각 그것을 편안하게 놓아줄 수 있습니다.

이것은 상승 마스터 학생으로서 여러분의 책임입니다. 책을 읽는 것만으로 충분하지 않습니다. 심지어 기원문을 하는 것만으로도 충분하지 않습니다. 분명히 그것은 효과가 있지만, 그 무엇도 여러분의 자유의지에 반해서 작동될 수는 없습니다. 여러분은 자신의 눈에서 영체와 들보를 의식적이고 의도적으로 바라보는 지점에 반드시 도달해야 합니다. 여러분은 그 환영을 바라봅니다. 그 환영 뒤에 있는 핵심적인 믿음을 볼 때까지, 여러 각도에서 그것을 살펴보고, 계속 탐구해야 합니다. 여러분이 그리스도 진리의 빛 안에서 그것을 보면, 그것은 비실재이고 환영임을 알 수 있습니다. 그 순간, 여러분이 그것을 내려놓는데 아무런 문제도 없어집니다.

온전하지 못하다는 환영을 포기함으로써 치유되기

이것은 또한, 다섯 번째 광선의 치유 요소이기도 합니다. 여러분이 치유되려면 무엇이 필요할까요? 여러분은 치유되지 않은 상태를 놓아버려야 합니다. 여러분이 치유되지 않은 감각을 놓아버리지 않으면, 자신이 치유되었고 온전하다는 마음 상태로 들어갈 수 없습니다. 여러분이 그것을 비실재로 보기 전까지는 질병이나 환영을 놓아버릴 수 없습니다. 여러분이 그리스도의 마음을 통하지 않고는 이것을 볼 수 없습니다, 하지만, 여러분이 자동으로 그리스도의 비전을 얻을 수는 없습니다. 자신이 과거에 개인적으로 받아들였지만, 이제는 자신의 배가 생명의 강과 함께 흐르지 못하게 방해하는 닻(anchor)인 그 믿음을 찾을 때까지 체계적으로, 의식적으로 그 환영에 도전하며 더 깊은 수준으로 나아갈 때 비로소 그 비전을 얻을 수 있습니다.

이것이 불교에서 '반야의 배,' '지혜의 배' 라고 부르는 것이며, 그 배를 타고 피안(彼岸)에 도착할 때까지 윤회의 바다를 항해할 수 있습니다. 피안은 불교에서 종종 궁극적인 상태인 열반으로 여겨집니다. 하지만, 여러분의 특정한 의식 수준에서 '피안'은 여러분을 다음 단계로 데리고 갈 입문을 통과했을 때입니다. 하나 이상의 '피안'이 있는 것입니다. 피안은 바로 다음 단계이며, 여러분은 144단계에 도달해서 상승 상태로 가는 양자 도약을 할 때까지 계속해서 다음 단계를 향해 나아가야 합니다.

온전하지 않다는 감각을 내려놓음으로써 온전함이 오며, 이를 향한 큰 발걸음은 궁극적인 진리와 공식을 찾거나 궁극적인 능력을 얻으려는 꿈을 포기하는 것입니다. 물질세계에는 궁극적인 것이 아무것도 없습니다. 유한한 것은 아무것도 없습니다. 끝이 있는 것은 아무것도 없습니다. 모든 것이 끊임없이 흐르는 생명의 강입니다.

진정으로 여러분이 이 진리를 통합할 수 있다면, 일곱 광선 아래에서 입문의 여정을 걷기가 훨씬 더 쉬워질 것입니다. 궁극적인 상태에 도달하지 못했다고 끊임없이 자책하는 대신, 매번 입문을 통과할 때마다 한 승리에서 다른 승리로 가고 있음을 느낄 수 있습니다.

상승 마스터들은 여러분을 판단하지 않습니다

우리는 30~40년 또는 그 이상 상승 마스터 가르침을 공부한 상승 마스터 학생들을 보았습니다. 그들은 그 가르침을 공부하는데 열심이었습니다. 보라색 불꽃을 요청하거나 다른 광선을 위한 디크리를 열심히 했습니다. 그들은 외적인 감각에서 할 수 있는 올바른 모든 것을 다했으나, 여전히 자신들의 전체 여정에서는 분투하고 있습니다. 그들은 입문의 여정에 대한 가르침을 듣고 받아들였지만, 여전히 '상승' 또는 어떤 '최종 목표'에 그들의 마음을 집중했습니다. 최종 목표를 달성하는데 너무나 집중하여, 목표를 달성할 때까지는 자신들이 부적절하고 탐탁치 않기 때문에 상승 마스터들에게 받아들여지지 않을 것이라고 느낍니다.

우리는 여러분이 자신을 판단하는 방식으로 여러분을 판단하지 않습니다. 나는 란토이며, 두 번째 광선의 초한입니다. 여러분을 궁극적인 입문의 수준으로 데려가는 것은 내 역할이 아닙니다. 내 역할은 일곱 단계를 거치는 두 번째 광선의 입문을 통해 여러분을 다음 단계로 한 단계 높이는 것입니다, 여러분을 세 번째 광선의 입문으로 데리고 갈, 나의 사랑하는 형제인 베네치아의 폴에게 인도하는 것입니다.

여러분은 나 란토가 진정으로 여러분을 불충분한 학생으로 본다고 생각합니까? 나의 은거처에서 입문을 통과하는 동안, 나는 언제나 여러분을 긍정적으로 바라봅니다. 나는 여러분을 첫 번째 광선인 마스터 모어 하에서 입문을 통과하여 승리한 학생으로 봅니다. 나는 여러분이 내 은거처에 들어오기 전에 이미 중요한 승리를 거둔 것을 봅니다, 이렇듯 여러분은 입문의 매 단계를 통과하면서 중요한 승리를 거두고 계속해서 그렇게 전진합니다. 내 은거처의 마지막 입문에 이르렀을 때, 여러분은 내 입문의 가장 높은 수준을 성취하게 됩니다, 그리고 나는 여러분을 다음 단계로 보낼 수 있음을 기쁘게 생각합니다.

패배가 어디에 있습니까? 불충분함은 어디에 있습니까? 여러분은 완벽하거나 최고의 의식 수준을 성취한 것은 아니지만, 내 은거처에 도착하기 전에 이미 첫 번째 광선의 입문을 통과한 완벽한 학생들입니다. 그것이 어찌 승리가 아니겠습니까? 여러분은 첫 번째 광선 아래에서 엄격하고 어려운 입문을 거쳐왔는데, 왜 스스로 불충분하다고 느낍니까? 마스터 모어께서는 여러분이 입문을 통과할 때까지 나에게 보내지 않겠다고 장담하셨는데 그것이 바로 승리입니다. 나는 두 번째 광선의 입문을 통과할 때까지 여러분을 베네치아의 폴에게 보내지 않을 텐데, 그것이 또 하나의 승리이기 때문입니다.

무지개 너머의 황금 항아리를 쫓는 일을 그만 두세요, 마이트레야께서 그의 책에서 말씀하셨듯이, 무지개 끝에는 황금 항아리도 무지개도 없습니다. 속담에 나오는 당나귀 코앞에 매달린 당근처럼, 무지개는 여러분 앞에 서서 계속 움직입니다. 여러분은 결코 잡을 수 없습니다. 사랑하는 이들이여, 여러분은 절대로 무지개를 잡을 수 없습니다, 왜냐하면, 무지개는 오로지 특정한 관점의 시야에만 존재하기 때문입니다. 이것은 고정되어 있지도 않으며, 객관적으로 존재하지도 않습니다. 그것은 여러분의 관점과 관련되어 있으며, 여러분은 언제나 멀리서만 무지개를 봅니다. 가까이 가면 더 이상 볼 수 없는데, 끝이 어딘지 어떻게 알 수 있나요?

궁극의 진리를 찾으려는 탐색을 이제 그만두세요. 언어로 된 가르침으로는 여러분을 더 높이 데려가지 못합니다, 여러분은 다음 가르침, 다음 문장, 다음 실마리, 다음 경험을 받기 위해 스스로 자신을 열어야 합니다. 진리의 표현인 외적인 가르침을 넘어 진리의 영을 직접 경험하세요. 이것은 신속한 진전을 이루게 할 것입니다, 이것은 두 번째 광선에서 입문의 다섯 번째 단계를 통과한 학생들의 특징입니다.

나는 두 번째 광선의 초한입니다. 여러분이 입문을 통과하도록 내가 도울 수 있는 모든 일을 하겠지만, 의식하는 마음의 결정이 반드시 요구되기 때문에 여러분을 그냥 통과시킬 수는 없습니다. 여러분은 스스로 자발적인 결정을 하기 전에, 충분히 스스로를 탐색하고 설득해야 하며, 여러분의 에고가 왜 궁극적인 진리를 추구하려 하는지 그 이유를 조사해야 합니다. 궁극적인 진리나 능력을 얻는 어떠한 방법이 반드시 있을 것이라고 생각하면서, 여러분이 개인적으로 받아들인, 이 불가능한 탐구에 취약하도록 만들었던 특정한 믿음은 무엇일까요? 사랑하는 이들이여, 그것을 놓아버리세요, 그러면 여러분은 두 번째 광선의 입문에서 여섯 번째 단계로 나아갈 수 있습니다. 나는 준비가 되어 있으며, 여섯 번째 입문 단계에서 여러분을 기꺼이 환영합니다. 나는 란토입니다.

13
지속적인 승리의 태도를 기원합니다

I AM THAT I AM, 예수 그리스도의 이름으로 나의 아이앰 현존이, 무한히 초월해 가는 내 미래의 현존을 통해 흐르며, 완전한 권능으로 이 기원을 해주시기를 요청합니다. 사랑하는 엘로힘 아폴로와 루미나, 엘로힘 사이클로피아와 버지니아, 대천사 조피엘과 크리스틴, 대천사 라파엘과 성모 마리아, 마스터 란토와 마스터 힐라리온께 요청합니다, 내가 여정에서 부적절한 감각을 극복하고 다음 단계의 승리로 나아가는 선택을 할 수 있게 해주세요. 내가 마스터 란토와 하나되고 아이앰 현존과 하나되는 것을 막는 모든 패턴을 인식하고 내려놓도록 도와주세요...
(여기에 개인적인 요청을 추가하세요)

1. 나는 성실하게 내면의 여정을 갑니다

1. 마스터 란토여, 에고에 기반해서 초인적인 능력을 추구하는 일을 놓아버리는 지혜를 가지게 해주세요. 나는 제3의 눈을 열거나 치유 능력을 얻으려는 욕망을 버립니다

사랑하는 아폴로여, 당신의 지혜 광선으로,
내 눈을 열어주시어 새날을 보게 하소서,
나는 이원성의 거짓말과 기만을 꿰뚫어 보며,

패배를 가져오는 마음의 틀을 초월합니다.

**사랑하는 아폴로, 황금빛 엘로힘이시여,
우리는 이제 당신의 찬란한 빛을 봅니다,
당신이 고요히 지혜의 페이지를 펼치면,
나는 모든 낡은 것에서 자유로워집니다.**

2. 마스터 란토여, 물리적인 현상 이면에 흐르고 있는 에너지가 상향인지 하향인지, 또는 어느 한 곳에 정체되어 있는지 식별할 수 있는 가슴의 능력을 개발하도록 도와주세요.

사랑하는 아폴로여, 당신의 화염 안에는,
언제나 생생한 지혜가 흐르고 있습니다,
당신의 빛 안에서 내 최상의 의지를 깨달으며,
나는 그 영원한 흐름에 합류합니다.

**사랑하는 아폴로여, 당신의 빛은,
우리가 지상에 육화한 이유를 밝혀 줍니다,
우리는 선두에서 함께 일하며,
우리의 우주 구체를 더 높이 들어올립니다.**

3. 마스터 란토여, 영적, 정치적, 과학적, 종교적 가르침들, 그리고 음악과 뉴스 방송들 이면에 흐르는 에너지를 평가할 수 있는 식별력을 기르게 해주세요. 에너지 파동이 올라가는지 내려가는지, 혹은 정해진 방향 없이 위아래로 흐르는지, 인식할 수 있도록 도와주세요.

사랑하는 아폴로여, 모든 거짓말을 드러내주시니,
나는 에고의 모든 결박을 끊어버립니다,

뱀의 이원성을 초월하는 진정한 열쇠는,
내 인식임을 깨닫습니다.

**사랑하는 아폴로여, 이제 당신의 부름을 들으며,
우리는 위대한 지혜의 전당으로 인도됩니다,
추락으로 이끄는 모든 거짓말이 드러나니,
우리는 만물의 하나됨을 되찾습니다.**

4. 마스터 란토여, 언어로 표현된 가르침들이 에너지의 상향 흐름을 만드는지 식별할 수 있도록 도와주세요. 물질 우주 안에서 언어로 표현된 가르침이 생성할 수 있는 에너지 자극에는 한계가 있습니다.

사랑하는 아폴로여, 당신의 지혜는 너무나 명료해서,
당신과 하나 되면 어떤 뱀도 두렵지 않습니다,
나는 기꺼이 내 눈의 들보를 보며,
뱀이 만들어낸 이원론에서 해방됩니다.

**사랑하는 아폴로여, 나는 고양된 비전으로,
새로운 단계로 올라선 지구를 봅니다,
꿰뚫어 보는 당신의 시선은 나에게 힘을 주고,
나는 이원성의 미로를 벗어납니다.**

5. 마스터 란토여, 언어로 표현된 모든 가르침은 특정한 의식 수준을 위해 주어졌음을 알게 해주세요. 어느 가르침이든 지구에서 가능한 144 개의 의식 단계 중 하나를 위해서 주어진 것입니다. 이 세상의 어떤 가르침이든 한계가 있습니다.

사랑하는 사이클로피아여, 당신이 드러내는 진리는,

이원성의 질병을 치유하고,
당신의 에메랄드빛은 진귀한 향유처럼,
내 감정체를 완전히 고요하게 합니다.

**사랑하는 사이클로피아여, 에메랄드 구체 안에서,
나는 항상 명료한 비전을 지닙니다,
가슴 깊은 곳에서 당신의 진리에 경배하며,
나는 끊임없이 인식을 높여 갑니다.**

6. 마스터 란토여, 외적인 특정한 가르침이 나를 데려갈 수 있는 데까지 다 데려갔을 때, 알아차릴 수 있게 도와주세요. 그 가르침이 바다에서 제자리를 맴도는 물결처럼 되기 시작했을 때, 느낄 수 있게 해주세요.

사랑하는 사이클로피아여, 당신과 함께,
내 마음을 흐리는 부정적인 나선들을 풉니다,
순수의식이야말로 나의 진정한 중심핵이며,
온전히 열린 문이 되는 열쇠입니다.

**사랑하는 사이클로피아여, 내면의 눈을 정화하소서,
나는 힘을 얻어 영혼의 두려운 밤을 통과합니다,
나는 이제 이원성의 베일을 뚫고 비상하여,
당신의 투시하는 에메랄드빛 속에 잠깁니다.**

7. 마스터 란토여, 내가 이 메커니즘을 외면의 의식하는 마음으로 정말로 이해할 수 있도록 도와주세요, 그러면 어떤 외적인 가르침이나 구루나 조직에 계속 충성해야 한다고 생각하며 막다른 골목에 봉착하는 것을 피할 수 있습니다.

사랑하는 사이클로피아여, 삶이 반영하는 것은,
단지 마음이 투사하는 이미지일 뿐입니다,
치유의 열쇠는, 에고가 숨기고 있는 상들을,
마음에서 지우는 일입니다.

사랑하는 사이클로피아여, 높은 목표를 추구하며,
당신의 치유 화염에 가까이 다가갑니다,
이제 당신의 완전한 눈(single eye)을 통해 삶을 보며,
나는 모든 질병을 넘어 비상합니다.

8. 마스터 란토여, 내가 특정한 가르침이나 구루나 조직을 놓아버리도록 도와주세요. 그런 가르침은 나를 더 높이 이끌어주도록 의도된 것이 결코 아님을 알게 해주세요. 내 에고가 그 가르침을, 지키지 못할 약속을 하고 있는 것으로 해석하지는 않았는지 보게 해주세요.

사랑하는 사이클로피아여, 당신의 에메랄드 화염은,
교묘한 이원성의 파워 게임을 모두 드러냅니다,
진리가 오직 한 방식으로 정의된다고 말하는 게임도,
이러한 이원성 게임입니다.

사랑하는 사이클로피아여, 당신이 생명의 진리를 주시니,
나는 그 흐름을 느낍니다,
나는 지상의 체계를 모두 초월하는 진리를 깨닫고,
당신의 빛에 잠겨 계속 성장합니다.

9. 마스터 란토여, 하나의 가르침은 단지 나를 어느 특정한 수준으로 올려 주기 위한 것임을 깨닫게 해주세요. 가르침이 주어지는 바로 그때가 그 가르침에 조율할 시간입니다. 그것에 조율하는 것이

내 의무이며, 그런 후에는 다음 단계로 이동하겠다고 결정해야 합니다.

가속해서 나를 일깨우소서, 나는(I AM) 실재하며,
가속해서 나를 일깨우소서, 모든 생명은 치유됩니다,
가속해서 나를 일깨우소서, 나는(I AM) 무한히 초월하며,
가속해서 나를 일깨우소서, 모든 의지는 비상합니다.

가속해서 나를 일깨우소서! (3번)
사랑하는 아폴로와 루미나.
가속해서 나를 일깨우소서! (3번)
사랑하는 조피엘과 크리스틴.
가속해서 나를 일깨우소서! (3번)
사랑하는 마스터 란토.
가속해서 나를 일깨우소서! (3번)
사랑하는 I AM.

2. 나는 다섯 번째 광선의 비전을 성취합니다

1. 학생이 준비되면 스승이 나타납니다. 나는 기꺼이 기존의 가르침을 놓아버리고, 내 그리스도 자아와 상승 마스터들이 제공하는 내면의 안내에 마음을 열겠습니다. 나는 외면의 마음을 조율하고 있으며, 내가 새로운 안내를 받은 사실을 외면의 마음으로 알고 있습니다.

대천사 조피엘이여, 위대한 지혜의 빛 안에서,
모든 뱀의 거짓말이 우리 눈에 드러납니다,
마음에 숨어드는 거짓말이 아무리 교묘해도,
당신은 내가 찾은 최고의 스승입니다.

**대천사 조피엘이여, 모든 거짓말을 드러내고,
대천사 조피엘이여, 모든 결박을 잘라버리며.
대천사 조피엘이여, 하늘들을 정화하면서,
대천사 조피엘이여, 진실로 내 마음은 비상합니다.**

2. 마스터 란토여, 내 에너지장에서 어떻게 에너지가 흐르는지 알 수 있는 감각을 기르도록 도와주세요. 나를 세상의 특정한 가르침에 얽매이게 하는 갈고리들이 내 의식 안의 어디에 박혀 있는지 인식하게 해주세요.

대천사 조피엘이여, 당신의 지혜에 경배하니,
당신의 검(劍)은 이원성의 베일을 갈라 버립니다.
당신이 길을 보여줄 때 무엇이 실재인지 깨닫고,
나는 뱀의 의심에서 즉시 치유됩니다.

**대천사 조피엘이여, 모든 거짓말을 드러내고,
대천사 조피엘이여, 모든 결박을 잘라버리며.
대천사 조피엘이여, 하늘들을 정화하면서,
대천사 조피엘이여, 진실로 내 마음은 비상합니다.**

3. 마스터 란토여, 내가 왜 다른 방향으로 이끌려 갔는지 알게 해주세요. 내가 무엇을 놓지 못하고 있고 왜 생명의 강과 함께 흘러가지 못하는지 알게 해주세요.

대천사 조피엘이여, 당신의 실재는,
이원성에 대한 최고의 해독제입니다.
명료한 당신의 현존 안에서는 모든 거짓이 소멸하고,
당신이 옆에 계시니 어떤 뱀도 두렵지 않습니다.

**대천사 조피엘이여, 모든 거짓말을 드러내고,
대천사 조피엘이여, 모든 결박을 잘라버리며.
대천사 조피엘이여, 하늘들을 정화하면서,
대천사 조피엘이여, 진실로 내 마음은 비상합니다.**

4. 마스터 란토여, 나는 세상의 외적인 것이 주는 모든 속박과 과거에서 자유로워지고 싶습니다. 나는 기꺼이 의식하는 마음으로 그 속박을 보면서, 그것을 단절하겠다는 의식적인 결정을 하겠습니다.

대천사 조피엘이여, 신의 마음이 내 안에 있고,
나는 당신의 명료한 빛을 통해 그 지혜를 깨닫습니다.
내가 하나이신 존재를 볼 때 모든 분리는 사라지고,
내 마음은 완전한 전체성을 이룹니다.

**대천사 조피엘이여, 모든 거짓말을 드러내고,
대천사 조피엘이여, 모든 결박을 잘라버리며.
대천사 조피엘이여, 하늘들을 정화하면서,
대천사 조피엘이여, 진실로 내 마음은 비상합니다.**

5. 마스터 란토여, 내가 그 속박들을 보고 정체성체, 멘탈체, 감정체 수준에서 그 연결을 차단하도록 도와주세요. 의식하는 마음의 수준에서 그것을 단절하는 것이 내 책임임을 받아들입니다. 나는 기꺼이 깨어 있는 의식을 향상시키며, 의식적인 노력과 의식적인 결정을 하겠습니다.

대천사 라파엘이여, 강렬한 당신의 빛은,
모든 인간적인 가식 너머로 나를 들어올립니다.
성모 마리아와 당신의 대담한 비전은,
우리의 가장 높은 잠재력을 펼쳐서 보여줍니다.

**대천사 라파엘이여, 비전을 청하며 기도합니다,
대천사 라파엘이여, 내게 길을 보여주소서,
대천사 라파엘이여, 당신의 에메랄드 광선은,
대천사 라파엘이여, 내 삶에 새로운 날을 엽니다.**

6. 이러한 연결을 의식적으로 단절함으로써, 나는 새로운 자유를 얻고 낡은 상처와 갈등이 치유되는 느낌을 받습니다. 내 에고와 거짓 교사들은, 내가 더 높은 수준에서 얻은 통찰력을 무시하게 만들려고 애쓸 것입니다. 그러나 나는 놓아버리고, 앞으로 나아갑니다.

대천사 라파엘이여, 빛나는 에메랄드 구체 안에서,
나는 항상 무결한 비전을 유지합니다.
성모 마리아께서 신성한 가슴속에 나를 안아 주시니,
나는 어머니의 진정한 사랑을 결코 떠나지 않습니다.

**대천사 라파엘이여, 비전을 청하며 기도합니다,
대천사 라파엘이여, 내게 길을 보여주소서,
대천사 라파엘이여, 당신의 에메랄드 광선은,
대천사 라파엘이여, 내 삶에 새로운 날을 엽니다.**

7. 나는 앞으로 나아가고 있으며, 진실로 치유되었습니다. 나는 여러 방향으로 흩어지던 마음의 분열에서 치유되었습니다. 나는 다섯 번째 광선의 특징인 더 높은 비전을 성취하고 있습니다.

대천사 라파엘이여, 당신은 모든 질병을 치유하며,
내 몸의 모든 세포를 빛 속에 봉인합니다.
성모 마리아의 무결한 관념을 보며,
이제 나에게 완전한 건강이 실현됩니다.

**대천사 라파엘이여, 비전을 청하며 기도합니다,
대천사 라파엘이여, 내게 길을 보여주소서,
대천사 라파엘이여, 당신의 에메랄드 광선은,
대천사 라파엘이여, 내 삶에 새로운 날을 엽니다.**

8. 이 비전을 성취하니, 내가 완전한 전체임을 느낍니다. 내가 완전한 전체임을 느낄 때 나는 다른 사람들을 치유하기 위한 열린 문이 됩니다. 마스터 란토여, 나 자신과 다른 사람들을 치유하기 위해, 지혜를 사용해서 깨우치는 방법을 가르쳐주세요.

대천사 라파엘이여, 진실한 당신의 빛은,
내 안에 그리스도의 비전을 드러냅니다.
이제 성모 마리아께서 나의 초월을 도우시니,
나는 당신과 에메랄드빛 안에서 상승합니다.

**대천사 라파엘이여, 비전을 청하며 기도합니다,
대천사 라파엘이여, 내게 길을 보여주소서,
대천사 라파엘이여, 당신의 에메랄드 광선은,
대천사 라파엘이여, 내 삶에 새로운 날을 엽니다.**

9. 마스터 란토여, 상승 마스터들이 구술문을 주는 진정한 목적은, 의식하는 마음의 수준에서 스스로 깨우치기 위한 도구를 주는 것임을 알게 해주세요.

천사들과 함께 날아오르며,
나는 스스로를 초월합니다.
천사들은 진실로 존재하며,
그들의 사랑은 모든 것을 치유합니다.

천사들이 평화를 가져오면,
모든 갈등은 그칩니다.
빛의 천사들과 함께,
우리는 새로운 높이로 비상합니다.

천사 날개의 바스락거리는 소리,
물질조차 노래하는 기쁨이여,
모든 원자를 울리는 기쁨이여,
천사들의 날갯짓과 조화 속에서.

3. 내가 치유되었음을 받아들입니다

1. 내가 구술문을 공부할 때 나는 영적인 빛을 받으며, 그 빛은 내 에너지장을 변형시키기 시작합니다. 또한, 나는 말의 형태로 된 외적인 지식을 받습니다. 그 말은 내 안에서 무언가를 자극하거나, 그 가르침에 대한 저항을 일으킵니다.

마스터 란토여, 황금빛 지혜로,
내 안에서 에고의 거짓말을 드러내소서.
마스터 란토여, 의지를 갖추고,
나 자신의 통달을 성취하겠습니다.

오 성령이시여, 나를 통해 흐르소서,
나는 당신을 위해 열린 문입니다.
세차게 흘러오는 전능한 빛의 강이여,
초월은 나의 신성한 권리입니다.

2. 마스터 란토여, 이러한 저항을 느낄 때 나는 이것을, 스스로를 깨우치기 위해 그 가르침을 사용할 기회로 삼겠습니다. 내가 가르

침에 어떤 저항이나 풀리지 않는 의문을 느낄 때 그 저항이 무엇을 의미하는지 살펴보는 것은 내 책임입니다.

마스터 란토여, 모든 것에서 균형을 이루소서,
나는 지혜의 균형을 요청합니다.
마스터 란토여, 균형이야말로,
황금의 열쇠임을 알게 하소서.

**오 성령이시여, 나를 통해 흐르소서,
나는 당신을 위해 열린 문입니다.
세차게 흘러오는 전능한 빛의 강이여,
초월은 나의 신성한 권리입니다.**

3. 마스터 란토여, 내가 언어 이면에 있는 영에게 조율하도록 도와주세요, 그러면 더 높은 이해를 거부하게 만드는 에고의 환영과 거짓 교사들을 드러내는 참조틀로써 이를 사용할 수 있습니다.

마스터 란토여, 상위 영역에서 흘러오는,
분별력 있는 사랑을 요청합니다.
마스터 란토여, 사랑은 눈멀지 않았으며,
나는 사랑을 통해 신의 비전을 발견합니다.

**오 성령이시여, 나를 통해 흐르소서,
나는 당신을 위해 열린 문입니다.
세차게 흘러오는 전능한 빛의 강이여,
초월은 나의 신성한 권리입니다.**

4. 마스터 란토여, 내가 의문을 탐구하면서 점점 더 깊이 들어갈 수 있도록 도와주세요. 내 의식 속에서 에고의 어떤 측면이, 그리고 어

떤 영체들이 가르침에 반대하고 있는지 스스로 명료하게 파악할 수 있게 해주세요.

마스터 란토여, 나는 순수하며,
내 의도는 그리스도의 양처럼 순수합니다.
마스터 란토여, 초월하며 나아갈 때,
가속은 내 가장 진실한 친구입니다.

오 성령이시여, 나를 통해 흐르소서,
나는 당신을 위해 열린 문입니다.
세차게 흘러오는 전능한 빛의 강이여,
초월은 나의 신성한 권리입니다.

5. 마스터 란토여, 내가 그 영체를 드러내도록 도와주세요. 그 영체를 만들어낸 믿음과 이원적인 환영을 드러내도록 도와주세요. 내가 그 환영을 경험하게 해주시고, 경험하는 가운데 자연스럽게 놓아버릴 수 있게 해주세요.

마스터 란토여, 나는 완전한 전체이며,
내 영혼에는 더 이상 분리가 없습니다.
마스터 란토여, 치유의 화염이여,
당신의 신성한 이름으로 모두가 균형을 이룹니다.

오 성령이시여, 나를 통해 흐르소서,
나는 당신을 위해 열린 문입니다.
세차게 흘러오는 전능한 빛의 강이여,
초월은 나의 신성한 권리입니다.

6. 마스터 란토여, 나는 상승 마스터 학생으로서 행해야 할 책임을

받아들입니다. 내가 책을 읽고 기원문을 낭송하더라도 내 자유의지에 반하는 것이라면 작동하지 않음을 압니다. 나는 의식적으로 주의해서, 내 눈에 있는 들보를, 즉 내 안의 영체를 보겠습니다.

마스터 란토여, 모든 생명에 봉사하며,
나는 내면의 투쟁을 모두 초월합니다.
마스터 란토여, 진정한 삶을 원하는 모두에게,
당신은 평화를 부어줍니다.

**오 성령이시여, 나를 통해 흐르소서,
나는 당신을 위해 열린 문입니다.
세차게 흘러오는 전능한 빛의 강이여,
초월은 나의 신성한 권리입니다.**

7. 마스터 란토여, 환영 이면에 있는 주된 신념을 파악할 때까지, 나는 다각적으로 그 환영을 살펴보고, 다양한 질문을 던지며 계속 탐색하겠습니다. 나는 그리스도 진리의 빛 안에서 환영을 보며 그것이 비실재이자 환영임을 깨닫습니다. 바로 이 순간, 나는 아무런 어려움 없이 그것을 놓아버릴 수 있습니다.

마스터 란토여, 균형 잡힌 창조를 통해,
자유를 얻습니다.
마스터 란토여, 우리는 당신의 균형을,
기쁨의 열쇠로 사용합니다.

**오 성령이시여, 나를 통해 흐르소서,
나는 당신을 위해 열린 문입니다.
세차게 흘러오는 전능한 빛의 강이여,
초월은 나의 신성한 권리입니다.**

8. 마스터 란토여, 치유되기 위해서는, 치유되지 않은 상태를 놓아 버려야 한다는 사실을 깨닫고 받아들이도록 도와주세요. 나는 자신이 치유되지 않았다는 감각을 놓아버립니다. 나는 치유된 마음의 상태, 즉 완전한 전체성을 이룬 상태로 들어가고 있습니다.

마스터 란토여, 우리의 요청으로,
당신은 일곱 광선을 모두 균형 잡습니다.
마스터 란토여, 내가 높이 날아오르니,
나의 삼중 불꽃이 찬란하게 빛납니다.

오 성령이시여, 나를 통해 흐르소서,
나는 당신을 위해 열린 문입니다.
세차게 흘러오는 전능한 빛의 강이여,
초월은 나의 신성한 권리입니다.

9. 마스터 란토여, 내가 그리스도 마음을 통해 환영이나 질병을 보면서 그것을 놓아버리도록 도와주세요. 나는 체계적이고 의식적으로 환영에 도전함으로써 그리스도 비전을 얻습니다, 생명의 강과 함께 흐르는 것을 방해하는 신념을 찾기 위해 점점 더 깊은 단계로 들어갑니다.

사랑하는 란토여, 당신의 현존은,
나의 내면 구체를 충만하게 합니다,
삶은 이제 신성한 흐름이 되어,
나는 모두에게 신의 지혜를 부어줍니다.

오 성령이시여, 나를 통해 흐르소서,
나는 당신을 위해 열린 문입니다.
세차게 흘러오는 전능한 빛의 강이여,

초월은 나의 신성한 권리입니다.

4. 나는 계속적인 승리를 위한 마음자세를 지닙니다

1. 완전한 전체성은, 불완전하다는 감각을 버림으로써 오게 됩니다. 나는 어떤 궁극적인 진리나 공식을 찾거나, 궁극적인 능력을 얻으려는 꿈을 버립니다. 물질세계에는 궁극적인 것이 아무것도 없습니다. 유한한 것은 아무것도 없습니다. 끝이 있는 것은 아무것도 없습니다. 모든 것이 끊임없이 흐르는 생명의 강입니다.

힐라리온이여, 에메랄드 바닷가에서,
나는 지난날의 모든 것에서 해방됩니다.
힐라리온이여, 신성한 흐름과 하나됨을 막는,
모든 것을 나는 놓아버립니다.

오 성령이시여, 나를 통해 흐르소서,
나는 당신을 위해 열린 문입니다.
세차게 흘러오는 전능한 빛의 강이여,
초월은 나의 신성한 권리입니다.

2. 마스터 란토여, 내가 진실로 이 진리를 통합해서, 일곱 광선의 입문 여정을 더 쉽게 걸을 수 있도록 도와주세요. 내가 입문을 통과할 때마다 하나의 승리에서 또 다른 승리로 나아가고 있음을 느끼게 해주세요.

힐라리온이여, 비밀의 열쇠는,
실재하는 지혜 그 자체입니다.
힐라리온이여, 모든 생명은 치유되고,
에고의 얼굴은 더 이상 감출 수 없습니다.

오 성령이시여, 나를 통해 흐르소서,
나는 당신을 위해 열린 문입니다.
세차게 흘러오는 전능한 빛의 강이여,
초월은 나의 신성한 권리입니다.

3. 마스터 란토여, 내가 나 자신을 판단하는 방식으로 당신이 나를 판단하지 않는다는 사실을 받아들이게 해주세요. 나를 궁극적인 단계의 입문으로 데려가는 것이 당신의 역할이 아님을 압니다. 당신의 역할은 두 번째 광선의 입문이 제시하는 일곱 단계로 나를 데려가고, 그런 다음 세 번째 광선으로 이동하도록 돕는 일입니다.

힐라리온이여, 생명을 향한 당신의 사랑은,
내면의 투쟁을 놓아버리게 합니다.
힐라리온이여, 당신의 사랑 어린 말은,
새들의 노래처럼 내 가슴을 뛰게 합니다.

오 성령이시여, 나를 통해 흐르소서,
나는 당신을 위해 열린 문입니다.
세차게 흘러오는 전능한 빛의 강이여,
초월은 나의 신성한 권리입니다.

4. 마스터 란토여, 당신이 나를 부족한 학생으로 보지 않음을 받아들입니다. 당신은 나를 긍정적인 조망으로 봅니다. 당신은 나를 마스터 모어와 첫 번째 광선의 일곱 입문을 통과한, 승리한 학생으로 봅니다.

힐라리온이여, 빛을 불러일으키는,
당신의 신성한 공식을 낭송하소서.
힐라리온이여, 당신의 비밀스러운 음조는,

철학자의 신성한 돌입니다.

**오 성령이시여, 나를 통해 흐르소서,
나는 당신을 위해 열린 문입니다.
세차게 흘러오는 전능한 빛의 강이여,
초월은 나의 신성한 권리입니다.**

5. 마스터 란토여, 당신은 나를 당신의 은거처로 오기 전에 중요한 승리를 얻은 학생으로 봅니다. 이곳에서 첫 번째 수준의 입문을 통과하면 나는 또 하나의 중요한 승리를 얻게 되며, 다음 단계로 계속 나아갑니다. 이 은거처에서 마지막 단계의 입문에 도달할 때, 나는 당신이 베푸는 입문에서 최고의 승리를 얻게 되며, 당신도 나를 다음 단계로 보내며 만족감을 느낍니다.

힐라리온이여, 당신은 크레타의 사원에서,
사랑으로 나에게 인사합니다.
힐라리온이여, 제3의 눈은 그리스도의 투시안으로,
당신의 에메랄드빛을 바라봅니다.

**오 성령이시여, 나를 통해 흐르소서,
나는 당신을 위해 열린 문입니다.
세차게 흘러오는 전능한 빛의 강이여,
초월은 나의 신성한 권리입니다.**

6. 마스터 란토여, (입문의 여정에) 패배나 불충분함이란 없음을 압니다. 당신의 은거처에 도달했을 때 나는 첫 번째 광선의 입문을 통과한 상태이며, 진실로 그것은 하나의 승리입니다.

힐라리온이여, 당신은 나에게,

절대 진리의 과일을 줍니다.
힐라리온이여, 야심을 내려놓으면,
모든 스트레스는 사라집니다.

**오 성령이시여, 나를 통해 흐르소서,
나는 당신을 위해 열린 문입니다.
세차게 흘러오는 전능한 빛의 강이여,
초월은 나의 신성한 권리입니다.**

7. 마스터 란토여, 내가 불충분하다는 느낌을 초월하도록 도와주세요. 첫 번째 광선의 어렵고 엄격한 입문을 통과한 것은 승리입니다. 두 번째 광선의 입문들을 거치고 있는 것도 승리입니다.

힐라리온이여, 가장 미묘한 두려움을,
놓아버릴 때 내 차크라는 맑아집니다.
힐라리온이여, 나는 진실하게,
자유의 진리에 경배합니다.

**오 성령이시여, 나를 통해 흐르소서,
나는 당신을 위해 열린 문입니다.
세차게 흘러오는 전능한 빛의 강이여,
초월은 나의 신성한 권리입니다.**

8. 나는 외적인 진리의 구슬을 넘어서 진리의 영을 체험하고자 합니다. 나는 빠르게 진전하고 있으며, 두 번째 광선의 다섯 번째 입문을 통과하고 있습니다.

힐라리온이여, 우리의 요청으로,
당신은 일곱 광선을 모두 균형 잡습니다.

힐라리온이여, 당신이 나를 진실 되게 하시니,
나는 당신과 완전한 하나됨을 이룹니다.

**오 성령이시여, 나를 통해 흐르소서,
나는 당신을 위해 열린 문입니다.
세차게 흘러오는 전능한 빛의 강이여,
초월은 나의 신성한 권리입니다.**

9. 나는 왜 내 에고가 궁극적인 진리를 추구하는지, 기꺼이 추론하고 탐구하겠습니다. 마스터 란토여, 이 불가능한 추구로 나를 취약하게 만드는 특정한 믿음을 인식하도록 도와주세요. 내가 이것을 놓아버리겠다고 자발적으로 결정하는 명료함에 이르게 해주세요.

힐라리온이여, 당신의 현존은,
나의 내면 구체를 충만하게 합니다,
삶은 이제 신성한 흐름이 되어,
모두에게 신의 비전을 부여합니다.

**오 성령이시여, 나를 통해 흐르소서,
나는 당신을 위해 열린 문입니다.
세차게 흘러오는 전능한 빛의 강이여,
초월은 나의 신성한 권리입니다.**

봉인하기
신성한 어머니의 이름으로, 나는 이 요청의 힘이 마터 빛을 자유롭게 함으로써, 나 자신의 삶과 모든 사람과 행성을 위한 그리스도의 완전한 비전을 구현할 수 있음을 전적으로 받아들입니다. I AM THAT I AM의 이름으로, 이것이 이루어졌습니다! 아멘.

14
지혜와 평화

 나는 상승 마스터 란토입니다. 나는 신의 지혜인 두 번째 광선의 여섯 번째 수준에서 직면하는 입문에 대해 담화를 하려고 합니다. 여섯 번째 수준은 종종 평화와 봉사의 광선으로 불리는 여섯 번째 광선에 상응합니다. 여러분이 평화로운 마음 상태가 아니라면 어떻게 진정한 봉사를 할 수 있겠습니까? 여러분이 무엇이 실재이며 실재가 아닌지, 무엇이 중요하고 중요하지 않은지를 알 수 있는 지혜를 성취하지 못한다면 어떻게 평화로워질 수 있을까요?

 나는 지난 담화에서 절대적으로 우월하고 궁극적인 어떤 진리가 있어야 한다는, 지구상에서 흔히 볼 수 있는 믿음에 대해 말했습니다. 여러분이 하나됨에서 분리된 이원성 마음으로 지혜의 개념을 살펴보고자 한다면, 오직 한 가지 방식으로만 지혜를 볼 수 있습니다. 여러분은 지혜를 구분하는 것으로 봅니다, 왜냐하면, 진정한 지혜는 거짓 지혜와 구별되고, 우월한 지혜는 열등한 지혜와 구별되며, 절대적인 지혜는 상대적인 지혜와 구별된다고 생각하기 때문입니다. 그러나 실제로는 말로 표현되는 모든 것은 상대적인 지혜입니다. 이것이 무엇을 의미할까요?

두 번째 광선의 여섯 번째 입문

내 은거처의 여섯 번째 수준에서는, 학생들에게 상승의 상태로 이끄는 것은 말로 표현되는 지혜가 아니라고 가르칩니다. 앞서 에너지 수준에서 일어나는 일을 우리가 어떻게 화면으로 나타낼 수 있는지에 대해 말했습니다. 여섯 번째 수준의 입문에서 우리는, 학생들에게 도서관에 가서 최고의 지혜나 적어도 참되고 유효한 형태의 지혜로 생각되는 책을 고르라고 요청합니다. 그들이 책이나 경전을 가지고 돌아오면, 언어로 표현되는 지혜를 사용할 때 에너지 수준에서 어떤 일이 일어나는지 그들에게 보여줍니다.

우리는 그들의 여정이 나선형 계단과 같다는 것을 보여줄 수 있습니다. 그들이 지금 현재 어느 단계에 있는지 보여줄 수 있습니다. 그 다음에 우리는 144번째 단계를 향해 그들을 더 높이 이끄는 빛의 여정을 보여줄 수 있습니다. 그들이 선택한 지혜의 표현이 계단을 오르게 할 수 있지만, 단지 특정한 수준까지 끌어올릴 수 있다는 점도 보여줄 수 있습니다. 그들이 그 특정한 수준에 도달할 때, 어떻게 그들의 진보가 멈추게 되는지도 보여줄 수 있습니다. 그리고 진보가 멈추는 그 지점에서 자신의 존재를 통해 흐르는 에너지가 그들이 앞으로 더 나아갈 수 있도록 변환되지 못한다는 것도 보여줄 수 있습니다.

그 이유는 단순한데, 지금 그들은 그 특정한 가르침의 가장 높은 수준에 도달했기 때문입니다. 여러분이 외적인 가르침에 매달리면서, 자신의 아이앰 현존이 외적인 가르침에 순응하고 그것이 타당함을 입증해야 한다는 태도를 고수해서는 더 높이 나아갈 수 없습니다. 여러분의 아이앰 현존은 여러분의 상승과 상향의 여정 동안 여러분을 인도하며 영원히 여러분의 성장에 전념합니다. 여러분이 특정한 가르침에 의해 다다를 수 있는 최고치에 도달했을 때, 여러분의 아이앰 현존은 그 특정한 가르침을 넘어서는 개념과 빛을 여러분에게 줍니다.

이것은 그 가르침을 내팽개치라는 뜻이 아니라, 여러분이 그 이상으로 인도하려는 여러분의 아이앰 현존의 가르침을 기꺼이 허용해야 한다는 의미입니다. 이것은 의식의 더 높은 수준을 위해 주어진 가르침을 찾도록 요구할 수도 있습니다. 아이앰 현존은 어쩌면 한동안 가르침이 없는 상태를 요구할 수도 있습니다. 여러분이 어떤 가르침을 유지하면서 그것에 기반을 두고 계속 사용할 수는 있겠지만, 아이앰 현존은 여러분을 그 너머로 데려가며, 이로써 여러분은 언어로 표현되는 가르침을 넘어선 더 깊은 이해를 개발하게 됩니다.

여러분이 그 가르침에 대하여 기꺼이 의문을 던질 때, 여러분의 아이앰 현존은 여러분을 더 높은 수준으로 이끌어줄 수 있습니다. 여러분의 아이앰 현존은 계속해서 빛을 보내고 있지만, 여러분이 기꺼이 의문을 가지지 않거나 넘어서려는 의지가 없다면, 이제 그 빛은 여러분 내면의 평화와 균형을 방해하는 요소가 됩니다. 이것은 여러분이 발전시켜온 느낌, 즉 여러분이 가장 높은 가르침을 따르기 때문에 구원받았다는 느낌을 방해합니다. 이는 계속해서 내면의 압박을 만듭니다, 그러므로 여러분은 외적인 가르침이나 적어도 그러한 접근 방식을 초월해야만 합니다, 그렇게 하지 않으면 지금까지 보아온 지구상의 수많은 종교인이 하고 있는 일을 동일하게 행하는 것입니다. 즉 여러분은 그 외적인 가르침을 무기로 삼아, 다른 사람들을 깎아내리고 스스로를 높이는 데 이용할 수도 있습니

지혜와 평화 211

다.

말에 집착하지 말고, 초월하세요

여러분은 자신들의 가르침이나 종교, 정치 철학 또는 자신들의 과학 철학을 우월한 것으로 확립하려는 이원성 게임에 들어간 많은 사람을 볼 수 있습니다. 그들은 다른 이들과 다투는 상태로 들어갔습니다. 그들은 자신만이 우월한 진리를 가지고 있으므로 거짓 진리는 파괴되어야 하고 다른 사람들이 자신을 따라야 한다고 확신합니다. 그러나 자신의 외부에 있는 무언가를 바꾸어야 한다는 이러한 목표는 단지 허깨비 같은 것입니다. 설령 지구의 모든 사람을 특정한 믿음 체계에 따르게 한다 하여도, 여러분은 상승을 이루지 못합니다.

그 이유는 간단합니다. 오직 지상의 언어로 된 모든 표현 너머로 가야만, 여러분은 상승한 상태에 이르기 때문입니다. 신의 말씀인 가르침, 또는 후원하는 메신저를 통해서 전해진 상승 마스터 가르침을 여러분이 가지고 있다 하여도 그것은 중요하지 않습니다. 이전에도 말했듯이, 가르침이 말로 표현되면, 그것은 더 이상 영의 살아 있는 지혜가 아닙니다. 여러분은 언어로 된 표현에 집착해서는 상승하지 못합니다. 여러분은 언어를 초월하고 영과 하나가 됨으로써 상승하게 됩니다. 먼저, 여러분은 각각의 일곱 광선 뒤에 있는 영과 하나가 됩니다. 그 다음에 자신의 개인적인 영, 즉 '아이앰 현존'과 하나가 됩니다.

학생들이 외적인 가르침에 집착하게 되면 그들의 에너지에 어떤 일이 일어나는지 우리는 그것을 화면으로 보여줄 수 있습니다. 미묘한 차이에 주목하세요. 외적인 가르침을 따르는 방식이 여러분의 성장을 돕는 단계가 있습니다. 이것은 여러분이 나선 계단을 오르도록 도와줍니다. 그러나 외적인 가르침이 여러분을 더 이상 위로 데려갈 수 없는 지점, 또한, 존재하며 그것은 어떤 외적인 가르침도 예외가 없습니다. 지금 내가 하는 말을 이해하겠습니까? 여러분의 의식하는 마음과 외적인 인식으로 완전히 이해가 됩니까? 나는 우리 은거처에 오는 많은 학생이 외면의 마음에 영향을 거의 받지 않을 때조차, 이것을 이해하기 어려워한다고 확신합니다. 따라서 외면의 마음으로 이것을 이해하는 것이 아주 중요합니다.

　의식의 144번째 단계에 상응하는 말로 주어지는 가르침은 없습니다. 142번째 또는 143번째에 상응하는 말로 주어지는 가르침도 없습니다. 나는 그 지점에 대해서는 말하지 않겠지만, 언어적인 표현의 가르침으로는 여러분을 더 높은 수준으로 데려가지 못하는 지점에 이르게 됩니다. 그 지점에서 여러분은 말을 넘어서, 말로 표현되는 가르침의 배후에 있는 영과 직접 내면에서 접촉해야 합니다. 이 연결을 하지 못한다면 더 이상 나아갈 수 없습니다. 이것은 여러분이 분리의식이나 이원성 의식, 자신을 높이기 위해 타인을 깎아 내리려는 욕망을 가진 채, 일정한 수준 이상으로 나아갈 수 없음을 확실히 하려는 것입니다.

　학생들이 이 실상을 이해하게 되면, 그들의 어깨 위에 있는 커다란 짐이 사라집니다. 갑자기 학생들은 너무나 큰 평화를 느낍니다, 왜냐하면, 밖으로 나가서 다른 믿음 체계와 싸울 필요가 없음을 알게 되기 때문입니다. 학생들은 이 지구상에는 사람들을 더 높은 의식 수준으로 이끌기 위한 각 수준의 수많은 믿음 체계가 있음을 깨닫습니다. 만약 어떤 사람이 영적으로 성장할 수만 있다면, 그가 유효한 체계 가운데 어떤 것을 따르든 그것은 진정으로 중요하지 않습니다. 적어도 여러분이 매우 높은 의식 수준에 도달할 때까지는, 여러분 외면의 마음으로 다른 사람들이 성장하고 있는지 아닌지,

또한, 어떤 수준의 가르침을 따라야 하는지에 대하여 판단할 수 없습니다.

여러분은 하나됨을 강요할 수 없습니다

여러분이 속해 있었고, 발견해온 영적인 운동들을 정직하게 살펴보세요. 그 안의 얼마나 많은 사람이, 자신들이 최고의 가르침이나 구루를 가지고 있으므로, 세상을 자신들의 관점에 맞게 바꿀 필요가 있다는 배타성을 가지고 있는지 살펴보세요. 사람들이 이 사고방식으로 들어갈 때, 얼마나 경직된 상태에 있는지 살펴보세요. 이는 여러분이 궁극적인 가르침에 속해 있다고 믿게 하여 에고에게 커다란 우월감을 제공하지만, 다른 한편으로는 이 가르침에 속해 있지 않은 사람들과 끊임없이 충돌하게 만듭니다.

여러분이 다른 사람들과 갈등을 겪고 있을 때, 무슨 일이 벌어지나요? 여러분은 그들과 하나가 될 수 없습니다, 그렇지 않습니까? 영적인 여정의 목표가 무엇입니까? 그것은, 여러분이 자신의 아이 앰 현존인 영과 하나가 되는 알파 측면에 도달하는 것이며, 그런 다음 수평적으로 나아가 다른 사람들과 하나됨을 추구하는 것입니다.

다른 사람들에게 특정한 가르침을 받아들이도록 강요하고자 한다면, 어떻게 다른 사람들과 하나가 될 수 있겠습니까? 그렇게 될 수가 없습니다. 하나됨은 강제로 이루어지는 것이 아닙니다. 그것은 여러분이 강요하는 의식 수준 위로 넘어서서, 하나됨으로 들어가려는 의식적인 결정을 내릴 때 일어나는 자연스러운 상태입니다. 여러분이 다른 사람들에게, 심지어는 자신조차 강요하려고 하는 한, 하나됨으로 들어가는 결정을 할 수 없습니다. 여러분이 세상에는 우월한 지혜가 있다고 생각하면, 다른 사람들을 강요할 뿐만 아니라 사실은 스스로에게도 강요하고 있는 것임을, 우리는 학생들에게 보여주고자 합니다. 이럴 때 여러분은 자신이 신봉하는 우월한 그 가르침대로 살아야 합니다. 여러분은 종종 문자 그대로 선형적인 방식으로 외적인 가르침을 따라야 합니다. 이것은 우리가 다음 수준으로 올라가는 또 다른 경계에 도달했음을 의미합니다. 학생들은 이 입문을 통과할 때까지 우리 은거처의 일곱 번째 수준으로 이동하지 못합니다. 우리는 영적인 여정에 대해 말해왔습니다.

우리는 여러분이 궁극적인 수준에 도달하여 상승할 수 있을 때까지, 특정한 의식 수준에서 점점 더 높은 수준을 향해 가는 여정에 대하여 말했습니다. 우리는 이 영적인 여정을 나선형 계단에 비유했으며, 여러분은 한 번에 한 걸음씩 그 계단을 올라갈 수 있음을 잘 알고 있습니다. 이는 매우 선형적인 과정입니다. 여러분은 한 단계를 밟습니다. 그런 다음 발을 들어올려 다음 단계에 놓습니다. 두 번째 발을 들어 위로 올리면, 이제 더 높은 단계에 있게 됩니다. 여러분은 같은 일을 반복하며 계속 다음 단계로 나아가고 있습니다. 나선형 계단의 꼭대기에 도달할 때까지 이런 식으로 한 번에 한 단계씩 올라갈 수 있습니다. 입문의 여정은 일련의 선형적인 단계를 가지고 있지만, 선형적인 의식 상태로는 각 단계가 나타내는 입문을 통과하지 못합니다. 여러분은 오로지 선형적인 사고방식과 선형적인 마음을 넘어서야만 입문을 통과할 수 있습니다.

의식의 양자 도약

여러분은 양자 도약의 개념에 대해 들어보았을 것입니다. 양자 도약이란 무엇일까요? 이것은 한 상태에서 다음 상태로의 전환입니다. 애벌레는 자신을 고치로 전환하고, 얼마 후 나비로 변환합니다. 애벌레를 보면, 애벌레 단계에서 고치 단계까지 선형적인 진행이 있다고 말할 수 없으며 또한, 고치에서 나비까지도 선형적인 진행은 없습니다. 고치가 나비가 되는 과정은 논리적, 선형적, 필연적이지 않습니다. 이것이 고치에서 나비로의 양자 도약입니다. 여러분은 새 둥지와 알을 볼 수 있습니다. 여러분은 과학자가 하는 것처럼 알 속에서 새끼새가 어떻게 자라는지 볼 수 있습니다. 새끼새는 알을 깨고 나올 때까지 점점 자라며, 이제 알 속의 배아처럼 있지 않고 병아리처럼 걷기 시작합니다. 내부에서 나올 때, 이것은 선형적인 진보가 아닙니다. 새끼새는 알을 깨고 다음 단계로 들어가기 위해 의식에서 양자 도약을 해야 합니다.

여러분은 새 둥지를 관찰하고 새끼새가 어떻게 자라는지 볼 수 있습니다. 깃털이 자라납니다. 날개는 점점 더 길어집니다. 둥지에 앉아 날개를 퍼덕거리는 새를 볼 수 있습니다, 하지만, 새가 날개를 파닥거리며 둥지에 앉아 있는 것은 날아가는 것이 아닙니다. 실제로 날기 위해 새는 무엇을 해야 할까요? 새는 의식에서 양자 도약을 해야 하며, 둥지를 떠나는 바로 그 순간부터 더 이상 새끼새가 아닌 완전한 새가 됩니다.

우리는 이 여정을 여러분이 의식의 낮은 단계에서 높은 단계로의 선형적인 진전으로 묘사함으로써, 입문의 여정을 걸을 수 있게 도우려고 합니다. 의식의 다음 단계로 나아가기 위한 준비를 할 수 있는 지점으로 여러분을 데려가기 위해, 우리는 은거처로 오는 학생들의 손을 잡고, 여러 입문을 거쳐, 여러 훈련과 다양한 지혜의 가르침을 줍니다.

비록 우리는 점진적으로 학생들을 데려가려고 노력하지만, 학생들은 선형적인 과정을 통해서는 한 단계에서 다음 단계로 실제로 이동할 수 없습니다. 학생들이 한 단계에서 준비가 되어 다음 단계로 나아갈 수 있는 잠재력을 가질 때마다, 학생들은 의식의 양자 도약을 해야 합니다. 주어지는 각 단계에서, 여러분은 실제로 자아감을 죽게 내버려두어야 한다고 우리가 말했습니다. 시간이 지남에 따라, 여러분은 고정된 자아감을 가지지 않으며, 이제 더 높은 자아감으로 다시 태어납니다. 대부분의 사람은 이것을 그들의 깨어 있는 의식으로는 미처 깨닫지 못합니다. 그렇지만 여러분은 실제로 자신의 삶에서 이것을 여러 번 거쳐왔습니다. 여러분의 삶에서 중요한 전환점에는 여러분의 의식에서 양자 도약이 있었습니다. 많은 사람은 이것을 의식하는 마음으로 깨닫지 못합니다. 그들은 낡은 자아감이 죽었다는 사실을 실제로 깨닫지 못한 채 전환을 이루고, 새로운 자아감으로 다시 태어났습니다. 이렇게 되는 이유는 마음이 지속감을 주기 때문입니다.

우리는 이 지속감이 에고의 기본적이고 핵심적인 측면이라고 말할 수 있습니다. 여러분이 144단계에 도달할 때 직면하는 입문은, 자신이 실제로 상승하기 위해서는 모든 지속감을 놓아버려야 한다는 것입니다. 상승은 상승하지 않은 의식 상태에서 일어나는 선형적인 진보가 아닙니다. 그 의식 상태를 초월하는 비약적인 도약입니다. 이것은 여러분이 물질우주에서 취할 수 있는 가장 궁극적인 도약이며, 따라서 우리는 여러분에게 이 궁극적인 도약을 준비시키기 위해 144개 단계들의 작은 양자 도약들을 거치도록 합니다. 여섯 번째 수준에서, 여러분은 양자 도약을 해야 합니다, 왜냐하면, 지혜는 자신의 성장을 도울 수도 있고, 자신의 성장을 방해하는 궁극적인 덫이 될 수도 있기 때문입니다.

평화로움을 위해 가치 판단을 극복하세요

열반 상태로 앉아 있는 붓다를 보며, 사람들이 '당신은 누구입니까' 하고 질문을 했을 때 그는 뭐라고 대답했나요? 그 질문은, "당신은 사람인가요, 아니면 신인가요"라는 의미입니다. 붓다는 어떻게 대답을 했을까요? 그는 사람이라고도 하지 않았으며, 사람이 아니라고도 하지 않았습니다. 또한, 신이라고도 신이 아니라고도 하지 않았습니다. 그는 "나는 깨어 있다"라고 말했습니다. 그가 말하지 않았던 다른 것들도 주목하세요. 그는 "나는 불교도이다" 또는 "나는 붓다이다"라고도 말하지 않았습니다. "나는 깨어 있다"라고 말하면서, 그는 무엇을 전하려고 했을까요? 그는 모든 것에 꼬리표를 붙일 필요가 있는 의식 상태를 넘어섰다는 사실을 전하려고 했습니다. 이것이 평화의 열쇠입니다.

이원성과 분리 의식을 통해 삶을 볼 때, 여러분은 자신이 관찰하는 모든 것과 일어나는 모든 일에 꼬리표를 붙여야 합니다. 이것은 자연스러운 일입니다. 여기에는 본질적으로 잘못된 것은 없습니다, 왜냐하면, 이것이 의식의 한 수준에서 다음 수준으로 성장하는 방식이기 때문입니다. 여러분은 자신이 지금까지 특정한 믿음을 가지고 있었다는 것을 깨닫는 지점에 오게 됩니다. 여러분은 그 믿음 위에 새로운 단계가 있다는 점을 깨달으며, 낡은 것을 버리고 더 높은 것을 받아들이기로 결정할 수 있습니다.

에고와 거짓 교사는 여러분이 이 꼬리표를 붙이는 과정에 가치 판단을 더하도록 합니다. "이것은 선하고, 저것은 악하다. 이것은 궁극적이며, 저것은 열등하다" 그리고 여러분이 "이것은 희고 저것은 검다"라고 말한다면, 이는 꼬리표를 붙이고 있는 상태입니다. 여러분은 두 가지 다른 형태 간에 구분을 하지만, 어떤 것은 희고 어떤 것은 검다고 말하는 것은 그것이 선이거나 악하다는 의미로 말하는 것은 아닙니다. 얼음은 희고 석탄은 검습니다. 그렇다면 얼음은 선하고, 석탄은 악하다는 표현이 말이 될까요? 검은 석탄은 연소를 통해 온기를 주어 사람의 생명을 구할 수 있는 반면, 흰 얼음은 실제로 사람을 죽일 수도 있습니다.

우리가 여러분에게 알려 주려는 것은, 이 수준에서 특정한 지혜의 가르침이나 외적인 가르침을 받아들여, 그것을 자신의 성장을 위한 이동 수단으로 사용하는 일은 온전히 타당하다는 것입니다. 그러나 이 수준에서 다른 모든 가르침보다 이 가르침만이 우월하다는 가치 판단은 타당하지 않으며, 그럴 경우 여러분은 남은 여정 동안 이 가르침에 계속 집착하게 됩니다.

이 심오한 깨달음을 여러분 외면의 마음으로 이해할 수 있나요? 상승 마스터들로서 우리의 존재를 공개적으로 알려 온 지난 세기와 그 이후, 우리가 전한 가르침을 발견한 많은 학생을 보았습니다. 우리는 그들이 특정한 메신저, 또는 기관을 통해 주어지는 특정한 가르침을 찾는 과정을 보아왔고, 마침내 자신들이 분명히 궁극적인 가르침을 발견했다고 추론하는 상황을 보았습니다. 우리가 준 가르침은 타당했습니다. 그 가르침들의 순수함은 다양한 수준에 걸쳐 있었으며, 다양한 의식 수준을 목표로 삼은 것들이었고, 타당했습니다. 그 가르침들은 여전히 타당합니다.

그러나 많은 학생은 이것을 단지 타당한 가르침들 중 하나일 뿐이라고 추론하지 않았습니다. 그것은 궁극적인 가르침이고, 그러므로 모든 사람이 이 가르침을 따라야 한다고 생각했습니다. 그들은 우리 상승 마스터들이 지구상의 모든 사람을 향하여 상승 마스터 가르침을 의식적으로 따르게 하려는 목표가 있다고 생각합니다. 그러나 전혀 그렇지 않습니다.

게다가 어떤 학생들은, 의식적인 마음으로 상승 마스터들의 존재와 외적인 가르침을 받아들이는 사람만이, 잠든 사이에 우리의 은거처로 올 수 있다고 믿습니다. 지금 현재 로열 티톤 은거처에는 전 세계의 여러 문화와 종교에서 온 학생들과 외적인 종교를 전혀 가지지 않은 많은 학생이 있습니다. 그들 중에는 불가지론자, 무신론자, 혹은 물질주의자인 학생들도 있습니다.

우리 상승 마스터들은, 학생들의 외적인 믿음과 행동을 근거로 하여 일하지 않습니다. 우리는 다음과 같이 단순히 생명흐름의 내면 상태를 보고 평가합니다: 로열 티톤 은거처의 첫 번째 수준에서 나 란토가 제공하는 입문을 위해 준비된 특정한 생명흐름의 학생들이 있습니까? 그렇다면 그 학생이 자신의 정묘체로 내 은거처에 오는 것을 환영합니다. 그들이 이곳에 오기 위해, 상승 마스터들의 존재 여부나 특정한 외적인 가르침을 따르게 하여 그 단체에 합류하게 하는 것은 내 목표가 아닙니다.

우리 은거처에는 여정을 따르는 많은 학생이 있지만, 이 단계에서는 그들이 각각의 외적인 문화와 종교 혹은 믿음 체계를 갖거나 갖지 않는 것, 모두가 온전히 허용됩니다. 따라서 학생들이 입문의 여정을 따르는 동안, 많은 다양한 외적인 문화나 믿음 체계를 통해 그들의 성장과 의식의 높은 수준을 더 잘 나타낼 수 있습니다.

평화를 성취하기 위해, 다른 사람들을 바꾸려 하지 마세요

이것은 상승 마스터 학생들이, 특히 그들의 의식하는 마음으로 받아들이기 매우 어려운 사실입니다. 이것을 받아들일 때, 여러분은 어깨의 무거운 짐이 덜어진다는 사실을 알게 됩니다. 여러분은 다른 사람을 바꿔야 한다는 생각에 사로잡혀 왔음을 깨닫게 됩니다, 왜냐하면, 그 생각이 여러분과 다른 사람들 간의 거리를 만들고 긴장을 유발하기 때문입니다. 사랑하는 이들이여, 여러분은 그 긴장을 다른 사람이 느끼는 것보다 더 크게 느낍니다, 왜냐하면, 여러분은 그 긴장을 마음속으로 경험하고, 여러분의 마음은 그 긴장이 있는 곳이기 때문입니다. 다른 사람들 역시 긴장이 있겠지만, 그들의 긴장도 그들의 마음속에 있습니다. 영적인 여정에서 여러분의 성장은, 그들이 그들의 긴장을 극복하는 여부에 달려있지 않습니다. 여러분의 성장은 여러분 자신의 내적 긴장을 극복하는 여부에 달려있습니다.

두 번째 광선의 여섯 번째 단계에서 여러분이 해야 할 일은, 이 긴장을 인지하는 것이며, 그것을 놓아버리려고 의식적으로 노력하는 것입니다. 여러분이 이 긴장감을 놓아버렸을 때, 여러분은 있는 그대로의 자신이 될 수 있고, 따라서 영적인 신념과 지식에 대해 이야기하기가 훨씬 쉬워집니다. 그렇게 함에 있어, 다른 사람들의 견해가 잘못되었음을 증명하거나, 그들을 바꾸려는 목적으로 하지 않습니다. 대신 여러분은 자신이 믿는 것과 자신이 얻은 통찰과 또 그러한 통찰을 얻은 연유와 어떻게 그 통찰을 얻게 되었는지를 공유합니다. 여러분은 강요하거나 혹은 타인을 바꾸려는 목적이 아닌, 공유를 목적으로 나누게 됩니다. 여러분은 다른 사람들의 신념을 무너뜨리려 하거나, 그들의 견해에 꼬리표를 붙이거나 가치 판단을 시도하지 않습니다. 여러분은 자신의 지혜를 다른 이들과 공유하고 있으며, 사랑과 기쁨과 열정으로 이 일을 할 수 있습니다, 그리고 이것은 사실 다른 이들을 변화시키는 최상의 방법입니다.

여러분이 자신의 우월한 지혜를 타인들이 따라야 한다고 생각한다면, 어떻게 평화로울 수 있을까요? 여러분이 두려움 기반의 접근 방식을 취하고, 타인들의 현재 믿음을 깨뜨리며, 그들은 틀렸고 지옥에 갈 것이라고 믿게 해야만 이 목표를 성취할 수 있다고 생각한다면, 어떻게 평화롭게 존재할 수 있을까요? 여러분의 관점과 지혜를 받아들이지 않으면, 지옥에 갈 것이라 생각하면서 어떻게 다른 사람들과 하나가 될 수 있을까요? 여러분이 지혜의 영과 하나가 될 때, 다른 사람과도 하나가 될 수 있습니다. 여러분은 다른 사람들에게 지혜의 외적인 표현을 따르도록 강요하기보다는 그들이 지혜의 영과 하나가 되도록 도와주어야 합니다.

붓다께서 "나는 깨어 있다"라고 말했을 때, 그는 지구상의 많은 사람이 이 말을 중요하게 여기지 않으리라는 것을 아주 잘 알고 있었습니다. 그들은 자신들이 깨어 있지 않음을 알지 못합니다. 그들은 깨어나기를 원하지 않을 것입니다. 그것이 그들이 원했던 경험이기에, 깨어나지 않은 상태로 남아 있기를 원할 것입니다. 붓다는 전지구인을 특정한 외적 지혜나 종교로 전향시키는 것을 목표로 삼지 않았습니다. 그는 오직 일부만이 이해할 것임을 알았습니다.

여러분도 이것을 알아야 합니다. 여러분은 모든 사람을 바꾸거나 설득할 필요가 없습니다. 많은 사람이 아직도 분리 의식에 너무 집착하여 여러분이나 혹은 그 누구와도 하나됨을 원하지 않기 때문에, 여러분은 모든 이들과 하나가 될 필요가 없습니다. 여러분은 그저 여러분의 현존과 존재, 지혜와 통찰력을 함께 나누며, 그것을 이해하고 진가를 알아보는 이들과 하나가 되기를 추구하면 됩니다.

현재 의식에서 평화로우세요

다른 사람들을 외적인 상승 마스터 가르침이나 단체로 전향하도록 하는 일에 마음 쓰지 마세요. 이러한 신념을 내려놓기 위해 의식적으로 노력하세요, 있는 그대로의 나로 있으며, 지금의 나로 존재하는 것이 충분함을 아는 그 평화를 스스로에게 허용하세요. 여정의 이 수준에서 있는 그대로의 자신을 공유하는 것이, 여정의 이 수준에서 여러분에게 요구되는 모든 것입니다. 여러분은 물론 여정에서 더욱 높은 단계로 계속 성장하겠지만, 두 번째 광선 입문에서 여섯 번째 수준에 올 때, 여러분은 자신이 있는 모든 곳에서 평화를 이루고 또 그것을 충분히 공유할 때까지 다음 단계로 오를 수 없습니다.

여러분 외면의 마음은 적어도 내가 모순된다고 생각할 수 있습니다. 내가, 여러분의 의식 성장을 위해서는 계속 위로 올라가야 한다고 말하고 있고, 이 말은 여러분이 자신의 지금 현재 수준에 충분히 만족할 수 없다는 의미로 들릴 것입니다. 물론 맞는 말입니다. 여러분은 현재 자신의 의식 수준보다 더 높은 그 이상의 무언가를 원하지 않는다면 더 높이 올라갈 수 없습니다. 양자 도약에 대해 내가 뭐라고 했나요?

입문의 일곱 번째 단계는 여섯 번째 단계로부터의 선형적인 진행이 아닙니다; 이것은 다음 단계로 올라서는 양자 도약입니다. 여러분은 평화의 입문인 여섯 번째 단계에서 자신이 있는 곳에서 평화롭게 될 때까지 양자 도약을 할 수 없습니다. 여러분은 갈등 없이 평화를 이루는 지혜를 터득할 때까지는 일곱 번째 단계로 오를 수 없습니다.

여러분이 타인들에게 특정한 지혜를 강요하려는 욕망을 포기할 때 일곱 번째 단계로 올라서게 되며, 그렇게 됨으로써 여러분은 자신이 가진 지혜 안에서 평화롭게 스스로를 해방하게 됩니다. 여러분이 자신의 지혜 안에서 평화롭게 존재할 때, 여러분은 또 그 지혜를 포기함에 있어서도 평화로울 수 있습니다. 여러분은 나 란토의 눈을 응시하며 말할 수 있습니다, "마스터여, 나는 이것 이상을 원합니다. 나는 다음 단계의 입문을 원하지만, 현재의 내 지점에서 평화롭게 존재합니다, 내가 준비가 된 때를 당신이 결정하시도록 내맡깁니다."

여러분이 외면의 마음으로 스스로를 판단하는 대신, 그 결정을 나에게 맡길 때, 여러분은 다음 단계로 나아갈 준비가 된 상태입니다. 여러분이 기꺼이 나를 스승으로 보고 학생이 되기 전에는, 준비되지 않을 것입니다. 그때까지는, 온 힘을 다해 날개를 퍼덕이며 둥지의 가장자리에 앉아 있겠지만, 박차고 오르지는 못할 것입니다. 또한, 둥지를 박차고 나갈 때, 자신의 날개가 하늘을 가로질러 자신을 날게 해줄 것임을 아는 내면의 평화를 갖지 못할 것입니다.

나는(I AM) 란토이며, 나는 I AM이라는 지혜 안에서 평화롭습니다.

15
붓다의 지혜를 기원합니다

I AM THAT I AM, 예수 그리스도의 이름으로 나의 아이앰 현존이, 무한히 초월해 가는 내 미래의 현존을 통해 흐르며, 완전한 권능으로 이 기원을 해주시기를 요청합니다. 나는 사랑하는 엘로힘 아폴로와 루미나, 엘로힘 피이스와 알로하, 대천사 조피엘과 크리스틴, 대천사 유리엘과 오로라, 마스터 란토와 나다께 요청합니다, 내가 여정에서 어디에 있든, 계속 나아가기 위해 노력한다면, 충분히 잘하고 있음을 받아들이게 해주세요. 내가 마스터 란토와 하나되고 아이앰 현존과 하나되는 것을 막는 모든 패턴을 인식하고 내려놓도록 도와주세요...
(여기에 개인적인 요청을 추가하세요)

1. 나는 언어를 초월함으로써 상승합니다

1. 마스터 란토여, 내가 평화로운 마음으로 진정한 봉사를 할 수 있도록 해주세요. 무엇이 실재이고 무엇이 비실재인지, 무엇이 중요하고 무엇이 중요하지 않은지를 아는 지혜를 얻음으로써 평화에 이를 수 있도록 도와주세요.

사랑하는 아폴로여, 당신의 지혜 광선으로,
내 눈을 열어주시어 새날을 보게 하소서,
나는 이원성의 거짓말과 기만을 꿰뚫어 보며,
패배를 가져오는 마음의 틀을 초월합니다.

**사랑하는 아폴로, 황금빛 엘로힘이시여,
우리는 이제 당신의 찬란한 빛을 봅니다,
당신이 고요히 지혜의 페이지를 펼치면,
나는 모든 낡은 것에서 자유로워집니다.**

2. 마스터 란토여, 진정한 지혜와 거짓된 지혜는 서로 떨어져 있다고 생각하며, 지혜를 분리된 것이라 여기는 이원적인 사고방식을 초월하도록 도와주세요. 언어로 표현된 모든 것은 상대적인 지혜임을 경험하게 해주세요.

사랑하는 아폴로여, 당신의 화염 안에는,
언제나 생생한 지혜가 흐르고 있습니다,
당신의 빛 안에서 내 최상의 의지를 깨달으며,
나는 그 영원한 흐름에 합류합니다.

**사랑하는 아폴로여, 당신의 빛은,
우리가 지상에 육화한 이유를 밝혀 줍니다,
우리는 선두에서 함께 일하며,
우리의 우주 구체를 더 높이 들어올립니다.**

3. 마스터 란토여, 어떤 외적인 가르침을 따르고 입증하기 위해서 아이앰 현존의 빛을 요구하는 에고 기반의 성향을 초월하도록 도와주세요. 내 아이앰 현존은 영원히 내 성장에 전념하며, 나를 상승과 그 너머로 인도합니다.

사랑하는 아폴로여, 모든 거짓말을 드러내주시니,
나는 에고의 모든 결박을 끊어버립니다,
뱀의 이원성을 초월하는 진정한 열쇠는,
내 인식임을 깨닫습니다.

**사랑하는 아폴로여, 이제 당신의 부름을 들으며,
우리는 위대한 지혜의 전당으로 인도됩니다,
추락으로 이끄는 모든 거짓말이 드러나니,
우리는 만물의 하나됨을 되찾습니다.**

4. 마스터 란토여, 내가 어떤 가르침을 통해 성장할 수 있는 최고치에 도달했을 때, 내 아이앰 현존은 그 가르침을 초월하는 빛과 아이디어를 나에게 준다는 사실을 받아들이게 해주세요.

사랑하는 아폴로여, 당신의 지혜는 너무나 명료해서,
당신과 하나 되면 어떤 뱀도 두렵지 않습니다,
나는 기꺼이 내 눈의 들보를 보며,
뱀이 만들어낸 이원론에서 해방됩니다.

**사랑하는 아폴로여, 나는 고양된 비전으로,
새로운 단계로 올라선 지구를 봅니다,
꿰뚫어 보는 당신의 시선은 나에게 힘을 주고,
나는 이원성의 미로를 벗어납니다.**

5. 나는 아이앰 현존이 나를 더 높이 데려가도록 허용하겠습니다. 나는 기꺼이 외적인 가르침에 의문을 가지겠습니다. 그렇게 하지 않으면, 내 아이앰 현존은 계속 내 평정 상태를 휘젓는 빛을 보낸다는 사실을 깨닫습니다.

오 엘로힘 피스여, 화합의 불꽃 안에서,
이원성 게임을 위한 공간은 없습니다,
우리는 모든 형상이 같은 근원에서 왔음을 알며,
새로운 진로를 구상할 힘을 얻습니다.

오 엘로힘 피스여, 당신이 지금 종을 울리시니,
모든 원자가 진동하며 노래합니다,
이제 만물에 아무런 분리가 없음을 보며,
에고가 만든 자아에 집착하지 않습니다.

6. 마스터 란토여, 내가 지구의 모든 사람을 특정한 믿음 체계를 따르게 한다고 해도, 상승할 수는 없다는 사실을 알게 해주세요. 나는 지구에서 언어로 된 표현을 모두 초월해야만 상승한 상태에 도달하게 됩니다.

오 엘로힘 피스여, 당신은 예수께서,
평화의 불꽃을 주러 오셨음을 알려줍니다,
우리는 이제 투쟁을 내려놓고,
그리스도를 따라 무한한 생명으로 들어갑니다.

오 엘로힘 피스여, 당신의 눈을 통해,
오직 하나됨 안에만 영원한 자유가 있음을 봅니다,
내가 지녔던 분리감을 던져버리고,
나는 윤회의 거친 바다를 건너갑니다.

7. 마스터 란토여, 내가 언어를 초월하고 영과 하나가 되어야 상승한다는 것을 알도록 도와주세요. 우선, 나는 각 일곱 광선의 이면에 있는 영과 하나가 되어야 합니다. 그런 다음 나 자신의 영인 아이 앰 현존과 하나가 됩니다.

오 엘로힘 피이스여, 우리의 마음에서,
이원성의 투쟁을 소멸하는 길을 보여주소서,
당신은 시간과 공간의 환영을 꿰뚫으며,
당신의 무한한 은총은 분리를 소멸합니다.

오 엘로힘 피이스여, 당신의 아름다운 이름은,
내 안에서 이원성의 수치를 소멸합니다,
당신의 황금빛 화염의 진동을 통해,
그리스도는 죽음의 환영을 극복했습니다.

8. 마스터 란토여, 내 아이앰 현존이 나를 더 높이 데려가도록 해야 함을 외면의 의식과 의식하는 마음으로 이해하도록 도와주세요. 내가 밖으로 나가 다른 믿음 체계와 싸울 필요가 없음을 아는 데서 오는, 더 깊은 평화의 느낌에 이르게 해주세요.

오 엘로힘 피이스여, 우주를 새로이 탄생시키는,
불멸의 화염을 지금 지구로 가져오소서,
나는 소유의 감각을 놓아버리고,
당신의 빛이 내 존재를 통해 빛나도록 허용합니다.

오 엘로힘 피이스여, 당신의 고요함을 통해,
우리는 이원성의 혼돈에서 벗어납니다,
신과의 하나됨 안에서 새로운 정체성을 얻어,
우리는 지구를 무한 속으로 들어올립니다.

9. 마스터 란토여, 내가 외면의 마음으로는 다른 사람들이 성장하고 있는지, 그들이 이런저런 외적인 가르침을 따라야 하는지 판단할 수 없음을 알게 해주세요. 내가 자신을 타인들과 갈등하는 존재로 볼 때, 나는 그들과 하나됨에 이르지 못합니다. 영적인 여정의 목표

는 내 아이앰 현존과 하나가 되고, 다른 사람들과 하나가 되는 일입니다.

가속해서 나를 일깨우소서, 나는(I AM) 실재하며,
가속해서 나를 일깨우소서, 모든 생명은 치유됩니다,
가속해서 나를 일깨우소서, 나는(I AM) 무한히 초월하며,
가속해서 나를 일깨우소서, 모든 의지는 비상합니다.

가속해서 나를 일깨우소서! (3번)
사랑하는 아폴로와 루미나.
가속해서 나를 일깨우소서! (3번)
사랑하는 조피엘과 크리스틴.
가속해서 나를 일깨우소서! (3번)
사랑하는 마스터 란토.
가속해서 나를 일깨우소서! (3번)
사랑하는 I AM.

2. 나는 양자 도약을 이루겠습니다

1. 하나됨은 강제로 이루어지는 것이 아닙니다. 하나됨은 자연스러운 상태로서, 내가 힘을 사용하는 의식을 넘어서서 하나됨으로 들어가려는 의식적인 결정을 할 때 일어납니다. 내가 타인들과 나 자신을 강요해서는 이런 결정을 할 수 없습니다.

대천사 조피엘이여, 위대한 지혜의 빛 안에서,
모든 뱀의 거짓말이 우리 눈에 드러납니다,
마음에 숨어드는 거짓말이 아무리 교묘해도,
당신은 내가 찾은 최고의 스승입니다.

**대천사 조피엘이여, 모든 거짓말을 드러내고,
대천사 조피엘이여, 모든 결박을 잘라버리며.
대천사 조피엘이여, 하늘들을 정화하면서,
대천사 조피엘이여, 진실로 내 마음은 비상합니다.**

2. 마스터 란토여, 내가 더 우월한 형태의 지혜가 존재한다고 생각할 때, 타인들뿐만 아니라 나 자신도 강요하고 있다는 것을 알게 해주세요. 내가 그 외적인 가르침에 따라 살아야 하며, 그 가르침을 문자 그대로 선형적으로 따라야 한다고 강요하는 것입니다.

대천사 조피엘이여, 당신의 지혜에 경배하니,
당신의 검(劍)은 이원성의 베일을 갈라 버립니다.
당신이 길을 보여줄 때 무엇이 실재인지 깨닫고,
나는 뱀의 의심에서 즉시 치유됩니다.

**대천사 조피엘이여, 모든 거짓말을 드러내고,
대천사 조피엘이여, 모든 결박을 잘라버리며.
대천사 조피엘이여, 하늘들을 정화하면서,
대천사 조피엘이여, 진실로 내 마음은 비상합니다.**

3. 입문의 여정에는 일련의 선형적인 단계가 있지만, 내가 선형적인 의식 상태로 각 단계에서 제시되는 입문을 통과하는 것은 아닙니다. 나는 선형적인 마음과 선형적인 형태의 사고를 초월함으로써 입문을 통과합니다.

대천사 조피엘이여, 당신의 실재는,
이원성에 대한 최고의 해독제입니다.
명료한 당신의 현존 안에서는 모든 거짓이 소멸하고,
당신이 옆에 계시니 어떤 뱀도 두렵지 않습니다.

**대천사 조피엘이여, 모든 거짓말을 드러내고,
대천사 조피엘이여, 모든 결박을 잘라버리며.
대천사 조피엘이여, 하늘들을 정화하면서,
대천사 조피엘이여, 진실로 내 마음은 비상합니다.**

4. 여정의 각 단계마다, 한 수준에서 다음 수준으로 전환하는 비약적인 도약이 필요합니다. 나는 기꺼이 현 단계에서 가지고 있는 내 자아감이 죽도록 놓아둡니다. 그러면 시간을 초월한 잠시 동안 내 고정된 자아감이 사라지게 되며, 그런 다음 나는 더 높은 자아감으로 다시 태어납니다.

대천사 조피엘이여, 신의 마음이 내 안에 있고,
나는 당신의 명료한 빛을 통해 그 지혜를 깨닫습니다.
내가 하나이신 존재를 볼 때 모든 분리는 사라지고,
내 마음은 완전한 전체성을 이룹니다.

**대천사 조피엘이여, 모든 거짓말을 드러내고,
대천사 조피엘이여, 모든 결박을 잘라버리며.
대천사 조피엘이여, 하늘들을 정화하면서,
대천사 조피엘이여, 진실로 내 마음은 비상합니다.**

5. 마스터 란토여, 내 삶에서 이런 전환을 여러 번 거쳐왔음을 알도록 도와주세요. 내 삶에서 많은 중요한 전환들이 비약적인 의식의 도약을 한 결과였습니다. 마음이 지속감을 만들어내는 까닭에 나는 보통 이것을 알아채지 못합니다.

대천사 유리엘이여, 평화의 천사들이 가진 광대한 힘은,
모든 전쟁을 삼켜버립니다.
전쟁의 데몬들은 당신의 빛과 대적할 수 없으며,

찬란한 광휘는 그들 모두를 소멸합니다.

대천사 유리엘이여, 당신의 위대한 검으로,
대천사 유리엘이여, 모든 불협화음을 소멸하소서,
대천사 유리엘이여, 우리는 하나의 화음으로,
대천사 유리엘이여, 주님과 함께 걸어갑니다.

6. 마스터 란토여, 이런 지속감이야말로 에고의 핵심을 이루는 기본 측면임을 알게 해주세요. 내가 144단계에 도달하면, 실제로 상승하기 위해서 모든 지속감을 놓아버려야만 하는 입문에 직면합니다. 상승은 상승하지 않은 의식 상태에서 일어나는 선형적인 진보가 아닙니다. 그 의식 상태를 초월하는 비약적인 도약입니다.

대천사 유리엘이여, 수백만 천사의 음성이 합해지니,
그 소리의 진동은 너무나 강렬합니다.
그들의 소리가 점점 커져서 밤을 갈라버리니,
생명의 영광스러운 하나됨이 시야에 드러납니다.

대천사 유리엘이여, 당신의 위대한 검으로,
대천사 유리엘이여, 모든 불협화음을 소멸하소서,
대천사 유리엘이여, 우리는 하나의 화음으로,
대천사 유리엘이여, 주님과 함께 걸어갑니다.

7. 마스터 란토여, 지혜는 내 성장을 돕거나 성장을 방해하는 궁극적인 덫이 될 수 있음을 깨달음으로써, 내가 여섯 번째 수준에서 비약적인 도약을 하도록 도와주세요.

대천사 유리엘이여, 당신의 위대한 왕좌로부터,
수백만의 트럼펫 소리가 하나의 음조로 울려 퍼집니다.

당신의 조화 안에서 모든 불협화음이 사라지며,
모든 소리 중의 소리가 전(全) 생명을 자유롭게 합니다.

**대천사 유리엘이여, 당신의 위대한 검으로,
대천사 유리엘이여, 모든 불협화음을 소멸하소서,
대천사 유리엘이여, 우리는 하나의 화음으로,
대천사 유리엘이여, 주님과 함께 걸어갑니다.**

8. 마스터 란토여, 붓다께서 '나는 깨어 있다'라고 말씀하셨을 때, 그는 모든 것에 꼬리표를 붙이려는 의식 상태를 초월했다는 사실을 전하려고 했음을 알게 해주세요. 이것이 평화의 열쇠입니다.

대천사 유리엘이여, 이제 모든 전쟁은 사라지고,
당신은 신(the One)의 가슴에서 오는 메시지를 가져옵니다.
모든 이의 가슴은 이제 평화를 노래하고,
사랑의 나선들은 영원히 확장됩니다.

**대천사 유리엘이여, 당신의 위대한 검으로,
대천사 유리엘이여, 모든 불협화음을 소멸하소서,
대천사 유리엘이여, 우리는 하나의 화음으로,
대천사 유리엘이여, 주님과 함께 걸어갑니다.**

9. 마스터 란토여, 여정의 특정한 단계에서는, 내가 관찰하는 모든 것에 꼬리표를 붙이는 일이 자연스러운 일임을 알게 해주세요. 그러나 에고와 거짓 교사들은 꼬리표를 붙이는 과정에서 내가 선악의 가치 판단을 덧붙이게 만들려고 노력합니다.

천사들과 함께 날아오르며,
나는 스스로를 초월합니다.

천사들은 진실로 존재하며,
그들의 사랑은 모든 것을 치유합니다.

천사들이 평화를 가져오면,
모든 갈등은 그칩니다.
빛의 천사들과 함께,
우리는 새로운 높이로 비상합니다.

천사 날개의 바스락거리는 소리,
물질조차 노래하는 기쁨이여,
모든 원자를 울리는 기쁨이여,
천사들의 날갯짓과 조화 속에서.

3. 나는 타인들을 바꾸려는 욕망을 초월합니다

1. 마스터 란토여, 어떤 외적인 가르침을 선택해서 자신의 성장을 위한 이동수단으로 받아들이는 것은 건설적입니다. 그러나 이 가르침이 다른 모든 가르침보다 더 우월하다는 가치 판단을 고수하는 것은 건설적이지 않습니다.

마스터 란토여, 황금빛 지혜로,
내 안에서 에고의 거짓말을 드러내소서.
마스터 란토여, 의지를 갖추고,
나 자신의 통달을 성취하겠습니다.

오 성령이시여, 나를 통해 흐르소서,
나는 당신을 위해 열린 문입니다.
세차게 흘러오는 전능한 빛의 강이여,
초월은 나의 신성한 권리입니다.

2. 마스터 란토여, 상승 마스터들은 학생들의 외적인 신념이나 행동을 근거로 일하지 않음을 알게 해주세요. 어떤 생명흐름이 마스터들이 제공하는 입문에 준비가 되었는지는 그 생명흐름의 내면적인 조건들을 보고 평가합니다.

마스터 란토여, 모든 것에서 균형을 이루소서,
나는 지혜의 균형을 요청합니다.
마스터 란토여, 균형이야말로,
황금의 열쇠임을 알게 하소서.

오 성령이시여, 나를 통해 흐르소서,
나는 당신을 위해 열린 문입니다.
세차게 흘러오는 전능한 빛의 강이여,
초월은 나의 신성한 권리입니다.

3. 마스터 란토여, 학생들이 입문의 여정을 따르고 있는 한, 다른 많은 외적인 문화나 믿음 체계를 통해서 더 높은 의식 수준을 표현할 수 있다는 것을 알게 해주세요.

마스터 란토여, 상위 영역에서 흘러오는,
분별력 있는 사랑을 요청합니다.
마스터 란토여, 사랑은 눈멀지 않았으며,
나는 사랑을 통해 신의 비전을 발견합니다.

오 성령이시여, 나를 통해 흐르소서,
나는 당신을 위해 열린 문입니다.
세차게 흘러오는 전능한 빛의 강이여,
초월은 나의 신성한 권리입니다.

4. 마스터 란토여, 내가 의식하는 마음으로 이 사실을 받아들이게 해주세요. 내가 다른 사람들을 바꾸어야 한다는 생각에 갇혀 있었음을 깨닫도록 도와주세요. 이로 인해 나와 사람들 사이에 거리가 생기고, 긴장을 만들어냅니다.

마스터 란토여, 나는 순수하며,
내 의도는 그리스도의 양처럼 순수합니다.
마스터 란토여, 초월하며 나아갈 때,
가속은 내 가장 진실한 친구입니다.

오 성령이시여, 나를 통해 흐르소서,
나는 당신을 위해 열린 문입니다.
세차게 흘러오는 전능한 빛의 강이여,
초월은 나의 신성한 권리입니다.

5. 마스터 란토여, 내가 마음속에 있는 긴장을 깨닫도록 도와주세요. 영적인 여정에서 내 성장은 내면의 긴장을 극복하는 일에 달려있습니다.

마스터 란토여, 나는 완전한 전체이며,
내 영혼에는 더 이상 분리가 없습니다.
마스터 란토여, 치유의 화염이여,
당신의 신성한 이름으로 모두가 균형을 이룹니다.

오 성령이시여, 나를 통해 흐르소서,
나는 당신을 위해 열린 문입니다.
세차게 흘러오는 전능한 빛의 강이여,
초월은 나의 신성한 권리입니다.

6. 마스터 란토여, 내가 이러한 긴장을 인식하도록 도와주세요, 나는 의식적으로 긴장을 놓아버리려 노력하겠습니다. 내가 이 긴장을 놓아버릴 때 진정한 나 자신이 되는 일과 내 영적인 지식과 신념에 대해서 말하기가 훨씬 쉬워집니다.

마스터 란토여, 모든 생명에 봉사하며,
나는 내면의 투쟁을 모두 초월합니다.
마스터 란토여, 진정한 삶을 원하는 모두에게,
당신은 평화를 부어줍니다.

**오 성령이시여, 나를 통해 흐르소서,
나는 당신을 위해 열린 문입니다.
세차게 흘러오는 전능한 빛의 강이여,
초월은 나의 신성한 권리입니다.**

7. 나는 다른 사람들을 변화시키거나 그들의 관점이 잘못되었다고 입증하려는 욕망을 버립니다. 나는 내 믿음과 통찰을 공유하고, 왜 어떻게 그런 통찰에 도달했는지를 공유합니다. 나는 사랑과 기쁨과 열정을 가지고 공유합니다, 그것이 다른 사람들을 바꾸는 최선의 방법입니다.

마스터 란토여, 균형 잡힌 창조를 통해,
자유를 얻습니다.
마스터 란토여, 우리는 당신의 균형을,
기쁨의 열쇠로 사용합니다.

**오 성령이시여, 나를 통해 흐르소서,
나는 당신을 위해 열린 문입니다.
세차게 흘러오는 전능한 빛의 강이여,**

초월은 나의 신성한 권리입니다.

8. 마스터 란토여, 나의 우월한 지혜를 따르도록 다른 사람들을 변화시켜야 한다고 생각한다면, 내가 평화로울 수 없다는 사실을 알게 해주세요. 타인들의 믿음이 잘못되었고 지옥으로 데려간다고 설파하며 그 믿음을 무너뜨리려는, 두려움에 근거한 접근 방식을 취하면서 평화로울 수는 없습니다.

마스터 란토여, 우리의 요청으로,
당신은 일곱 광선을 모두 균형 잡습니다.
마스터 란토여, 내가 높이 날아오르니,
나의 삼중 불꽃이 찬란하게 빛납니다.

**오 성령이시여, 나를 통해 흐르소서,
나는 당신을 위해 열린 문입니다.
세차게 흘러오는 전능한 빛의 강이여,
초월은 나의 신성한 권리입니다.**

9. 내가 오직 지혜의 영과 하나될 때 다른 사람들과 하나됨에 이를 수 있습니다. 나는 다른 사람들을 지혜의 외적인 표현에 따르도록 강요하기보다는, 지혜의 영과 하나가 되도록 도우려고 합니다.

사랑하는 란토여, 당신의 현존은,
나의 내면 구체를 충만하게 합니다,
삶은 이제 신성한 흐름이 되어,
나는 모두에게 신의 지혜를 부어줍니다.

**오 성령이시여, 나를 통해 흐르소서,
나는 당신을 위해 열린 문입니다.**

세차게 흘러오는 전능한 빛의 강이여,
초월은 나의 신성한 권리입니다.

4. 나는 학생이고, 란토께서는 스승입니다

1. 마스터 란토여, 내가 깨어 있지 않다는 사실을 깨닫게 해주세요. 나는 진정으로 깨어나고자 하며, 깨어나지 않은 내 상태를 초월하고 싶습니다. 나는 붓다를 이해하는 사람이 되고 싶습니다.

마스터 나다여, 아름다움의 힘은,
신성한 꽃처럼 펼쳐집니다.
마스터 나다여, 너무나 숭고한 의지는,
시간마저 정복합니다.

오 성령이시여, 나를 통해 흐르소서,
나는 당신을 위해 열린 문입니다.
세차게 흘러오는 전능한 빛의 강이여,
초월은 나의 신성한 권리입니다.

2. 나는 내 현존과 내 존재와 지혜와 통찰력을 나눠주고 있습니다. 나는 이를 이해하고 진가를 알아보는 사람들과 하나가 되고자 합니다, 왜냐하면, 그들은 어느 정도 동일한 깨달음에 이르렀기 때문입니다.

마스터 나다여, 당신의 지혜가,
우리에게 세차게 흘러옵니다.
마스터 나다여, 굳건한 마음으로
당신 노래의 날개를 타고 올라갑니다.

오 성령이시여, 나를 통해 흐르소서,
나는 당신을 위해 열린 문입니다.
세차게 흘러오는 전능한 빛의 강이여,
초월은 나의 신성한 권리입니다.

3. 나는 다른 사람들을 외적인 상승 마스터 가르침이나 단체로 전향시키려는 욕망을 버립니다. 나는 의식적으로 내가 진정한 나 자신으로 존재하도록 허용하고, 그것으로 충분함을 아는 평화를 누립니다. 여정의 이 단계에서 나 자신을 공유하는 것이 이 단계에서 내게 요구되는 모든 것입니다.

마스터 나다여, 고귀한 향기여,
당신의 사랑은 진정 하늘에서 옵니다.
마스터 나다여, 온화하고 부드러운 사랑의 날개를 타고
우리는 하늘 높이 상승합니다.

오 성령이시여, 나를 통해 흐르소서,
나는 당신을 위해 열린 문입니다.
세차게 흘러오는 전능한 빛의 강이여,
초월은 나의 신성한 권리입니다.

4. 나는 여정에서 더 높은 수준으로 계속 올라가겠습니다, 그러나 두 번째 광선의 여섯 번째 입문 단계에 이르면, 내가 있는 곳에서 평화롭게 존재하며 이 의식 수준의 내 통찰력을 공유하는 것으로 충분하다 여기기 전까지는 다음 단계로 오를 수 없습니다.

마스터 나다여, 어머니 빛이여,
내 가슴은 연처럼 떠오릅니다.
마스터 나다여, 당신의 눈에는,

모든 생명이 아침 이슬처럼 순수합니다.

**오 성령이시여, 나를 통해 흐르소서,
나는 당신을 위해 열린 문입니다.
세차게 흘러오는 전능한 빛의 강이여,
초월은 나의 신성한 권리입니다.**

5. 마스터 란토여, 내가 지금 있는 수준으로 충분하다고 만족하는 동안에도 계속 의식이 높아지고 있습니다, 모순처럼 보이는 이 현상을 이해하게 해주세요.

마스터 나다여, 당신은 진리를 가져오고,
아침의 새들은 사랑으로 노래합니다.
마스터 나다여, 이제 우리는 네 하위체를,
모두 치유하는 당신의 사랑을 느낍니다.

**오 성령이시여, 나를 통해 흐르소서,
나는 당신을 위해 열린 문입니다.
세차게 흘러오는 전능한 빛의 강이여,
초월은 나의 신성한 권리입니다.**

6. 마스터 란토여, 평화의 입문인 여섯 번째 단계에서 평화롭게 존재하지 못한다면 다음 수준으로 비약적인 도약을 할 수 없다는 사실을 알게 해주세요. 내가 가진 지혜를 강요하면서 갈등을 일으키거나, 지혜와 함께 평화를 누리지 못한다면, 나는 일곱 번째 단계로 오를 수 없습니다.

마스터 나다여, 평화롭게 봉사하며,
나는 모든 감정을 놓아버립니다.

마스터 나다여, 삶이 즐거워지고,
내 태양신경총은 태양이 됩니다.

**오 성령이시여, 나를 통해 흐르소서,
나는 당신을 위해 열린 문입니다.
세차게 흘러오는 전능한 빛의 강이여,
초월은 나의 신성한 권리입니다.**

7. 나는 지혜의 특정한 표현을 다른 사람들에게 강요하려는 욕망을 버립니다. 내가 가진 지혜 안에서 평화로워지도록 나 자신을 자유롭게 하겠습니다. 내가 가진 지혜 안에서 평화로워야만, 그 지혜를 놓아버리는 데에도 평화로울 수 있습니다.

마스터 나다여, 사랑은 자유롭고,
어떤 조건들도 나를 묶지 못합니다.
마스터 나다여, 높이 상승하여,
인간적인 형태의 작은 사랑을 초월합니다.

**오 성령이시여, 나를 통해 흐르소서,
나는 당신을 위해 열린 문입니다.
세차게 흘러오는 전능한 빛의 강이여,
초월은 나의 신성한 권리입니다.**

8. 마스터 란토여, 당신의 눈을 똑바로 바라보며 말합니다: "마스터여, 나는 이것 이상을 원합니다. 나는 다음 단계의 입문을 원하지만, 현재의 내 지점에서 평화롭게 존재합니다, 내가 준비가 된 때를 당신이 결정하시도록 내맡깁니다."

마스터 나다여, 우리의 요청으로,

당신은 일곱 광선을 모두 균형 잡습니다.
마스터 나다여, 높이 오르며 비추소서,
당신의 찬란한 아름다움은 너무나 신성합니다.

**오 성령이시여, 나를 통해 흐르소서,
나는 당신을 위해 열린 문입니다.
세차게 흘러오는 전능한 빛의 강이여,
초월은 나의 신성한 권리입니다.**

9. 마스터 란토여, 나는 기꺼이 당신을 마스터로 대하며, 나는 학생이 되고자 합니다. 나는 둥지에서 떠날 때 내 날개로 날아오를 것을 알기에, 내면의 평화를 누립니다.

사랑하는 나다여, 당신의 현존은,
나의 내면 구체를 충만하게 합니다,
삶은 이제 신성한 흐름이 되어,
모두에게 신의 평화를 부여합니다.

**오 성령이시여, 나를 통해 흐르소서,
나는 당신을 위해 열린 문입니다.
세차게 흘러오는 전능한 빛의 강이여,
초월은 나의 신성한 권리입니다.**

봉인하기
신성한 어머니의 이름으로, 나는 이 요청의 힘이 마터 빛을 자유롭게 함으로써, 나 자신의 삶과 모든 사람과 행성을 위한 그리스도의 완전한 비전을 구현할 수 있음을 전적으로 받아들입니다. I AM THAT I AM의 이름으로, 이것이 이루어졌습니다! 아멘.

16
지혜와 자유

나는 란토이며, 실재를 알기 때문에 자유롭습니다.

로열 티톤 은거처에서 일곱 번째 수준의 입문은, 자유에 관한 것입니다. 자유는 지혜와 어떤 관련이 있을까요? 가장 높은 지혜, 즉 궁극적인 지혜를 가져야만 자유로울 수 있다고 말하는 사람들이 있습니다. 여러분이 최상의 지혜를 받아들여야만 자유로울 수 있다고 말하는 사람들도 있습니다.

이원적인 믿음 체계의 비실재성

지구상의 대부분의 믿음 체계를 보면, 그 체계에 대한 선형적인 추종자들은 그들이 교리와 사상, 지혜를 가지고 있으므로 자신들은 자유롭다고 합니다. 그리고 그들 이외의 다른 모든 이들은, 무지나 악마 등 그들 체계가 적(敵)으로 간주한 것들의 노예가 된다고 생각합니다. 진실로, '적'이 있기는 하지만, 그것은 실재가 아닙니다. '적'이란 지구상 대부분의 믿음 체계가 이른바, 선의 반대나 신의 반대로 생각하는 것이 아닙니다. 다양한 가르침을 통해 우리가 말했듯이, 이원성 의식은 오직 서로의 관계 안에서만 존재하는 두 개의 반대 극성을 만듭니다. 지구상 대부분의 믿음 체계가 선과 악으로 정의하는 것은 모두 이원성 의식으로부터 생겨났습니다.

비록 믿음 체계가 '선함'을 '신'으로 꼬리표를 붙일지라도, 그것은 진정한 신, 형체가 없는 초월적인 신이 아닙니다. 그것은 그 믿음 체계에 의해 정의되고, 만들어진 형상적인 신입니다. 물론 이 체계는 분리된 의식에 물든 자들이 정의한 것입니다, 이들은 지구상의 거짓 교사들인 거짓 계층을 의미합니다. 그들은 체계를 정의하고, 또 그 체계에 맞는 신을 정의하기 위해서, 자신들이 신에 대한 궁극적인 정의를 할 수 있다고 주장합니다, 더불어 막강한 권력의 힘으로 그 체계를 드높이기 위해 이원성 의식을 이용해왔습니다.

여러분이 지구상의 단어로 신을 정의할 수 있다고 생각할 때마다, 이는 스스로 진정한 지혜가 없음을 증명하고 있는 것입니다. 여러분은 지혜를 정의하려고 자신만의 체계를 창조했던, 거짓되고 상대적이며 이원적인 지혜만을 가지고 있다는 뜻입니다. 이러한 체계는 특히 의식의 48단계 아래의 사람들이 필요하다고 생각하는 어떤 이점을 줍니다. 여러분이 다른 사람들보다 우월감을 느끼고 싶거나, 여러분과 자신의 그룹은 구원을 받았고 다른 사람들은 영원히 지옥에서 구원받을 수 없다고 느끼고 싶다면, 여러분에게는 그런 체계가 필요합니다. 그러나 여러분이 상승 마스터 학생이 되고, 의식의 48단계에서 96단계로 올라가는 과정을 목표로 삼는다면, 궁극적인 진리를 정의하고자 하는 이러한 접근법을 계속해서 가지고 있을 수는 없습니다. 여러분이 지혜를 언제나 말로 규정된 무언가로 비유해야 한다면, 지혜를 자유롭게 표현할 수 없습니다.

지혜의 영을 위한 열린 문이 되기

지혜를 진정으로 알기 위하여 내가 이야기한 궁극적인 열쇠는 무엇이었나요? 그것은 지구상에서 말로 된 체계를 초월하고, 여러분 내면에서 지혜의 영에게 조율하는 것입니다. 여러분이 외면의 자아가 가진 인식 필터 밖으로 나와서 의식하는 자아로서 영을 경험할 때까지는, 지혜에 대해서 알지 못합니다. 여러분이 지혜를 잘 알지도 못하면서, 왜 다른 사람들에게 제한된 비전일 수밖에 없는 것을 강요하려고 합니까? 어째서 여러분은 스스로 다른 이들을 판단하려고 합니까?

물론, 여러분은 그러한 판단자로서 자신을 세울 수 있습니다, 하지만, 그렇다면 여러분은 상승 마스터의 진정한 학생이 될 수는 없습니다. 여러분은 특정한 상승 마스터의 우월한 지혜의 가르침을 가진 상승 마스터 학생이라고 주장할 수는 있겠지만, 진정한 학생은 아닙니다. 여러분은 거짓 학생 중 하나입니다. 여러분은 자신의 거짓 여정에 대한 관점을 입증하기 위해 말로 표현된 우리의 외적인 가르침을 사용하고 있을 뿐입니다.

우리는 물론 이것에 속지 않습니다. 지구 사람들은 그것에 속아 넘어갈 수 있습니다. 우리의 학생이라고 주장하며, 자신이 어떤 상승 마스터의 우월한 지혜를 가지고 있다고 스스로를 속이고, 심지어 다른 사람들을 속이는 많은 사람을 우리는 분명히 알고 있습니다. 자신의 지혜를 다른 사람들에 대한 무기로 사용한다면, 여러분은 자신이 외적인 지혜만을 가지고 있음을 스스로 증명하는 것입니다. 이때 여러분은 영 안에 있는 것이 아니므로 자유롭지 못합니다. 특정한 상황에서 지혜의 영이 여러분을 통해 표현하고 싶어하는 것을, 외면의 마음으로 어떻게 알 수 있을까요? 지혜의 어떤 표현이 자신을 통해 표현되기 전에, 항상 외적인 체계와 비교되고 외적인 체계에 따라야 한다고 요구하고 있다면, 여러분은 영에게 어떤 공간을 내어줄 수 있을까요?

여러분은 이렇게 말할지도 모릅니다, "그러나 나한테는 후원받는 메신저에게서 나온 상승 마스터 가르침이 있어요. 이것은 타당한 가르침이 틀림없어요." 물론 그것은 틀림없이 타당한 가르침일 것입니다. 그 가르침이 주어진 당시에는, 그 수준에서 필요한 지혜의 영의 표현이었기 때문에 이것이 유효했습니다. 그러나 그것은 특정한 의식 수준을 위해 주어진 것입니다. 아마도 그 가르침은 특정한 의식 수준과 그 아래 수준의 사람들에게는 여전히 유효하겠지만, 오늘날 지혜의 영이 여러분이나 다른 사람들을 통해서 무엇을 표현하기로 결정했는지 무엇을 원하는지 어떻게 알까요?

상승 마스터들이 단체와 일하는 방식

우리는 항상 자신들이 상승 마스터 학생이라고 주장하며 특정한 상승 마스터 단체나, 자신들의 주된 가르침으로 상승 마스터 가르침을 채택한 사람들을 봅니다. 그들은 그것이 타당하다고 믿습니다. 종종 그들은 그것이 유일한 진리이거나, 적어도 최상의 가르침이라고 믿습니다. 이러한 학생들은 종종 자신이 택한 단체의 뒤를 잇는 메신저들에 대해서는 신뢰할 수 없을 것이라고 말합니다. 그들은 예전 가르침이나 이전의 메신저, 혹은 특정한 집단의 문화에서 언급되어 온 무엇인가를 주장합니다, 즉 그것이 궁극적인 가르침이며, 그 이후에 나온 것은 아무것도 아니라고 주장합니다.

사랑하는 이들이여, 상승 마스터들인 우리가, 왜 1세기 전부터 메신저를 통하여 우리를 직접 표현하기 시작했다고 생각합니까? 왜 우리가 그 이전에는 숨어 있었다가 갑자기 대중의식에 우리를 드러냈다고 생각합니까? 그 이유는, 당시 인류의 의식은 우리를 드러낼

만큼 충분한 수준으로 높아지지 않아서, 우리가 대중 앞에 나타나는 것이 허용되지 않는 신비 법칙(occult law)이 있었기 때문입니다. 그 후 대중의식의 변화가 일어나고 의식이 충분히 고양되었을 때, 우리는 공개적으로 스스로를 표현하기 위해서 카르마 위원회의 허가를 받았고, 그 즉시 우리를 드러내기 시작했습니다.

우리가 처음으로 얻은 반응은 무엇이었을까요? 전통적인 종교인들은, "우리 경전이 궁극의 진리로써 할 말을 다하고 있는데, 당신들이 왜 새로운 계시를 가지고 나타났습니까"라고 말했습니다. 우리는 크리스천들이 이렇게 말하는 것을 들었습니다. 또한, 이슬람교인들의 말도 들었습니다. 유대인들의 말도 들었습니다. 우리는 불교, 힌두교, 도교 등 모든 영적인 단체로부터 이런 식의 반응을 들었습니다. 우리는 왜 1800년대에 공개적으로 우리 자신을 표현하기 시작했을까요? 인류에게 전해야 할 더 많은 내용이 있었기 때문입니다, 우리에게는 진보적이고 지속적인 계시가 있습니다. 예, 우리는 특정한 단체들과 메신저들을 후원했습니다. 그들이 새롭고 점진적인 계시를 가져오는 동안에는 타당했지만, 이런 저런 이유로 그 시혜는 끝나게 되었습니다.

이것이 우리 상승 마스터들이 이제 더 이상 전할 것이 없다는 의미일까요? 자신들의 메신저의 뒤를 이은 어떤 메신저를 반박하는, 전통적인 종교인과 똑같은 논리를 사용하는 상승 마스터 학생들이 있었습니다. 여러분은 우리가, 우리 학생들이 전통적이고 근본주의 종교인들과 같은 사고방식에 빠지기를 바란다고 생각합니까? 여러분이 특정한 단체나 어떤 메신저에 집착해서 계속되는 점진적 계시에 여러분의 마음을 닫아버리기를 바란다고 생각합니까? 아닙니다, 우리는 여러분이 나아갈 준비가 됐을 때, 계속 나아가기를 바랍니다.

하지만, 이는 여러분이 지금 당장 나아가야 한다는 의미는 아닙니다. 다시 말하지만, 우리가 원하는 것은 모든 사람이 상승 마스터 가르침을 따르고, 이 담화를 포함하여 특정한 상승 마스터 가르침을 따르게 하는 것이 아닙니다. 이 말은 우리가 학생들이 내면의 인도에 열리게 되기를 바란다는 의미입니다. 만약 여러분이 특정한 외적인 가르침을 넘어서 새로운 가르침을 보라는 인도를 받는다면, "천만에, 이전 가르침에서 거의 다 말해서, 이 마스터는 더 이상 할 말이 없을 거야"라며 외면의 마음으로 결정하는 대신 내면의 인도를 따르기를 바랍니다.

여러분이 이렇게 내면의 인도를 무시할 때는, 내가 지난 담화에서 알려준 내용을 실천하지 못하고 있는 것입니다. 여러분은 우리를 스승으로, 자신을 상승 마스터 학생으로 받아들이는데 실패하고 있는 것입니다. 여러분은 자신이 상승 마스터들이 무엇을 말해야 할지, 언제 말해야 할지, 그리고 어떻게 말해야 할지 말해줄 수 있는 마스터가 되었다고 생각합니다. 이것은 여러분이 현재 의식 수준을 넘어서기 위한 건설적인 마음 상태가 아닙니다. 여러분이 두 번째 광선의 일곱 번째 수준으로 오르고, 이제 더 나아가 세 번째 광선의 입문으로 들어가고자 한다면, 이것은 분명히 건설적인 마음 상태가 아닙니다.

지혜의 영(Spirit) 안에서의 자유

일곱 번째 수준으로 오르고 입문을 통과하기 위해서는 지혜에 대하여 자유로워져야 합니다. 이것은 무엇보다도, 지혜의 영이 여러분을 이동시킬 때, 자유롭게 나아갈 수 있어야 한다는 의미입니다. 이때 여러분은 지혜의 영을 차단하거나 제한하거나 방해하는 외면의 마음이나 특정한 외적인 가르침을 이용하지 않습니다. 나아가고자 하는 내면의 충동을 느낄 때, 여러분은 나아갑니다. 여러분은 끊임없이 영과의 조율을 높이고자 합니다. 이것이 자유입니다, 이것이 우리가 학생들이 알았으면 하는 것입니다. 우리는 여러분이 외면의 마음을 사용해서 이전의 가르침을 버리고, 다른 것을 받아들여야 한다고 말하는 것이 아닙니다. 우리는 여러분이 외면의 마음을 넘어서, 영이 여러분을 통해 움직이려는 방향을 스스로 내면에서 느끼고 또한, 알아야 한다고 말하고 있습니다.

성 저메인께서 여러 번의 담화를 발표했듯이, 자유는 사람들이 이해하기 어려운 개념 중의 하나입니다. 여러분이 적어도 96단계의 입문을 통과할 때까지, 자유는 궁극적인 도전 과제입니다. 자유는 자유롭습니다, 하지만, 에고와 거짓 계층의 사칭자들은 무엇을 원할까요? 그들은 자유가 지구상의 조건들로 정의되어야 자유로워질 수 있다고 말하고 싶어합니다. 이것은 물론, 그렇지 않습니다. 여러분이 지혜의 영과 하나가 될 때까지 여러분은 진정으로 자유로워질 수 없습니다, 그 영을 지구상의 체계에 억지로 집어넣기를 바란다면, 영과 하나가 될 수 없습니다. 지혜의 영은 단순히 그런 체계를 따르지 않으며, 특정한 틀 안에 강요하려는 여러분의 시도에 따르지도 않습니다.

여러분이 우리 은거처에서 일곱 번째 광선의 입문에 올 때, 당연히 여러분은 의식의 96단계에 있지 않습니다. 우리는 여러분이 그 수준에 있다고 기대하지 않습니다. 나아가 여러분이 144단계에 있고, 상승을 위한 준비가 되었다고는 더욱 기대하지 않습니다. 이것은 여러분이 최상의 지혜를 이해할 방법이 전혀 없다는 의미입니다. 이 지점에서 여러분이 받아들이는 외적인 가르침이 무엇이든, 그 가르침은 여러분의 현재 의식 수준에서의 이해를 위한 것이고, 여러분이 태어나고 자란 곳의 환경과 문화에 기반을 둔 가르침입니다. 그것은 여러분의 의식 수준과 외부 상황을 고려해볼 때, 지금의 여러분에게는 가능한 최상의 가르침입니다. 우리는 여러분에게 강압적으로 특정한 가르침을 포기하거나 다른 가르침을 받아들이게 할 의사가 전혀 없습니다.

지금 여러분이 이해하기를 바라는 것은, 여러분이 현재 가지고 있는 가르침을 받아들이면서 더 자유로워지고, 더 성장할 수 있도록 최대한으로 그것을 활용하는 것입니다. 그것은 상승 마스터 가르침뿐 아니라 다른 종교, 혹은 영적인 다른 가르침일 수도 있습니다, 우리는 그 가르침이 무엇이든 여러분이 현재 상황에서 가장 마음이 끌리는 가르침을 받아들여, 그것을 공부하고 적용함으로써 더 자유로워지기를 바랍니다. 여러분이 어떤 가르침도 가지고 있지 않다면, 우리는 여러분이 어느 한 가르침을 받아들여야 한다고 말하지도 않습니다. 우리는 여러분이 지금 가지고 있는 지혜를 공부하고 내면화하여 자유를 느끼며 살기를 바랍니다. 여러분이 외면의 마음을 이용해 스스로를 강요하지 않을 때, 특정한 가르침을 공부하고 내면화하며 적용하는데 여러분은 진정으로 자유로울 수 있습니다.

영적인 가르침을 내면화한다는 것은 무슨 의미인가?

새가 처음 둥지에서 날기 전에 양자 도약이 필요하다고 말했던 내용을 기억합니까? 여러분이 특정 외적인 가르침이나 교리, 일련의 규칙, 심지어 영적인 관습을 따르고자 선형적인 마음으로 스스로를 강요한다면, 여러분은 영이 자신을 움직이도록 하는 데 자유롭지 않습니다. 이것은 실제로 여러분이 가진 가르침을 진정으로 내면화하거나 적용하지 못하고 있다는 의미입니다. 영적 혹은 종교적인 운동을 진솔하게 살펴보면, 눈에 보이는 가장 큰 문제점이 무엇입니까? 그것은 정확하게 말해서, 많은 사람이 말대로 행하지 않는다는 것입니다. 그들은 특정한 가르침, 예를 들어, 예수께서 "다른 뺨을 내밀어라"라고 하신 말씀을 알고 있습니다. 외면의 마음으로는 가르침을 잘 알고 있지만, 그것을 그 돌발 상황에서 실제로 적용하고, 삶 속에서 표현하는 것은 별개입니다. 많은 사람은 그들이 특정한 가르침을 이해했으며, 그 가르침에 따라 살아갈 수 있다고 느끼지만, 예상치 못한 상황이 발생하면 그 가르침을 적용하지 못합니다. 나는 여러분에게 여기에서 비웃거나 반어법을 사용하고 있지 않습니다. 나는 그냥 솔직하게 말하고 있습니다. 어떤 비난도 할 생각이 없습니다. 여러분에게 죄책감이나 열등감을 유발하려는 것이 아닙니다. 나는 여러분이 자신의 말대로 행할 수 없고 특정한 가르침을 참으로 적용시킬 수 없다면, 그것은 여러분이 그 가르침을 내면화하는데 실제로 자유롭지 못했기 때문이라는 사실을 알았으면 해서 그렇게 말하는 것입니다. 여러분은 외면의 마음으로 자신의 영을 외적인 교리나 일련의 규칙에 따르도록 강요하고 있기 때문에, 자유롭지 못합니다.

실제로 영적인 가르침대로 사는 것이 무엇을 의미하는지 생각해 보세요. 여기에 접근하는 두 가지 방식이 있습니다. 대부분의 사람이 취하는 접근 방식은, 특정한 외적인 가르침을 정의하고 일련의 행동 규칙을 세운 다음, 외면의 마음으로 자신들이 그 규칙들을 따르도록 스스로에게 강요하는 것입니다. 이는 "이것은 하고, 저것은 하지 마라"라는 규정에 관한 문제입니다. 그리고 그들은 이런 외적인 행동을 준수하기만 한다면, 자신이 가르침대로 행동하는 것이며, 가르침대로 살아가고 있다고 생각합니다. 그런데 여러분은 외적인 가르침이 왜 필요한가요?

상승 마스터 가르침에 열린 여러분은, 지구에서 상승하는 지점에 도달할 수 있는 가능성이 있습니다. 내가 설명했듯이, 상승은 여러분이 지구상의 모든 규칙과 제약, 제한과 신념을 떨쳐 버려야 하는 궁극적인 양자 도약입니다. 여러분은 그 모든 것을 놓아버려야 합니다. 여러분이 스스로를 여전히 외적 규칙에 따르도록 강요한다면, 어떻게 상승할 수 있겠습니까? 우리가 반복해서 설명하듯이, 상승이란 영과 하나됨으로 나아가는 과정입니다, 그러나 분리 의식에 기초한 외면의 마음을 통해서 보려고 한다면 어떻게 하나가 될 수 있겠습니까? 문제를 만들어낸 것과 같은 의식 상태로 어떻게 문제를 해결할 수 있겠습니까? 분리 의식을 통해서 어떻게 하나가 될 수 있겠습니까? 필사의 자아와 에고가 어떻게 여러분을 상승으로 데려가줄 수 있겠습니까?

이것이 내가 영적인 성장은 선형적인 과정이 아니라고 말한 이유입니다. 이것은 외적인 규칙을 정하고, 그 규칙에 따라서 살아야 하는 문제가 아닙니다. 영적인 성장은 내면의 깨달음과 내면의 인식에 도달하는 문제입니다. 여러분이 도달해야 하는 내면의 자각은 무엇일까요? 지구상의 아주 많은 영적인 사람이 영적인 세계나 하늘나라, 상승한 상태에 들어가기에 합당한 자격으로서, 일련의 외적 규칙들로 정의된 그들의 특별한 가르침을 믿습니다. 이것은 진정한 가르침이 아닙니다. 진정한 가르침은, 여러분이 여러분 자신인 영과 하나됨에 이르면, 하늘나라에 있게 된다고 말합니다, 왜냐하면, 그 영이 하늘나라이며, 하늘나라는 영과 하나됨의 상태이기 때문입니다.

여러분 외면의 마음은 하늘나라에 가는 것이 외적인 규칙에 따라 사는 문제라고 생각하지만, 실제로는 여러분이 그 외적인 제약으로부터 스스로를 자유롭게 하는 문제입니다. 또한, 그것은 여러분이, 우리가 '의식하는 자아'라고 불렀던 형상 없는 존재임을 깨닫는 문제입니다. 여러분은 지구상의 어떠한 형태로도 정의되지 않으므로, 하늘나라에 들어가기 위해 지구상의 어떠한 형태에 따라서 살아갈 필요가 없습니다. 여러분은 특정한 형태와의 동일시에서 자신을 분리시켜야 하며, 진정한 자신인 영과 더 많이 하나가 되어야 합니다.

영적인 가르침에 따라 사는 법

특정한 영적인 가르침에 따라 살아가려면 무엇이 필요할까요? 예를 들면, 다른 뺨을 돌리라는 예수님의 요청을 따른다고 해보세요. 자신에게 무슨 일이 일어나든, 진정으로 이 요청에 따라 어떻게 비폭력으로 반응할 수 있을까요? 분리된 자아를 통해서는 절대로 그렇게 하지 못한다는 것을 이해합니까? 분리된 자아는 분리되어 있으며, 이는 지상의 것들에 위협을 느낀다는 의미입니다. 분리된 자아는 필멸이며 지상의 것들에 의해 손상될 수 있으므로, 지상의 것들을 위협으로 느낍니다. 반면에 여러분의 아이앰 현존은 상위 영역에 존재합니다. 아이앰 현존은 자신이 지상의 어떠한 조건에도 손상받지 않음을 알기에, 지상의 어떤 조건에도 위협받지 않습니다. 여러분의 아이앰 현존은 다른 뺨을 돌리라는 요청에 따라 살아가는 데 아무런 문제가 없습니다. 이것이 다른 뺨을 돌려대라는 말에 대한 근본적인 의미입니다.

우리는 아이앰 현존과 외면의 자아 사이에 의식하는 자아가 존재한다는 중요한 가르침을 주었습니다. 여기에서 진짜 질문은 이것입니다, '참된 나' 즉 '의식하는 자아'가 다른 뺨을 돌리라는 요청을 어떻게 따르며 살아갈 수 있을까? 여러분이 자신을 외면의 자아와 동일시하면서 그렇게 할 수 있을까요? 그렇게 할 수 없습니다, 왜냐하면, 실제로 외면의 자아는 결코 그 요청에 따를 수 없기 때문입니다. 외면의 자아는 "어떤 폭력적인 행동도 해서는 안 된다"는 정신적인 이미지를 만들 수 있습니다. 그러면 여러분은 그러한 행위를 하지 않고 그 이미지에 따라 살도록 스스로 강요할 수 있습니다, 그리고 여러분이 균형감을 잃는 상황에 노출되지 않는 한, 그렇게 하는데 성공할 수도 있습니다.

예를 들어, 자신들에게 통제권이 있다고 느끼는 상황에서는 비폭력적으로 평화와 균형을 유지하는 크리스천이 많습니다. 그러나 그들을 충격에 빠뜨리는 통제불능의 상황에 처하게 되면, 다른 뺨을 내밀겠다는 그들의 결심이 흔들립니다. 그 상황은 그들이 통제할 수 있다고 느끼는 범위와는 많이 다르기 때문에, 그들은 자신의 결심대로 행동하지 못합니다. 이럴 때 외면의 마음은 통제하기 위해서 무엇이든지 해보려고 하지만, 우리가 항상 말해왔듯이, 지구상에서 여러분이 하는 모든 것은 우주 거울 속으로 보내는 에너지 자극이 되고, 우주 거울은 다시 그것을 증폭하여 여러분에게 반사합니다.

여러분은 통제를 통해 비폭력을 행하겠다는 바로 그 사실로 인해, 우주 거울로부터 현재 상황보다 더 강한 상황이 되돌아올 에너지 자극을 보내고 있습니다. 여러분이 외면의 마음으로 통제하기 힘든 더 강한 상황이 우주 거울로부터 되돌아오는 것은 단지 시간문제이며, 여러분은 이제 다른 뺨을 돌려대겠다는 자신의 결심을 버리게 됩니다. 이제 여러분은 어떤 폭력적인 행동을 취하게 됩니다, 그러면 에고와 거짓 계층의 사칭자들은 기다렸다는 듯이, 여러분이 자신의 말대로 행할 수 없었다는 사실에 죄책감을 느끼기를 원합니다. 그러면 여러분은 자신을 정당화하고, 심지어 자신을 더 통제하려는 하향나선 속에 있게 됩니다, 그리고 이것은 결국 큰 중압감으로 작용하여 조만간 "나는 더 이상 못하겠어"라고 말하며, 두 손 들고 항복합니다.

그러나 우리는 학생들이 더 나은 방법이 있음을 깨닫기를 바랍니다, 더 나은 방법은 여러분 자신이 '의식하는 자아'임을 깨닫는 것입니다. 여러분은 외면의 마음, 즉 분리된 자아와의 동일시로부터 철회할 선택권이 있습니다. 대신 여러분은 아이앰 현존과 하나가 될 수 있습니다. 이제 여러분은 외적인 관념을 따르도록 자신을 강요하고 있기 때문에 비폭력적으로 되는 것이 아닙니다, 여러분은 현존이 자신을 통해서 표현하도록 허용하고 있기 때문에 비폭력적으로 되는 것입니다, 현존은 본질적으로 비폭력적입니다.

그것이 여러분이 가르침대로 행하는 방법입니다. 그것이, 의식하는 자아가 외면의 자아와의 동일시에서 벗어나, 아이앰 현존과 동일시하는 정체감으로 전환함으로써 여러분이 가르침대로 살아가는 방법입니다. 여러분은 아이앰 현존이 여러분을 통해 자신을 표현하는 열린 문이 되고, 그것이 가르침 대로 행할 수 있는 유일한 방법이자, 영적인 가르침을 온전히 통합하고, 내면화하여 표현할 수 있는 방법입니다. 이제 여러분은 외적이고 영적인 가르침을 표현하려 하지 않습니다.

여러분의 목표는 외적인 규칙들을 알거나 그것을 따르는 것이 아닙니다. 여러분의 목표는 영적인 가르침을 단지 영과의 하나됨을 향해 올라가는 사다리로써 사용하고, 영이 여러분을 통해 스스로를 표현하도록 허용하는 것입니다.

영과 하나됨을 향해 오르기

우리는 여러분이 입문의 이 수준에서는 이것을 온전히 다 할 수 없음을 충분히 알고 있습니다. 우리는 그런 요구를 하지 않습니다. 우리는 여러분이 이 가르침을 의식하는 마음으로 살펴보고, 외적인 가르침을 따르는 방식에서 초점을 전환하여 양자 도약을 하기 위해 의식적인 자각의 측면에서 무엇이 필요한지 생각해보도록 요청합니다. 여러분은 먼저 신의 왕국을 구하는 것으로 초점을 전환합니다, 그러면 다른 모든 것이 여러분에게 더해질 것입니다, 왜냐하면, 여러분은 영과 하나됨을 구하기 때문입니다. 여러분은 이것을 여러분의 외적이며, 의식적인 목표로 정합니다.

나는 여러분이 지금 당장 영과 혼연일체가 될 수 없다는 것을 압니다, 하지만, 두 번째 광선의 일곱 번째 입문에 올 때, 우월한 지혜란 과거 많은 사람이 해왔던 방식으로 영적인 가르침을 적용하는 일이 아님을 여러분은 깨달을 수 있습니다. 여러분이 올라갈 수 있는 더 높은 지혜, 영적인 가르침의 목표가 가르침 이면에 있는 영과 하나되는 일임을 깨닫는 것입니다. 여러분이 이 목표에 도달하게 되면 훨씬 더 자유로워집니다. 여러분은 외적인 가르침과 규칙의 선형적인 해석에 따르도록 스스로를 강요하지 않아도 됩니다. 스스로에게 자신의 외적인 행동뿐만 아니라 생각과 감정도 더 이상 강요할 필요가 없을 때, 여러분이 얼마나 가벼워지는지 놀라게 됩니다.

참된 가르침과 거짓 가르침의 차이

여러분은 뒤로 물러나, 특정한 패턴의 영적인 가르침으로 자신의 행동과 감정과 생각을 강요하기 위해 그 가르침을 어떻게 이용하고 있는지 스스로를 살펴본 적이 있습니까? 이것이 자신에게 얼마나 큰 부담이 되는지 스스로 느낄 수 있도록 허용해보았나요? 나는 외면의 자아와 거짓 계층의 사칭자들, 그리고 다른 많은 사람이 이 가르침에 대해 뭐라고 말할지 잘 알고 있습니다. 그들은 이렇게 말할 것입니다, "이것은 거짓 가르침입니다, 왜냐하면, 이런저런 가르침을 지속적으로 적용하면, 여러분이 궁극적인 목표를 확실히 달성한다는 가르침이 없기 때문입니다." 궁극의 목표를 보장하는 규칙 같은 것들은 실제로 가르침이 의도하는 바가 아닙니다, 거짓 가르침이 아니라면 말입니다.

참된 상승 마스터 가르침은, 만약 여러분이 현재 의식 수준을 끊임없이 초월해 나간다면, 상승 자격을 얻을 것이라고 말합니다. 이것이 진정한 영적인 가르침이 말할 수 있는 모든 것입니다. 진정한 가르침은 여러분에게 외적인 규칙 또는 의례를 따르거나 어떤 외적인 가르침을 믿는다고 해서 자동으로 상승 자격이 주어진다고 약속하지 않습니다. 진정한 가르침은 오직 상승 영역에서 주어지며, 상승한 존재들은 상승하기 위해 무엇이 필요한지 잘 알고 있습니다. 이 존재들은 결국에는 모든 외적인 가르침과 언어로 된 모든 믿음과 이미지를 초월해야 한다는 사실을 알고 있습니다.

여러분은 모든 것을 놓아버리고, 언어로 표현될 수 없는 영과 하나됨에 도달해야 합니다. 영은 언어로 표현될 수는 있지만, 특정한 표현에 한정될 수는 없습니다. 영은 언제나 언어적인 표현 이상이며, 여러분은 오직 언어를 넘어선 그 이상에 도달함으로써 영과 하나가 될 수 있습니다. 여러분의 주의력을 말에 고정시킬 때, 여러분은 본질적으로 영에게 이렇게 말하고 있는 것입니다: "이 외적인 가르침을 적용해서 우월감을 느끼고 싶으니, 나를 내버려두세요." 이러한 결정을 하는 것은 여러분의 권리입니다. 나는 여러분의 권리를 옹호할 수 있지만, 그렇게 되면 여러분이 I AM인 지혜의 영을 잃었다고 말해야 합니다.

I AM인 영(spirit that I AM)을 거부한다면, 내 학생이 될 수 없습니다. 나는 란토입니다. 나는 두 번째 광선의 초한입니다. 이 책처럼, 나는 언어를 통해 스스로를 표현할 수 있습니다. 나는 말 속에 있지만, 나는 말 그 이상입니다. 여러분이 이 책으로 열심히 공부하

고 또 공부하고 도구를 적용한다고 해서, 영과 하나됨에 도달할 것으로 생각한다면 잘못된 생각입니다. 여러분은 오직 외적인 가르침과 도구들을 초월함으로, 나와 하나됨에 도달합니다. 여러분은 주어진 가르침과 도구들을 영에게 조율하는 수단으로 사용해야 합니다. 많은 종교인들이 여러 시대에 걸쳐 외적인 가르침을 마련하고 우월하다고 정의한 다음, 신과 영에게 그 외적인 가르침을 따르고 유효성을 입증하도록 강요했습니다. 다시 말하지만, 이것은 모든 것을 강요하려는 분리된 자아입니다. 에고와 분리된 자아가 영을 특정한 매트릭스로 강요하려는 시도가 얼마나 승산이 있다고 생각합니까? 영에게 특정한 메트릭스를 따르도록 강요하는 일이 가능하다는 추락한 존재들이 확산시킨 거짓말을, 지구의 너무나 많은 사람이 실제로 믿고 있습니다. 추락한 존재들은 언젠가는 그들이 설정한 신의 정의를 진정한 신이 따르도록 압력을 가할 수 있을 것이라고, 오랫동안 믿어왔습니다.

로열 티톤 은거처의 일곱 번째 수준에 도달할 때, 여러분은 양자도약을 할 수 있고, 이러한 접근방식의 오류를 경험할 수 있는 지점에 있게 됩니다. 여러분은 지혜의 영이 말로 표현된 외적인 가르침에 절대로 따르지 않는다는 사실을 알 수 있습니다. 영은 항상 그 이상이며, 여러분이 오직 언어를 넘어 직접 영과 하나가 되었을 때만, 그 영에 대해 알 수 있습니다. 여러분은 이것을 알 수 있습니다. 여러분은 의식하는 마음으로 이것을 알 수 있으며, 이것을 여러분이 알게 되었을 때 자유로울 수 있습니다.

현재 수준에서 어떤 가르침이 여러분에게 적용되더라도, 그것을 받아들이세요. 그것을 공부하고 실행하세요, 그러나 무엇보다도, 그것을 내면화하고 가르침 너머에 있는 영에게 도달하기 위해서 그 외적인 가르침을 이용하도록 노력하세요. 이렇게 한다면, 어떤 외적인 가르침이든 그것은 여러분을 더 높이 이끌게 됩니다. 그것은 그 가르침이 이끌 수 있는 여정의 가장 높은 지점으로 여러분을 인도합니다. 여러분이 계속해서 영과의 하나됨을 위해 노력한다면, 다음에는 어디로 향할지에 대해서 내면의 인도를 받게 됩니다, 이것은 다른 외적인 가르침일 수도 있고, 또는 여러분이 내면을 향할 준비가 되어 있다면, 그리스도 자아와 아이엠 현존, 그리고 상승 마스터와의 내면의 접촉을 확립하기 위한 가르침일 수도 있습니다.

선형적인 단계와 양자 도약의 조합

나는 로열 티톤 은거처에서 일곱 번째 수준의 입문을 이해하기 시작한 학생들을 위해 그들을 데리고 갈 특별한 방을 만들었습니다. 나는 그들이 실제로 입문을 이해한 후에만 그곳으로 데려갑니다. 일종의 포상으로, 나는 그들을 그곳으로 데려가 행성 지구가 얼마나 아름다운 테피스트리로 묘사될 수 있는지 보여줍니다. 이것은 지도와 유사하며, 여러분이 도달해야 하는 목표를 보여줍니다. 이것은 산의 지형도와 비슷해 보이는데, 테피스트리는 여러 개의 많은 길이 어떻게 산으로 향하는지를 보여줍니다. 또한, 모든 길이 협곡을 건너거나 다른 길로 나뉘어져 있어서, 산으로 직접 연결되는 길이 없음을 보여줍니다.

여러분이 걷고 있는 대부분의 여정에서는, 걸어서는 반대쪽으로 건너갈 수 없는 어떤 지점이 있습니다. 강이 있을 수 있습니다. 깊은 협곡이 있을 수 있습니다. 늪이나 밀림이 있을 수도 있습니다. 그러므로 여러분은 걸어서는 건널 수 없습니다. 여러분은 다른 방법을 찾아야 합니다. 내가 제시했듯이, 여러분은 이 지점에서 양자 도약을 해야 합니다. 걸어서 멀리 갈 수도 있지만, 강에 도달한다면 걷는 것이 그다지 좋은 방법이 아닙니다. 여러분은 다른 교통 수단이 필요합니다. 여러분은 보트가 필요할 수도 있고, 건널 수 있는 다리나 줄이 필요한 협곡에 다다를 수도 있습니다.

요점은 이 수준의 학생들은 여정이 선형적이 아니라는 사실을 알아야 한다는 것입니다, 이것은 선형적인 단계와 양자 도약의 조합입니다. 일련의 선형적인 단계를 거쳐야 할 때도 있지만, 다른 측면으로의 양자 도약을 해야 하는 지점도 있습니다. 여러분이 양자 도약을 하지 않고 계속해서 걷는다면, 사막에서 이정표가 없어 사람들이 뱅뱅 도는 것처럼, 결국 원을 그리며 제자리를 걷게 됩니다.

학생들이 이 태피스트리를 볼 때, 그들은 매우 흥분합니다. 그들은 여정의 강력한 아름다움을 봅니다. 그들이 직면한 모든 외적 조건 뒤에는, 모든 사람을 집으로 인도하는 이 아름다운 여정이 있다는 사실을 알게 됩니다. 수많은 학생이 그들의 외적인 삶에서 너무 힘든 상황에 직면해왔더라도, 그들이 내 은거처의 이 수준에 도달할 때, 나는 그 상황이 아무리 추악하고, 영적이지 않았거나 불쾌한 경험일지라도, 그것 모두가 여정에서 앞으로 더 나아가기 위한 디딤돌이 될 수 있음을 그들에게 보여줄 수 있습니다. 외적인 상황을 초월하고 그 이면의 영에게 도달한다면, 그들은 모두 자신을 더 나아가게 할 수 있습니다.

영은 항상 모든 것의 배후에 존재합니다. 외면의 자아와 거짓 교사들은 너무나 추악하고, 굴욕적이며, 모멸적이고, 잔혹한 그리고 영적이지 않은 이러한 상황에서는 영에게 도달할 수 없다고 말합니다, 그러기 위해서는 충족되어야 할 지구상의 조건들이 있다고 말합니다. 지혜에 관해서, 거짓 계층의 사칭자들은 여러분이 지혜의 외적인 표현을 따라야 한다고 믿음으로써 결코 지혜의 영과 하나됨에 도달할 수 없게 되기를 바랍니다. 거짓 교사들은 여러분에게 정말 필요한 것이 외적인 지혜이며, 그것이 여러분을 궁극적인 목적지로 안내할 것이라고 말합니다. 이것이 단지 막다른 골목이며 실재가 아님을 알게 될 때, 여러분은 자유롭게 특정한 형태의 지혜를 포용하고, 진정한 목표는 영에게 도달하는 것임을 인식합니다. 외적 상황이 어떻든, 외적 형태나 지혜의 표현이 무엇이든, 진정한 목표는 영에게 도달하는 일입니다.

세 번째 광선의 입문으로 이동하기

여러분이 이것을 깨달을 때, 지혜의 영과 함께 흐르는데 자유롭습니다. 이때, 나는 여러분이 지혜의 영과 함께 흐른다는 것이 어떤 것인지를 잠시 동안 체험할 수 있는 여정으로 데려갈 것입니다. 이 여정은 그다지 길지 않는데, 우리는 단지 지혜와 함께 흐르는 것을 즐기기 위해서 이 여정에 있는 것이 아니기 때문입니다. 실제로 우리는 - 두 번째 광선 입문에서 세 번째 광선의 입문인 리버티 성에서 여러분을 기다리고 있는 베네치아의 폴께 여러분을 인도하는 - 협곡을 건너는 여정에 있습니다. 그는 여러분을 신의 사랑인 세 번째 광선 하에서 일곱 단계의 입문을 통해 여러분을 인도하게 됩니다.

학생들이 준비가 되었을 때, 그것은 나에게는 너무나 큰 기쁨입니다. 여러분은 내가 은거처의 모든 수준의 입문을 통과한 학생들이 계속 이곳에 남아 있기를 바란다고 생각할지도 모르겠습니다. 이것은 인간적인 사고방식입니다. 두 번째 광선의 마스터로서 내 목표는, 내 은거처의 모든 학생이 입문을 통과하도록 성장시켜, 내 업적에 대한 성과를 즐기길 원한다고 여러분의 인간적인 마음으로 생각할 수도 있습니다. 또한, 나의 최고의 학생들을 퍼레이드시키고, 그들을 멀리 이끈 것에 자부심을 느끼고 싶어한다고 생각할 수도 있습니다. 이것은 거짓 교사들이 하는 일이며, 나는 거짓 교사가 아닙니다. 나는 진정한 스승입니다.

가르침에서 나의 유일한 목표는, 내가 학생들을 이끌기로 되어 있는 데서 가능한 한 멀리 그들을 이끌고, 입문의 다음 단계로 학생들이 나아갈 수 있도록 돕는 것입니다. 나는 궁극적인 기쁨과 성취를 얻는 입문의 궁극적인 수준까지 학생들이 통과하는 것을 보려고 하지 않습니다. 학생들이 이동해서, 베네치아의 폴로부터 환영을 받는 상황을 보고 싶습니다. 그것이 나의 최고의 기쁨입니다. 여러분이 입문의 96단계에 도달한 후에 여러분이 선택한다면, 쉽게 나에게 돌아올 수 있음을 압니다, 하지만, 나는 자유롭기에 아무도, 그리고 아무것도 소유하기를 원하지 않으며 필요로 하지도 않습니다.

나는 지혜의 영과 함께 흐를 뿐만 아니라, 지혜의 영입니다. 현재의 의식 수준에서 이 구분은 의미가 없는 듯이 들리겠지만, 지구에서 상승을 이루기 전에 여러분은 내가 방금 한 말에 대한 온전한 의미를 알게 될 것입니다. 여러분 또한, 자신이 지혜의 영이고 다른 여섯 신적인 특성에 대한 영임을 깨닫게 될 것입니다. 여러분은 자신이 광선을 넘어선 영이고, 동시에 모든 광선의 조합인 영이지만, 여전히 그 이상이라는 사실도 알게 될 것입니다, 왜냐하면, 광선들은 형태를 가지고 있지만, 영은 형태를 넘어서 있기 때문입니다.

비록 여러분이 현재 인식 수준에서 이해할 수 있도록 특정한 형태를 취하고 있지만, 나 또한, 그러합니다. 그러니, 내가 어떤 형태에 갇혀 있다고 생각하지 마세요. 비록 나는 마스터 모어가 아니지만, 나도 마스터이자 그 이상입니다. 나는 두 번째 광선의 로드 란토입니다. 하지만, 나는 형언할 수 없는 영이기 때문에, 초한 그 이상의 존재입니다. 여러분이 형언할 수 없는 자신을 경험하고 이해할 때, 그때 나를 알게 됩니다.

17
영(Spirit) 안에서 자유를 기원합니다

I AM THAT I AM, 예수 그리스도의 이름으로 나의 아이앰 현존이, 무한히 초월해 가는 내 미래의 현존을 통해 흐르며, 완전한 권능으로 이 기원을 해주시기를 요청합니다. 사랑하는 엘로힘 아폴로와 루미나, 엘로힘 악튜러스와 빅토리아, 대천사 조피엘과 크리스틴, 대천사 자드키엘과 애머시스트, 마스터 란토와 성 저메인께 요청합니다, 내가 외적인 형상을 초월하여 만물의 배후에 있는 영과 하나됨에 이르도록 지상의 모든 경험을 활용하게 해주세요. 내가 마스터 란토와 하나되고 아이앰 현존과 하나되는 것을 막는 모든 패턴을 인식하고 내려놓도록 도와주세요…
(여기에 개인적인 요청을 추가하세요)

1. 나는 자유를 위해 도전합니다

1. 나는 상승 마스터 학생이며, 의식의 48단계에서 96단계로 오르는 일이 내 목표입니다. 나는 궁극적인 진리를 정의하려는 욕망을 놓아버립니다, 나는 자유롭게 지혜를 표현하며, 이것을 언어로 정의된 다른 어떤 지혜와 비교할 필요가 없습니다.

사랑하는 아폴로여, 당신의 지혜 광선으로,
내 눈을 열어주시어 새날을 보게 하소서,
나는 이원성의 거짓말과 기만을 꿰뚫어 보며,
패배를 가져오는 마음의 틀을 초월합니다.

사랑하는 아폴로, 황금빛 엘로힘이시여,
우리는 이제 당신의 찬란한 빛을 봅니다,
당신이 고요히 지혜의 페이지를 펼치면,
나는 모든 낡은 것에서 자유로워집니다.

2. 나는 외적인 자아의 인식 필터를 벗어나, 지혜의 영을 체험하고 있습니다. 나는 모든 제한된 비전과, 자신을 타인들의 심판자로 세우려는 성향을 놓아버립니다.

사랑하는 아폴로여, 당신의 화염 안에는,
언제나 생생한 지혜가 흐르고 있습니다,
당신의 빛 안에서 내 최상의 의지를 깨달으며,
나는 그 영원한 흐름에 합류합니다.

사랑하는 아폴로여, 당신의 빛은,
우리가 지상에 육화한 이유를 밝혀 줍니다,
우리는 선두에서 함께 일하며,
우리의 우주 구체를 더 높이 들어올립니다.

3. 지혜의 영이 특정한 상황에서 나를 통해 무엇을 표현하고 싶어 하는지 외면의 마음으로는 알 수가 없습니다. 지혜의 영이 나를 통해 자유롭게 자신을 표현할 수 있도록 여백을 두겠습니다.

사랑하는 아폴로여, 모든 거짓말을 드러내주시니,

나는 에고의 모든 결박을 끊어버립니다,
뱀의 이원성을 초월하는 진정한 열쇠는,
내 인식임을 깨닫습니다.

사랑하는 아폴로여, 이제 당신의 부름을 들으며,
우리는 위대한 지혜의 전당으로 인도됩니다,
추락으로 이끄는 모든 거짓말이 드러나니,
우리는 만물의 하나됨을 되찾습니다.

4. 나는 특정한 외적인 가르침 너머를 보거나 새로운 가르침을 살펴보기 위해 내면의 안내를 따릅니다. 나는 상승 마스터들을 스승으로 삼으며, 나 자신이 학생임을 받아들입니다. 나는 계속 방출되고 있는 상승 마스터들의 점진적인 계시와 함께 흘러가고 있습니다.

사랑하는 아폴로여, 당신의 지혜는 너무나 명료해서,
당신과 하나 되면 어떤 뱀도 두렵지 않습니다,
나는 기꺼이 내 눈의 들보를 보며,
뱀이 만들어낸 이원론에서 해방됩니다.

사랑하는 아폴로여, 나는 고양된 비전으로,
새로운 단계로 올라선 지구를 봅니다,
꿰뚫어 보는 당신의 시선은 나에게 힘을 주고,
나는 이원성의 미로를 벗어납니다.

5. 나는 현재의 내 의식 수준을 넘어서 올라갑니다. 나는 두 번째 광선의 일곱 번째 수준으로 올라가고 있으며, 지혜의 영이 나를 이동시킬 때 자유롭게 이동합니다.

사랑하는 악튜러스여, 모든 생명이 성장하도록,
지금 보라색 화염의 흐름을 방출하소서,
끝없이 확장되는 빛의 원들은,
모든 원자 안에서 너무나 밝게 고동칩니다.

사랑하는 악튜러스여, 그대 자유의 엘로힘이여,
당신의 실재에 내 가슴을 엽니다,
내 가슴은 무한 속으로 확장되며,
당신의 불꽃은 신성한 승리의 열쇠입니다.

6. 나는 외면의 마음이나 특정한 가르침을 사용하여 지혜의 영을 제한하지 않겠습니다. 이동해야 한다는 내면의 인도를 느낄 때 나는 이동합니다. 나는 계속해서 영과의 조율을 향상시키고 있습니다. 이것은 자유입니다; 이것이 바로 상승 마스터들이 학생들에게서 보고싶어하는 것입니다.

사랑하는 악튜러스여, 항상 나와 함께하소서,
나는 다시 태어나 새날을 맞을 준비가 되었습니다,
나는 이곳 지구의 삶에 아무런 집착이 없으며,
당신의 부활의 불꽃 속에서 새 삶을 선포합니다.

사랑하는 악튜러스여, 당신의 순수한 보라색 화염은,
모든 병에 대한 최고의 치료제입니다,
어떤 어둠도 그 화염을 견딜 수 없으며,
나의 자유를 영원히 지켜줍니다.

7. 자유는 궁극적인 도전입니다. 자유는 자유롭습니다; 그러나 에고와 거짓 계층의 사칭자들은 오직 지구의 조건에 의해 규정된 자유만이 자유롭다고 말하기를 원합니다.

사랑하는 악튜러스여, 당신의 찬란한 보라색 불꽃은,
이제 모든 원자를 채우며 더 높이 가속합니다,
모든 원자의 공간이 당신의 빛으로 충만해지니,
물질 자체가 밝은 빛을 내며 반짝입니다.

**사랑하는 악튜러스여, 변형을 가져오는 당신의 은총은,
이제 모든 도전에 맞설 힘을 내게 부어 주시고,
당신의 보라색 광선이 내면에 흘러넘치니,
나는 상승을 향해 흔쾌히 달려갑니다.**

8. 나는 지혜의 영과 하나되기 전에는 진정으로 자유롭지 못하며, 지구에서 설정된 틀 안에 영을 강제로 넣으려고 하면 영과 하나가 될 수 없습니다. 지혜의 영은 억지로 특정한 틀 안에 넣으려는 내 시도에 따르지 않습니다.

사랑하는 악튜러스여, 새로운 시대를 가져오시어,
지구와 인류가 새로운 장으로 진입하게 하소서,
당신의 변형하는 빛은 우리에게 확신을 주며,
성 저메인의 황금시대는 현실이 됩니다.

**사랑하는 악튜러스여, 모든 두려움을 굴복시키니,
당신의 현존은 닿을 듯이 가까이 있습니다,
나는 당신의 자유의 노래를 들으며,
신께서 나를 영원히 사랑하심을 깨닫습니다.**

9. 마스터 란토여, 이 시점에서 내가 받아들인 외적인 가르침은, 내 의식 수준과 외부 상황을 고려할 때, 지금의 나에게 가능한 최선의 가르침임을 받아들이게 해주세요.

가속해서 나를 일깨우소서, 나는(I AM) 실재하며,
가속해서 나를 일깨우소서, 모든 생명은 치유됩니다,
가속해서 나를 일깨우소서, 나는(I AM) 무한히 초월하며,
가속해서 나를 일깨우소서, 모든 의지는 비상합니다.

가속해서 나를 일깨우소서! (3번)
사랑하는 아폴로와 루미나.
가속해서 나를 일깨우소서! (3번)
사랑하는 조피엘과 크리스틴.
가속해서 나를 일깨우소서! (3번)
사랑하는 마스터 란토.
가속해서 나를 일깨우소서! (3번)
사랑하는 I AM.

2. 지상의 어떤 것으로도 나를 정의하지 못합니다

1. 마스터 란토여, 바로 지금 내게 주어진 가르침을 수용하여, 가능한 최대치로 활용하면서 더 성장하도록 도와주세요. 현재 상황에서 내 관심을 끄는 가르침을 자유롭게 수용하고, 공부하고, 적용하며 살아가도록 도와주세요.

대천사 조피엘이여, 위대한 지혜의 빛 안에서,
모든 뱀의 거짓말이 우리 눈에 드러납니다,
마음에 숨어드는 거짓말이 아무리 교묘해도,
당신은 내가 찾은 최고의 스승입니다.

대천사 조피엘이여, 모든 거짓말을 드러내고,
대천사 조피엘이여, 모든 결박을 잘라버리며.
대천사 조피엘이여, 하늘들을 정화하면서,

대천사 조피엘이여, 진실로 내 마음은 비상합니다.

2. 나는 자유롭게 지금 내가 가진 지혜를 공부하고 내면화하며 살아갑니다. 나는 외면의 마음으로 나 자신에게 무언가를 강요하지 않기에, 진정으로 자유롭습니다.

대천사 조피엘이여, 당신의 지혜에 경배하니,
당신의 검(劍)은 이원성의 베일을 갈라 버립니다.
당신이 길을 보여줄 때 무엇이 실재인지 깨닫고,
나는 뱀의 의심에서 즉시 치유됩니다.

**대천사 조피엘이여, 모든 거짓말을 드러내고,
대천사 조피엘이여, 모든 결박을 잘라버리며.
대천사 조피엘이여, 하늘들을 정화하면서,
대천사 조피엘이여, 진실로 내 마음은 비상합니다.**

3. 나는 스스로에게 규칙을 강요하려는 욕망을 놓아버리고, 영이 나를 자유롭게 이동하도록 허용하겠습니다. 나는 지금 내가 공부하는 가르침을 진정으로 내면화하고 적용할 수 있습니다. 나는 자신이 말하는 것을 실천하고 있습니다.

대천사 조피엘이여, 당신의 실재는,
이원성에 대한 최고의 해독제입니다.
명료한 당신의 현존 안에서는 모든 거짓이 소멸하고,
당신이 옆에 계시니 어떤 뱀도 두렵지 않습니다.

**대천사 조피엘이여, 모든 거짓말을 드러내고,
대천사 조피엘이여, 모든 결박을 잘라버리며.
대천사 조피엘이여, 하늘들을 정화하면서,**

대천사 조피엘이여, 진실로 내 마음은 비상합니다.

4. 나는 지구에서 상승하는 지점에 이를 수 있다는 가능성에 열려 있습니다. 상승은 지상의 모든 규칙과 제한, 규제와 신념을 던져버리는 양자 도약입니다. 나는 그것을 모두 놓아버려야만 합니다.

대천사 조피엘이여, 신의 마음이 내 안에 있고,
나는 당신의 명료한 빛을 통해 그 지혜를 깨닫습니다.
내가 하나이신 존재를 볼 때 모든 분리는 사라지고,
내 마음은 완전한 전체성을 이룹니다.

대천사 조피엘이여, 모든 거짓말을 드러내고,
대천사 조피엘이여, 모든 결박을 잘라버리며.
대천사 조피엘이여, 하늘들을 정화하면서,
대천사 조피엘이여, 진실로 내 마음은 비상합니다.

5. 상승은 영과의 하나됨으로 들어가는 과정이지만, 분리 의식에서 나온 외면의 마음을 통해서는 하나됨에 이를 수 없습니다. 필멸의 자아와 에고는 나를 상승한 상태로 데려가지 못합니다.

대천사 자드키엘이여, 보라색 광선 안에서,
나는 당신의 빠른 흐름을 타고,
더 작은 자아의 제한을 즉시 벗어나서,
우리를 자유롭게 하는 진동으로 이동합니다.

대천사 자드키엘이여, 당신의 보라색 띠로,
대천사 자드키엘이여, 지구를 둘러싸소서,
대천사 자드키엘이여, 멈추지 않는 지복 안에서,
대천사 자드키엘이여, 우리 행성은 다시 태어납니다.

6. 영적인 성장은 선형적인 과정이 아닙니다. 그것은 외적인 규칙을 정하고, 그 규칙에 따라 살아가는 문제가 아닙니다. 영적인 성장은 내면의 깨달음과 내면의 인식에 도달하는 문제입니다.

대천사 자드키엘이여, 우리는 진정으로,
보라색 불꽃을 통달한 마스터가 되기를 열망합니다.
우리는 당신의 연금술의 힘을 사용하며,
신성한 말씀으로 모든 생명을 해방합니다.

대천사 자드키엘이여, 당신의 보라색 띠로,
대천사 자드키엘이여, 지구를 둘러싸소서,
대천사 자드키엘이여, 멈추지 않는 지복 안에서,
대천사 자드키엘이여, 우리 행성은 다시 태어납니다.

7. 내가 진정한 나 자신(I AM)인 영과 하나됨을 이루면, 나는 하늘 나라에 있게 됩니다, 왜냐하면, 그 영이 바로 하늘나라이며, 그 나라는 영과 하나됨의 상태이기 때문입니다.

대천사 자드키엘이여, 당신의 보라색 광선은,
멈출 수 없는 힘으로 지구를 변형합니다.
우리 행성은 즉시 회전을 시작하고,
수십억 천사와 함께 우리는 승리합니다.

대천사 자드키엘이여, 당신의 보라색 띠로,
대천사 자드키엘이여, 지구를 둘러싸소서,
대천사 자드키엘이여, 멈추지 않는 지복 안에서,
대천사 자드키엘이여, 우리 행성은 다시 태어납니다.

8. 이것은 외적인 제한에서 나 자신을 자유롭게 하는 문제입니다.

내가 의식하는 자아(Conscious You)이고, 무형의 존재임을 깨닫는
문제입니다.

대천사 자드키엘이여, 보라색 화염이여,
지구와 인류는 결코 이전과 같지 않습니다.
성 저메인의 황금시대는 현실이 되고,
우리는 기뻐하며 영광스러운 경이를 바라봅니다.

대천사 자드키엘이여, 당신의 보라색 띠로,
대천사 자드키엘이여, 지구를 둘러싸소서,
대천사 자드키엘이여, 멈추지 않는 지복 안에서,
대천사 자드키엘이여, 우리 행성은 다시 태어납니다.

9. 지상의 어떤 형상으로도 나를 규정할 수 없기에, 나는 하늘나라에 들어가기 위해서 지상의 어떤 형상에 맞춰 살 필요가 없습니다. 나는 그 어떤 형상과의 동일시에서도 벗어나야 하며, 진정한 나 자신(I AM)인 영과 더 큰 하나됨을 이루어야 합니다.

천사들과 함께 날아오르며,
나는 스스로를 초월합니다.
천사들은 진실로 존재하며,
그들의 사랑은 모든 것을 치유합니다.

천사들이 평화를 가져오면,
모든 갈등은 그칩니다.
빛의 천사들과 함께,
우리는 새로운 높이로 비상합니다.

천사 날개의 바스락거리는 소리,

물질조차 노래하는 기쁨이여,
모든 원자를 울리는 기쁨이여,
천사들의 날갯짓과 조화 속에서.

3. 나는 영적인 가르침을 실천하며 삽니다

1. 내가 어떻게 정말 다른 뺨을 내줄 수 있을까요? 분리된 자아는 분리되어 있으며, 이는 지상의 것들에 위협을 느낀다는 의미입니다. 분리된 자아는 필멸이며 지상의 것들에 의해 손상될 수 있으므로, 지상의 것들을 위협으로 느낍니다.

마스터 란토여, 황금빛 지혜로,
내 안에서 에고의 거짓말을 드러내소서.
마스터 란토여, 의지를 갖추고,
나 자신의 통달을 성취하겠습니다.

**오 성령이시여, 나를 통해 흐르소서,
나는 당신을 위해 열린 문입니다.
세차게 흘러오는 전능한 빛의 강이여,
초월은 나의 신성한 권리입니다.**

2. 내 아이앰 현존은 상위 영역에 존재합니다. 아이앰 현존은 자신이 지상의 어떠한 조건에도 손상받지 않음을 알기에, 지상의 어떤 조건에도 위협받지 않습니다. 아이앰 현존은 다른 뺨도 내어줄 것이며, 이것은 현존의 본질에서 나오는 표현입니다.

마스터 란토여, 모든 것에서 균형을 이루소서,
나는 지혜의 균형을 요청합니다.
마스터 란토여, 균형이야말로,

황금의 열쇠임을 알게 하소서.

**오 성령이시여, 나를 통해 흐르소서,
나는 당신을 위해 열린 문입니다.
세차게 흘러오는 전능한 빛의 강이여,
초월은 나의 신성한 권리입니다.**

3. 의식하는 자아는 아이앰 현존과 외면의 자아 사이에 존재합니다. 외면의 마음은 통제를 통해 무언가를 성취하려 하지만, 이것이 우주 거울에 반사되어 돌아오면서 내 통제 감각을 위협하는 에너지 자극을 만듭니다.

마스터 란토여, 상위 영역에서 흘러오는,
분별력 있는 사랑을 요청합니다.
마스터 란토여, 사랑은 눈멀지 않았으며,
나는 사랑을 통해 신의 비전을 발견합니다.

**오 성령이시여, 나를 통해 흐르소서,
나는 당신을 위해 열린 문입니다.
세차게 흘러오는 전능한 빛의 강이여,
초월은 나의 신성한 권리입니다.**

4. 더 나은 방법은 내가 의식하는 자아임을 깨닫는 것입니다. 나는 외면의 마음인 분리된 자아와 나 자신을 동일시하는 것에서 물러납니다. 나는 아이앰 현존과 하나됨 안에 있습니다. 나는 아이앰 현존이 나를 통해 자신을 표현하도록 허용합니다, 현존은 본래 비폭력적입니다.

마스터 란토여, 나는 순수하며,

내 의도는 그리스도의 양처럼 순수합니다.
마스터 란토여, 초월하며 나아갈 때,
가속은 내 가장 진실한 친구입니다.

**오 성령이시여, 나를 통해 흐르소서,
나는 당신을 위해 열린 문입니다.
세차게 흘러오는 전능한 빛의 강이여,
초월은 나의 신성한 권리입니다.**

5. 의식하는 자아가 자신을 외면의 자아와 동일시하는 상태에서 벗어나도록 허용함으로써 나는 가르침을 실천합니다. 나는 정체감을 전환하여, 자신을 아이앰 현존과 동일시합니다. 나는 아이앰 현존을 위해 열린 문이며, 아이앰 현존은 나를 통해 자신을 표현합니다.

마스터 란토여, 나는 완전한 전체이며,
내 영혼에는 더 이상 분리가 없습니다.
마스터 란토여, 치유의 화염이여,
당신의 신성한 이름으로 모두가 균형을 이룹니다.

**오 성령이시여, 나를 통해 흐르소서,
나는 당신을 위해 열린 문입니다.
세차게 흘러오는 전능한 빛의 강이여,
초월은 나의 신성한 권리입니다.**

6. 나는 영적인 가르침을 충분히 통합하고 내면화하고 표현합니다. 내 목표는 영적인 가르침을 단지 영과의 하나됨을 향해 올라가는 사다리로 사용하는 것입니다, 그런 다음 나는, 영이 나를 통해 자신을 표현하도록 허용합니다.

마스터 란토여, 모든 생명에 봉사하며,
나는 내면의 투쟁을 모두 초월합니다.
마스터 란토여, 진정한 삶을 원하는 모두에게,
당신은 평화를 부어줍니다.

**오 성령이시여, 나를 통해 흐르소서,
나는 당신을 위해 열린 문입니다.
세차게 흘러오는 전능한 빛의 강이여,
초월은 나의 신성한 권리입니다.**

7. 마스터 란토여, 내가 외적인 가르침을 추구하는 것에서 초점을 전환하여, 깨어 있는 의식으로 비약적인 도약을 하도록 도와주세요. 나는 먼저 신의 왕국을 구하는 일에 초점을 맞춥니다, 내가 영과 하나됨을 추구하기에, 다른 모든 것이 나에게 더해질 것입니다. 따라서 나는 이것을 의식적이고 외적인 목표로 삼습니다.

마스터 란토여, 균형 잡힌 창조를 통해,
자유를 얻습니다.
마스터 란토여, 우리는 당신의 균형을,
기쁨의 열쇠로 사용합니다.

**오 성령이시여, 나를 통해 흐르소서,
나는 당신을 위해 열린 문입니다.
세차게 흘러오는 전능한 빛의 강이여,
초월은 나의 신성한 권리입니다.**

8. 마스터 란토여, 우월한 지혜는, 과거에 수많은 사람이 해왔던 방식으로 영적인 가르침을 적용하는 것이 아님을 깨닫게 해주세요. 더 높은 지혜는, 영적인 가르침의 목표가 그 가르침 이면에 있는

영과 하나가 되는 것이어야 합니다.

마스터 란토여, 우리의 요청으로,
당신은 일곱 광선을 모두 균형 잡습니다.
마스터 란토여, 내가 높이 날아오르니,
나의 삼중 불꽃이 찬란하게 빛납니다.

**오 성령이시여, 나를 통해 흐르소서,
나는 당신을 위해 열린 문입니다.
세차게 흘러오는 전능한 빛의 강이여,
초월은 나의 신성한 권리입니다.**

9. 그러므로 나는 영과 하나되는 것을 내 목표로 삼습니다, 그리고 나는 자유롭습니다. 나는 외적인 가르침에 대해 선형적인 해석을 하며 그 규칙에 따르도록 자신에게 강요할 필요가 없습니다. 내가 더 이상 외적인 행동이나 생각과 감정을 강요할 필요가 없으므로, 나는 더 가벼워지는 느낌이 듭니다.

사랑하는 란토여, 당신의 현존은,
나의 내면 구체를 충만하게 합니다,
삶은 이제 신성한 흐름이 되어,
나는 모두에게 신의 지혜를 부어줍니다.

**오 성령이시여, 나를 통해 흐르소서,
나는 당신을 위해 열린 문입니다.
세차게 흘러오는 전능한 빛의 강이여,
초월은 나의 신성한 권리입니다.**

4. I AM인 영과 함께 자유롭게 흐릅니다

1. 마스터 란토여, 내가 영이신 당신을 거부한다면, 당신의 학생이 될 수 없음을 압니다. 당신은 언어를 통해 자신을 표현할 수 있지만, 언어를 초월하는 존재입니다. 나는 외적인 가르침을 영과 조율하는 데 사용하며, 그것을 초월함으로써 당신과 하나가 됩니다.

성 저메인이여, 보라색 화염의 연금술로,
당신은 나를 자유롭게 해방합니다.
성 저메인이여, 자유의 거침없는 흐름 안에서,
우리는 영원히 성장합니다.

오 성령이시여, 나를 통해 흐르소서,
나는 당신을 위해 열린 문입니다.
세차게 흘러오는 전능한 빛의 강이여,
초월은 나의 신성한 권리입니다.

2. 나는 신과 영에게 외적인 가르침을 따르고 입증하도록 강요하려는 욕망을 버립니다. 이것은 모든 것을 강요하려는 분리된 자아입니다.

성 저메인이여, 보라색 화염의 기하학을,
통달한 존재시여.
성 저메인이여, 당신 안에서,
나를 자유롭게 해주는 공식을 봅니다.

오 성령이시여, 나를 통해 흐르소서,
나는 당신을 위해 열린 문입니다.
세차게 흘러오는 전능한 빛의 강이여,
초월은 나의 신성한 권리입니다.

3. 마스터 란토여, 영에게 지상의 어떤 가르침을 따르도록 강요할 수 있다는, 추락한 존재들이 퍼뜨린 거짓말을 꿰뚫어보고 놓아버리도록 도와주세요. 나는 양자 도약을 하면서, 이 접근 방식이 오류임을 경험합니다.

성 저메인이여, 자유 안에서,
나를 위한 당신의 사랑을 느낍니다.
성 저메인이여, 모두를 초월로 이끄는,
보라색 화염에 경배합니다.

오 성령이시여, 나를 통해 흐르소서,
나는 당신을 위해 열린 문입니다.
세차게 흘러오는 전능한 빛의 강이여,
초월은 나의 신성한 권리입니다.

4. 지혜의 영은 결코 언어로 표현된 외적인 가르침을 따르지 않습니다. 지혜의 영은 항상 언어를 초월합니다, 나는 오직 언어를 넘어 영과 하나가 됨으로써 영을 알게 됩니다. 이 앎을 통해 나는 자유로워집니다.

성 저메인이여, 화합 안에서,
나는 이원성을 초월하겠습니다.
성 저메인이여, 내 자아는 너무나 순수해지고,
당신의 보라색 연금술은 명확합니다.

오 성령이시여, 나를 통해 흐르소서,
나는 당신을 위해 열린 문입니다.
세차게 흘러오는 전능한 빛의 강이여,
초월은 나의 신성한 권리입니다.

5. 마스터 란토여, 이 여정은 선형적인 과정이 아님을 알게 해주세요; 여정은 선형적인 단계와 비약적인 도약의 결합입니다. 일련의 선형적인 단계를 거치는 기간도 있지만, 그런 다음 내가 현 수준을 뛰어넘어 비약적인 도약을 해야 하는 시점이 옵니다.

성 저메인이여, 진실한 존재시여,
보라색 광선 안에서 모든 근심은 사라집니다.
성 저메인이여, 내 오라는 봉인되고,
당신의 보라색 화염은 내 차크라를 치유합니다.

오 성령이시여, 나를 통해 흐르소서,
나는 당신을 위해 열린 문입니다.
세차게 흘러오는 전능한 빛의 강이여,
초월은 나의 신성한 권리입니다.

6. 마스터 란토여, 여정에서는 가장 추하고 불쾌하고 영적이지 않은 조건도 앞으로 이동하는 디딤돌이 될 수 있음을 알게 해주세요. 외부의 상황을 초월해서 그 배후에 있는 영에게 도달할 수 있도록, 나는 모든 경험을 활용하며 추진하고 있습니다.

성 저메인이여, 보라색 화염의 연금술로,
당신은 모든 원자를 자유롭게 합니다.
성 저메인이여, 나는 바라봅니다,
납을 황금으로 변형하는 비전을.

오 성령이시여, 나를 통해 흐르소서,
나는 당신을 위해 열린 문입니다.
세차게 흘러오는 전능한 빛의 강이여,
초월은 나의 신성한 권리입니다.

7. 영은 항상 모든 것의 배후에 존재합니다. 지구의 조건들이 너무나 추하고 굴욕적이고 모멸적이고 비인간적이며 전혀 영적이지 않아서, 이런 상황에서는 지혜의 영에게 도달할 수가 없다는 말은, 외면의 자아와 거짓 교사들이 하는 거짓말입니다.

성 저메인이여, 무한한 초월이여,
나는 언제나 당신과 하나입니다.
성 저메인이여, 나는 영혼에서 해방되어,
진정한 나로 존재하는 환희를 느낍니다.

**오 성령이시여, 나를 통해 흐르소서,
나는 당신을 위해 열린 문입니다.
세차게 흘러오는 전능한 빛의 강이여,
초월은 나의 신성한 권리입니다.**

8. 나는 자유롭게 특정한 형태의 지혜를 수용할 수 있지만, 진정한 목표는 그 영에게 도달하는 것임을 깨닫습니다. 나는 자유롭게 지혜의 영과 함께 흘러갈 수 있습니다. 마스터 란토여, 지혜의 영과 함께 흘러가는 상태가 어떤 것인지 체험하는 여행에 저를 데려가 주세요.

성 저메인이여, 고결함은,
신성한 연금술로 가는 열쇠입니다.
성 저메인이여, 우리의 요청으로,
당신은 일곱 광선을 모두 균형 잡습니다.

**오 성령이시여, 나를 통해 흐르소서,
나는 당신을 위해 열린 문입니다.
세차게 흘러오는 전능한 빛의 강이여,**

초월은 나의 신성한 권리입니다.

9. 마스터 란토여, 나도 역시 지혜의 영이자 다른 여섯 신성한 특성의 영임을 깨닫게 해주세요. 내가 모든 광선의 조합체가 아니라, 그 광선들을 초월해서 존재하는 영임을 알게 해주세요. 나는(I AM) 영원히 그 이상으로 초월하는 존재입니다, 광선들은 형상을 가지고 있지만 영은 형상을 초월하기 때문입니다.

성 저메인이여, 당신의 현존은,
나의 내면 구체를 충만하게 합니다,
삶은 이제 신성한 흐름이 되어,
모두에게 신의 자유를 부여합니다.

**오 성령이시여, 나를 통해 흐르소서,
나는 당신을 위해 열린 문입니다.
세차게 흘러오는 전능한 빛의 강이여,
초월은 나의 신성한 권리입니다.**

봉인하기
신성한 어머니의 이름으로, 나는 이 요청의 힘이 마터 빛을 자유롭게 함으로써, 나 자신의 삶과 모든 사람과 행성을 위한 그리스도의 완전한 비전을 구현할 수 있음을 전적으로 받아들입니다. I AM THAT I AM의 이름으로, 이것이 이루어졌습니다! 아멘.

18
2.01 엘로힘 아폴로와 루미나 디크리

I AM THAT I AM, 예수 그리스도의 이름으로, 무한히 초월해 가는 내 미래의 현존(I Will Be Presence)이 내 존재를 통해 흐르면서 완전한 권능으로 이 디크리를 해주시기를 요청합니다. 나는 사랑하는 전능하신 아폴로와 루미나를 부르며, 지혜의 황금빛 광선의 거대한 물결을 방출하시어 우리가 이원성 세력의 가장 미묘한 속임수를 꿰뚫어 보게 해달라고 요청합니다...
(여기에 개인적인 요청을 추가하세요) (150925)

1. 사랑하는 아폴로여, 당신의 지혜 광선으로
내 눈을 열어주시어 새날을 보게 하소서,
나는 이원성의 거짓말과 기만을 꿰뚫어 보며,
패배를 가져오는 마음의 틀을 초월합니다.

**사랑하는 아폴로, 황금빛 엘로힘이시여,
우리는 이제 당신의 찬란한 빛을 봅니다,
당신이 고요히 지혜의 페이지를 펼치면,
나는 모든 낡은 것에서 자유로워집니다.**

2. 사랑하는 아폴로여, 당신의 화염 안에는
언제나 생생한 지혜가 흐르고 있습니다,
당신의 빛 안에서 내 최상의 의지를 깨달으며,
나는 그 영원한 흐름에 합류합니다.

**사랑하는 아폴로여, 당신의 빛은
우리가 지상에 육화한 이유를 밝혀 줍니다.
우리는 선두에서 함께 일하며
우리의 우주 구체를 더 높이 들어올립니다.**

3. 사랑하는 아폴로여, 모든 거짓말을 드러내주시니
나는 에고의 모든 결박을 끊어버립니다,
뱀의 이원성을 초월하는 진정한 열쇠는
내 인식임을 깨닫습니다.

**사랑하는 아폴로여, 이제 당신의 부름을 들으며
우리는 위대한 지혜의 전당으로 인도됩니다,
추락으로 이끄는 모든 거짓말이 드러나니,
우리는 만물의 하나됨을 되찾습니다.**

4. 사랑하는 아폴로여, 당신의 지혜는 너무나 명료해서
당신과 하나 되면 어떤 뱀도 두렵지 않습니다.
나는 기꺼이 내 눈의 들보를 보며
뱀이 만들어낸 이원론에서 해방됩니다.

**사랑하는 아폴로여, 나는 고양된 비전으로,
새로운 단계로 올라선 지구를 봅니다.
꿰뚫어 보는 당신의 시선은 나에게 힘을 주고,
나는 이원성의 미로를 벗어납니다.**

종결:
가속해서 나를 일깨우소서, 나는(I AM) 실재하며,
가속해서 나를 일깨우소서, 모든 생명은 치유됩니다,
가속해서 나를 일깨우소서, 나는(I AM) 무한히 초월하며,
가속해서 나를 일깨우소서, 모든 의지는 비상합니다.

가속해서 나를 일깨우소서! (3번)
사랑하는 아폴로와 루미나.
가속해서 나를 일깨우소서! (3번)
사랑하는 조피엘과 크리스틴.
가속해서 나를 일깨우소서! (3번)
사랑하는 마스터 란토.
가속해서 나를 일깨우소서! (3번)
사랑하는 I AM.

봉인하기
신성한 어머니의 이름으로, 나는 이 요청의 힘이 마터 빛을 자유롭게 함으로써, 나 자신의 삶과 모든 사람과 행성을 위한 그리스도의 완전한 비전을 구현할 수 있음을 전적으로 받아들입니다. I AM THAT I AM의 이름으로, 이것이 이루어졌습니다! 아멘.

19
2.02 대천사 조피엘 디크리

I AM THAT I AM, 예수 그리스도의 이름으로 나의 아이앰 현존이, 무한히 초월해 가는 내 미래의 현존을 통해 흐르며, 완전한 권능으로 이 디크리를 해주시기를 요청합니다. 나는 사랑하는 대천사 조피엘과 크리스틴을 부르며, 황금빛 노란 광선의 날개 안에 나를 보호하고 모든 이원성 환영과 뱀의 거짓말을 산산조각내며 소멸해달라고 요청합니다…
(여기에 개인적인 요청을 추가하세요) (190501)

1. 대천사 조피엘이여, 위대한 지혜의 빛 안에서,
모든 뱀의 거짓말이 우리 눈에 드러납니다
마음에 숨어드는 거짓말이 아무리 교묘해도,
당신은 내가 찾은 최고의 스승입니다.

**대천사 조피엘이여, 모든 거짓말을 드러내고,
대천사 조피엘이여, 모든 결박을 잘라버리며,
대천사 조피엘이여, 하늘들을 정화하면서,
대천사 조피엘이여, 진실로 내 마음은 비상합니다.**

2. 대천사 조피엘이여, 당신의 지혜에 경배하니,
당신의 검(劍)은 이원성의 베일을 갈라 버립니다.
당신이 길을 보여줄 때 무엇이 실재인지 깨닫고,
나는 뱀의 의심에서 즉시 치유됩니다.

대천사 조피엘이여, 모든 거짓말을 드러내고,
대천사 조피엘이여, 모든 결박을 잘라버리며,
대천사 조피엘이여, 하늘들을 정화하면서,
대천사 조피엘이여, 진실로 내 마음은 비상합니다.

3. 대천사 조피엘이여, 당신의 실재는
이원성에 대한 최고의 해독제입니다.
명료한 당신의 현존 안에서는 모든 거짓이 소멸하고,
당신이 옆에 계시니 어떤 뱀도 두렵지 않습니다.

대천사 조피엘이여, 모든 거짓말을 드러내고,
대천사 조피엘이여, 모든 결박을 잘라버리며,
대천사 조피엘이여, 하늘들을 정화하면서,
대천사 조피엘이여, 진실로 내 마음은 비상합니다.

4. 대천사 조피엘이여, 신의 마음이 내 안에 있고,
나는 당신의 명료한 빛을 통해 그 지혜를 깨닫습니다.
내가 하나이신 존재를 볼 때 모든 분리는 사라지고,
내 마음은 완전한 전체성을 이룹니다.

대천사 조피엘이여, 모든 거짓말을 드러내고,
대천사 조피엘이여, 모든 결박을 잘라버리며,
대천사 조피엘이여, 하늘들을 정화하면서,
대천사 조피엘이여, 진실로 내 마음은 비상합니다.

종결:
천사들과 함께 날아오르며,
나는 스스로를 초월합니다.
천사들은 진실로 존재하며,
그들의 사랑은 모든 것을 치유합니다.

천사들이 평화를 가져오면,
모든 갈등은 그칩니다.
빛의 천사들과 함께,
우리는 새로운 높이로 비상합니다.

천사 날개의 바스락거리는 소리,
물질조차 노래하는 기쁨이여,
모든 원자를 울리는 기쁨이여,
천사들의 날갯짓과 조화 속에서.

봉인하기
신성한 어머니의 이름으로, 나는 이 요청의 힘이 마터 빛을 자유롭게 함으로써, 나 자신의 삶과 모든 사람과 행성을 위한 그리스도의 완전한 비전을 구현할 수 있음을 전적으로 받아들입니다. I AM THAT I AM의 이름으로, 이것이 이루어졌습니다! 아멘.

20
2.03 마스터 란토 디크리

I AM THAT I AM, 예수 그리스도의 이름으로 나의 아이앰 현존이, 무한히 초월해 가는 내 미래의 현존을 통해 흐르며, 완전한 권능으로 이 디크리를 해주시기를 요청합니다. 나는 사랑하는 마스터 란토와 다른 초한들과 마하 초한을 부르며, 거대한 빛의 파도를 방출해 주시기를 요청합니다, 그리하여 두 번째 광선의 창조적 지혜와 늘 초월하는 힘의 영원한 흐름과 내가 하나 되지 못하게 막는 나의 모든 집착과 장애물을 소멸해주소서…
(여기에 개인적인 요청을 추가하세요) (190501)

1. 마스터 란토여, 황금빛 지혜로
내 안에서 에고의 거짓말을 드러내소서.
마스터 란토여, 의지를 갖추고,
나 자신의 통달을 성취하겠습니다.

오 성령이시여, 나를 통해 흐르소서,
나는 당신을 위해 열린 문입니다.
세차게 흘러오는 전능한 빛의 강이여,
초월은 나의 신성한 권리입니다.

2. 마스터 란토여, 모든 것에서 균형을 이루소서
나는 지혜의 균형을 요청합니다.
마스터 란토여, 균형이야말로
황금의 열쇠임을 알게 하소서.

**오 성령이시여, 나를 통해 흐르소서,
나는 당신을 위해 열린 문입니다.
세차게 흘러오는 전능한 빛의 강이여,
초월은 나의 신성한 권리입니다.**

3. 마스터 란토여, 상위 영역에서 흘러오는
분별력 있는 사랑을 요청합니다.
마스터 란토여, 사랑은 눈멀지 않았으며,
나는 사랑을 통해 신의 비전을 발견합니다.

**오 성령이시여, 나를 통해 흐르소서,
나는 당신을 위해 열린 문입니다.
세차게 흘러오는 전능한 빛의 강이여,
초월은 나의 신성한 권리입니다.**

4. 마스터 란토여, 나는 순수하며,
내 의도는 그리스도의 양처럼 순수합니다.
마스터 란토여, 초월하며 나아갈 때,
가속은 내 가장 진실한 친구입니다.

**오 성령이시여, 나를 통해 흐르소서,
나는 당신을 위해 열린 문입니다.
세차게 흘러오는 전능한 빛의 강이여,
초월은 나의 신성한 권리입니다.**

5. 마스터 란토여, 나는 완전한 전체이며,
내 영혼에는 더 이상 분리가 없습니다.
마스터 란토여, 치유의 화염이여
당신의 신성한 이름으로 모두가 균형을 이룹니다.

**오 성령이시여, 나를 통해 흐르소서,
나는 당신을 위해 열린 문입니다.
세차게 흘러오는 전능한 빛의 강이여,
초월은 나의 신성한 권리입니다.**

6. 마스터 란토여, 모든 생명에 봉사하며,
나는 내면의 투쟁을 모두 초월합니다.
마스터 란토여, 진정한 삶을 원하는 모두에게
당신은 평화를 부어줍니다.

**오 성령이시여, 나를 통해 흐르소서,
나는 당신을 위해 열린 문입니다.
세차게 흘러오는 전능한 빛의 강이여,
초월은 나의 신성한 권리입니다.**

7. 마스터 란토여, 균형 잡힌 창조를 통해
자유를 얻습니다,
마스터 란토여, 우리는 당신의 균형을
기쁨의 열쇠로 사용합니다.

**오 성령이시여, 나를 통해 흐르소서,
나는 당신을 위해 열린 문입니다.
세차게 흘러오는 전능한 빛의 강이여,
초월은 나의 신성한 권리입니다.**

8. 마스터 란토여, 우리의 요청으로,
당신은 일곱 광선을 모두 균형 잡습니다.
마스터 란토여, 내가 높이 날아오르니,
나의 삼중 불꽃이 찬란하게 빛납니다.

오 성령이시여, 나를 통해 흐르소서,
나는 당신을 위해 열린 문입니다.
세차게 흘러오는 전능한 빛의 강이여,
초월은 나의 신성한 권리입니다.

봉인하기
신성한 어머니의 이름으로, 나는 이 요청의 힘이 마터 빛을 자유롭게 함으로써, 나 자신의 삶과 모든 사람과 행성을 위한 그리스도의 완전한 비전을 구현할 수 있음을 전적으로 받아들입니다. I AM THAT I AM의 이름으로, 이것이 이루어졌습니다! 아멘.

주요 용어집

감정체(Emotional Body)
우리의 감정 에너지를 저장하고 있는 우리의 오라/마음의 한 측면.

그리스도(Christ)
넓은 의미에서, 그리스도라는 기본 의식으로부터 형태의 세계의 모든 것이 창조되었다고 말할 수 있습니다. 그리스도의 목적은 창조주와 창조물 사이의 하나됨을 유지하는 것입니다. 특히 그리스도는 자유의지를 통해 분리의 환영 속으로 자발적으로 내려오는 선택을 하는 존재들과 관련이 있습니다. 이 분리의 환영으로 인해 사람들은 자신들이 근원으로부터 분리되었다고 믿게 되지만 그리스도 의식은, 분리 안으로 아무리 깊이 내려가더라도 언제든 창조주와의 하나됨으로 돌아갈 수 있는 선택권을 보장해 줍니다. 창조된 모든 것 안에 그리스도 의식이 있으므로, 우리가 그리스도 의식에 도달할 수 없는 곳이란 없습니다.

보다 구체적인 의미에서, 그리스도란 분리의 환영을 극복하고 그리스도 의식을 성취한 존재를 의미합니다. 그리스도 의식의 성취에는 여러 수준이 있습니다.

그리스도 분별력(Christ Discernment)
그리스도 분별력은 분리와 이원성의 의식을 통해 형성된 수많은 환영을 꿰뚫어 볼 수 있는 능력입니다. 또한, 눈에 보이는 모든 현상 배후에 있는 근본적인 하나됨을 볼 수 있는 능력이기도 합니다.

그리스도 신성(Christhood)
한 존재가 그리스도 의식을 성취하면, 그 존재는 그리스도 신성에 이르렀다고 말합니다.

그리스도 자아(Christ Self)
분리와 이원성에 갇힌 존재들을 돕기 위해 상승 마스터들이 보내 주는 중개자. 대부분의 사람은 직관으로서, 또는 내면의 고요하고 작은 목소리를 가진 그리스도 자아를 알고 있습니다. 그리스도 자아가 실제로 우리에게 어떤 선택을 해야 한다고 말해주는 것은 아닙니다. 단지 우리에게 더 나은 선택들을 위한 참조를 제시해 줍니다. 그리스도 자아가 우리에게 반드시 궁극적이고 절대적인 진리를 가져다주지는 않습니다. 대신 현재 우리의 의식 상태보다는 한 단계 높은 통찰력을 제공할 것입니다.

네 하위체, 마음의 네 층(Four Lower Bodies, Four Levels Of The Mind)
마스터들은, 우리 인간들이 물질우주의 네 층에 대응하여 정체성체, 멘탈체, 감정체, 육체란 네 하위체를 가지고 있다고 말합니다.

마스터들은 또한, 마음의 네 층에 대해서 설명합니다. 정체성 마음에는 우리의 가장 깊은 정체성이 저장되어 있습니다(우리는 누구인가, 우리는 무엇을 할 수 있는가), 멘탈 마음에는 우리의 사념들이 저장되어 있습니다(우리는 어떤 방식으로 일하는가), 감정 마음에는 우리의 감정들이 저장되어 있습니다(왜 우리가 그것을 하기를 원하고 해야만 하는가), 그리고 물질적 마음은 육체의 요구와 연관되어 있습니다.

다르마(Dharma)
불교 전통에서 다르마란, 우리가 이곳에 와서 수행해야 하는 신성한 일을 의미합니다. 또한, 다르마는 우리의 신성한 계획을 의미하며, 우리가 지구에 육화하기 전에 여기 가져오고자 결정했던 긍정적인 특성들입니다.

대천사(Archangel), 여성 대천사(Archeia)
천사들은 집단으로 구성되며, 각 집단은 대천사에 의해 주도됩니다. 각 대천사는 여성 대천사로 불리는 여성성의 짝을 가지고 있습니다. 각각의 일곱 광선마다 한 쌍의 대천사들이 존재하며, 다른 집단의 천사들에도 마찬가지입니다.

디크리(Decree)
영적인 영역으로부터 높은 진동수의 에너지를 불러내어 개인 또는 행성적 수준의 특정한 조건 속으로 향하도록 만드는 영적인 기법. 디크리는 일반적으로 운율이 실린 문구들로 구성되어 있으며, 큰 권능과 권한을 가지고 소리 내어 낭송합니다.

마터 빛(Ma-ter Light)
형상을 가진 만물이 창조되어 나오는, 우주의 바탕 에너지. 마터 빛 자체는 어떤 형상도 띠고 있지 않지만, 어떤 형상이든지 취할 수 있는 능력이 있습니다. 또한, 그것은 어떤 기본적 형태의 의식을 가지고 있으며, 이 의식은 자신의 근원인 창조주를 향한 고유한 추동력을 가지고 있습니다.

마터 빛은 단계적으로 진동수를 낮추면서, 연속적으로 구체(spheres)들을 창조하고 있습니다. 우리는 창조된 구체 중에서 일곱 번째 구체에 살고 있으며, 이전의 여섯 구체는 모두 상승하여 영적인 영역의 일부가 되었습니다.

물질 영역의 네 층(Four Levels Of The Material Realm)

모든 것은 에너지로 만들어지며, 따라서 전체 형태의 세계는 다양한 진동수의 에너지로 이루어졌습니다. 창조주의 수준인 최상층부터 최하층에까지 이르는 진동들의 연속체가 있습니다. 연속체는 몇 개의 구획으로 나누거나, 진동수의 수준으로 구분하여 정의할 수 있습니다. 예를 들어, 하나의 주요한 구분은 영적인 세계와 물질계 사이에 있습니다.

영적인 세계 안에도 여러 구분이 있고, 물질 영역은 네 층으로 구분합니다. 높은 진동에서 낮은 진동 순입니다.

정체성층 또는 에테르 층
멘탈층
감정층
물질층

멘탈체(Mental Body)

우리의 사념과 정신적 에너지를 저장하고 있는 우리 오라/마음의 한 측면.

보라색 화염(Violet Flame)

카르마 또는 왜곡된 에너지를 변형하는데 특별히 효과적인 영적 에너지입니다. 성 저메인은 1930년대에 보라색 화염을 드러내라는 우주적인 시혜를 받았습니다. 그 이후로 상승 마스터 학생들은 디크리와 기원문과 확언들을 통해 보라색 화염을 기원하고 있습니다.

그러나 이 보라색 화염이 오용될 수 있다는 사실을 깨닫는 것이 중요합니다. 제한된 신념은 왜곡된 에너지로 변질시킵니다. 이 에너지는 점차 우리의 오라에 축적되어 부담을 느끼게 만듭니다. 우리는 제한된 신념을 바꾸지 않은 채로 보라색 불꽃을 기원할 수 있는데, 이것이 단기적으로는 더 기분 좋게 느껴질 수도 있습니다. 그러나 우리가 신념을 바꾸지 않는다면, 계속해서 에너지는 오용되고 변질될 것입니다. 그리고 우리가 그 에너지를 변형하기 위해 보라색 불꽃을 계속 사용한다면 장기적으로 영적인 성장을 이루지 못하게 되며, 이는 성 저메인의 시혜를 오용하는 것입니다.

붓다의 8정도(正道)(Eightfold path of the Buddha)
불교 전통에서는 모든 고(苦)를 극복한 고타마 붓다에 의해 정의된, 8가지 올바른 수행의 방법을 전하고 있습니다. 그러나 더 깊은 신비주의적 이해에서 8정도란, 처음의 일곱 영적인 광선과 통합의 여덟 번째 광선을 통달하는 방법을 나타냅니다.

사나트 쿠마라(Sanat Kumara)
고도의 성취를 이룬 상승 마스터 (불교 전통에서는 과거불로, 석가모니의 전생에 수기를 주신 붓다이신 연등불로도 알려져 있습니다). 이전 시대에, 지구에서는 수많은 사람이 이원성 의식 속으로 깊이 추락해 버렸습니다, 그러자 카르마 위원회와 우주적 계층 구조는, 더 이상 성장을 위한 무대로서 존속할 수 없게 된 지구가 자멸의 길을 가도록 허용하기로 결정했습니다. 그때 지구의 영적인 균형을 잡기 위해 금성에서 사나트 쿠마라가 144,000 생명흐름과 함께 지구로 왔습니다. 지구에서 충분한 수의 사람의 의식을 높여줌으로써, 그들이 행성의 균형을 유지하도록 해주기 위해서였습니다.
사나트 쿠마라와 함께 온 144,000 생명흐름 중 다수가 여전히 육화 중이며, 그들은 세상을 개선하고 인류를 도우려는 큰 열망을 가진, 매우 영적인 사람들입니다. 그러나 그들이 타인들을 변화시키고 돕고자 하는 욕구를 내려놓지 않는다면, 자신의 상승이 저지되어 버리는 그런 시점이 올 것입니다.

상승 마스터(Ascended Master)
일반적으로 인간으로서 지구상에 육화하여, 종종 많은 육화 후에 상승의 과정에 대한 자격을 갖추게 되었던 존재를 가리킵니다. 또한, 이 단어는 (네 층의 물질계를 초월한) 영적인 세계에 있는 모든 존재를 가리키는 것으로 더 광범위하게 사용될 수 있으며, 여기에는 물리적 세계에 육화하지 않은 존재도 포함됩니다.

상승(Ascension)
한 존재가 그리스도 의식으로 충만한 자기-의식(self-awareness)에 도달하는 과정을 말합니다. 이 의식 상태에서는, 분리와 이원성의 환영에 의해 만들어진 모든 거짓을 꿰뚫어 볼 수 있습니다. 따라서 그는 아무것도 창조주로부터 분리될 수 없으며, 자기-의식을 가진 존재는 모두 창조주의 확장이라는 배후의 진실을 봅니다. 그런 까닭에 그는 분리된 존재로서의 자신을 높이려고 하는 대신, 모든 생명을 높이고자 추구합니다. 상승하고 난 후에 그 존재는 영적인 세계에 영구적으로 거주하게 되며, 다시 육화할 필요가 없습니다.

생명흐름(Lifestream)
자기-의식을 지닌 개별 존재를 지칭하는 용어. 종종 "영혼(soul)"으로 표현되기도 합니다. 그러나 생명흐름은 영혼을 넘어서는 우리 존재의 부분들을 가리키며, 여기에는 아이앰 현존과, 창조주에 이르는 모든 영적 존재들의 계보가 포함되어 있습니다.

성모 마리아(Mother Mary)
예수의 어머니로 육화했던 상승 마스터입니다. 그녀는 지구를 위한 신성한 어머니라는 영적인 직위와 사무국을 유지하고 있습니다.

성 저메인(Saint Germain)
물병자리 시대의 지도자인 상승 마스터입니다. 또한, 성 저메인은 일곱 번째 영적 광선인 자유의 광선을 대표합니다. 따라서 그는 때때로 "지구를 위한 자유의 신"이라 불립니다. 성 저메인은 지구에서 황금시대를 구현하기 위한 계획이 있으며, 오는 2000년 동안 중요한 역할을 담당할 것입니다.

쉬바(Shiva)
전통적으로 힌두교의 삼위 일체 신성 중의 하나. 그러나 더 깊은 의미에서 쉬바는 우리를 어둠의 세력과 아스트랄계로부터 단절하여 자유롭게 해주는 데 특별히 도움이 되는 우주적 존재입니다. 우리는 쉬바란 이름을 9번, 33번, 144번 반복해서 낭송함으로써 대단히 효과적인 요청을 할 수 있습니다.

신비 학교(Mystery School)
자기-의식을 가진 존재들에게 의식을 높이기 위한 입문들을 제공해주기 위해 설계된 환경을 의미합니다. 일반적으로 신비 학교는 높은 성취를 이룬 상승 마스터에 의해 감독됩니다.

신성한 계획(Divine Plan)
이번 육화 중에 우리가 수행하고자 세웠던 계획을 말합니다. 이것은, 우리가 지구에 가져오려는 영적인 선물과, 하고자 원하는 경험과, 우리가 배우고자 하는 교훈과 균형 잡아야 할 카르마를 포함합니다. 흔히 이것은, 우리가 만나고 싶은 어떤 사람이 있고, 그들과 다양한 유형의 관계 속으로 들어가기를 원한다는 의미입니다.

신성한 안내(Divine Direction)
더 높은 근원으로부터 오는 안내이며, 우리는 그리스도 자아를 통해 신성한 인도를 받게 됩니다. 그 인도는 당신의 아이앰 현존이나, 우주적 존재이자 상승 마스터인 대 신성 안내자(Great Divine Director)로부터 올 수 있습니다, 그는 신성한 안내를 대표하는 존재입니다.

신성한 어머니(Divine Mother)
지구 행성에서 신의 여성적인 측면을 대표하는 영적인 직위이자 사무국을 의미합니다. 현재 지구에서 이 직위는 상승 마스터 성모 마리아께서 맡고 있습니다.

아스트랄계(Astral Plane)
모든 것은 에너지로 이루어졌고, 에너지는 진동의 연속체입니다. 이 에너지 연속체에는 어떤 구획이 있는데, 예를 들면 물질우주는 일정 스펙트럼 안에서의 진동수로 만들어졌습니다. 물질우주는 네 구획으로 나눠집니다: 정체성(에테르)층, 멘탈층, 감정층, 물질층.
감정층 안에는 더 많은 구획이 있으며, 가장 낮은 곳은 사람들의 부정적 감정으로 창조되었는데, 말하자면 두려움, 분노, 증오와 같은 것들입니다. 아스트랄계는 감정층 안의 한 부분이며, 여러 시대에 걸쳐 사람들이 가졌던 지옥의 이미지와 유사한 곳입니다.

아이앰 현존(I AM Presence)
우리의 더 높은 상위자아, 또는 영적 자아, 진아(眞我). 의식하는 자아는 아이앰 현존의 확장이며, 우리의 가장 높은 잠재력은 그 현존과 완전한 하나됨을 성취하고, 물질계 안에서 진아인 현존을 표현하는 열린 문으로 봉사하는 일입니다. 우리의 영적인 정체성과 영적인 개성은, 아이앰 현존에 뿌리내리고 있으며, 따라서 지상에서 일어나는 그 어떤 일에 의해서도 결코 파괴되지 않습니다.

악(Evil), 마야의 베일(The Veil Of Maya)
불교 전통에서 마야의 베일이란 육화 중인 존재들이 실재를 있는 그대로 보지 못하게 가리고 있는 어떤 것입니다. 모든 것이 불성이며, 모든 생명의 하나됨이 바로 실재입니다. 이 베일은, 물질우주가 특정한 밀도를 가진 에너지로부터 만들어졌기 때문에 형성된 것입니다, 이 베일로 인해, 우리의 감각은 물질조차도 다 영적인 빛으로 만들어져 있다는 것을 인지하지 못하게 됩니다. 따라서 이러한 에너지 베일을 간단히, 악이라고 합니다.

어둠의 세력들(Dark Forces)

분리와 이원성의 환영에 갇혀 있는 존재들로서, 아스트랄계에는 이러한 존재가 많이 있습니다. 물질우주의 모든 것은 더 높은 영역에서 흘러오는 에너지에 의해 유지됩니다. 그러나 어떤 존재가 의도적으로 자기-의식을 가진 존재들을 해치기 시작한다면, 그 존재는 상위 영역에서 오는 에너지를 받지 못하도록 차단됩니다. 따라서 그는 물질계의 존재들에게서 에너지를 훔쳐야만 자기 존재를 유지할 수 있습니다. 이것은, 어둠의 세력들이 인간으로부터 에너지를 훔쳐야만 계속 존재할 수 있다는 의미입니다. 그들은, 인간들이 저열한 감정과 이기적인 행동을 통해 오용된 에너지를 방출하게 만들어서 이 에너지를 취합니다.

어둠의 세력들은 (인간들이 허락한다면) 인간의 마음을 지배할 수 있으며, 지구에서 보는 전쟁과 범죄의 대부분은 어둠의 세력들에 의해 발생합니다. 그들은 사람들을 선동하여 다른 사람에게 폭력을 가하도록 만들며, 고통으로 인해 에너지가 방출되면 어둠의 세력들은 이 에너지를 자신들을 유지하는 데 사용합니다.

어머니 신(God The Mother)

신성한 어머니를 의미하는 또 다른 용어입니다, 그러나 신의 여성적 측면, 즉 전체 형태의 세계를 지칭할 수도 있습니다. 우리는 어머니 신의 일부입니다.

영적인 광선들(Spiritual Rays)

모든 것은 에너지로 만들어집니다. 아인슈타인의 유명한 방정식인 $E = mc^2$에도, 물질이 매우 높은 형태의 에너지에서 창조되었으며 그것이 빛의 속도의 제곱이라는 인자에 의해 진동이 감소된다는 의미가 담겨 있습니다. 마스터들은, 아인슈타인의 이론이 기본적으로는 옳지만, 거기에는 일곱 가지의 감소 인자들이 있다고 가르칩니다. 다시 말해서, 물질우주는 7가지의 영적인 에너지로 이루어지며, 이 에너지가 결합하여 물질계의 모든 현상을 만들어냅니다. 이러한 유형의 에너지를 광선 또는 영적인 광선이라고 부릅니다. 전체 형태의 세계를 창조하는 데 모두 15가지 광선이 사용되었습니다. 각 광선의 주요 특질은 다음과 같습니다:

1광선: 창조성, 창조적인 추진력, 의지와 힘으로 표현됩니다
2광선: 지혜, 신비적 직관, 이원적 의식의 환영을 꿰뚫어 보는 능력
3광선: 사랑, 단 모든 조건을 초월한 사랑의 형태입니다
4광선: 순수, 단련법과 가속력
5광선: 진리, 순수한 비전, 치유
6광선: 평화와 봉사, 특히 모든 생명을 높이기 위한 봉사
7광선: 자유, 창조적인 결정을 하려는 자발성
8광선: 이전 일곱 광선의 통합
9광선: 평정
10광선: 투명성
11광선: 초월
12광선: 부활
13광선: 창조적인 흐름
14광선: 당신의 현존을 공유하기
15광선: 무조건성

에테르체(Etheric Body)
우리의 정체감을 저장하고 있는 우리 오라/마음의 한 측면.

엘로힘(Elohim)
대단히 높은 의식 수준을 가지고 있고 물질의 창조에 대해 완전한 통달의 경지에 올라 있는, 상승한 존재들입니다. 일곱 광선 각각에 남성/여성 극성을 지닌 엘로힘이 존재합니다.

엘리멘탈들, 자연의 정령들(Elementals)
형태의 세계는 창조주로부터 확장되어 나온 존재들의 위계 구조를 통해서

창조되었습니다. 예를 들어, 지구 행성은 엘로힘이라 불리는 영적인 세계의 일곱 존재에 의해 창조되었습니다. 그들은 지구에 대한 청사진(blueprint)의 비전을 형성한 후, 물질계의 네 층으로 그 비전을 투사했습니다.

그리고 네 그룹의 엘리멘탈들이 그 청사진을 담은 비전을 물리적으로 구현해냈습니다. 그들은 인간보다 낮은 정도의 자기-의식을 가진 존재이지만, 물질세계를 구축하는 것을 돕는 봉사를 통해 성장할 수 있습니다. 네 영역의 엘리멘탈들의 명칭은 다음과 같습니다:

에테르 영역: 불의 엘리멘탈 또는 살라맨더
멘탈층: 공기의 엘리멘탈 또는 실프
감정층: 물의 엘리멘탈 또는 언딘
물질 영역: 땅의 엘리멘탈 또는 노움

예수(Jesus)

상승 마스터 예수님은 물고기자리 시대를 담당한 지도자였습니다. 그는 행성적 그리스도라는 영적인 사무국과 권한(the office of planetary Christ)을 유지하고 있으며, 우리는 이를 통하지 않고서는 상승할 수 없습니다. 이것은, 사람들이 상승하기 위해서는 반드시 지상에 형성되어 있는 왜곡된 그리스도 이미지들을 초월하고 진정한 예수님과 평화를 이루어야 한다는 의미입니다.

오라(Aura)

인체를 둘러싸고 있는 에너지장. 오라는 물질 영역의 각 수준에 대응하는 수준들을 가지고 있습니다. 우리는 육체 위로 감정체와 멘탈체 그리고 정체성체를 가지고 있습니다.

우주적 존재(Cosmic Being)

특정한 영적인 공직을 담당하는 영적인 존재로, 일반적으로 특정한 신적 특성에 대한 초점이 됩니다. 우주적 존재들은 상위 구체에서 상승한 존재들이므로 지상에는 육화한 적이 없습니다.

원인체(Causal Body)

우리의 아이앰 현존(I AM Presence)을 둘러싸고 있는 에너지 체입니다. 여기에는 우리가 모든 육화를 통해 얻은 교훈과 성취 내용이 모두 저장되어 있습니다. 우리의 의식이 충분히 높아지면 우리는 신성한 계획을 이루기 위해 원인체에 저장된 성취 내용을 활용할 수 있습니다.

이원성(Duality), 이원성 의식(Duality Consciousness)

의식하는 자아가 순수한 인식 능력을 갖추고 볼 때면, 모든 생명이 하나이고 같은 근원에서 왔다는 근원적인 실상을 인식할 수 있습니다. 이원성 의식은 이러한 하나됨을 보지 못하게 가립니다. 이원성 의식은 물질과 영이 분리되어 있고, 인간과 신이 분리되어 있으며, 사람들이 서로 분리된 것처럼 보이도록 만듭니다.

또한, 이원성은 상반되게 작용하는 부정적인 양극성을 포함하며, 한쪽이 다른 한쪽을 소멸하려고 합니다. 따라서 이원성은 언제나 대립하는 양 측면을 수반하면서, 통상적으로 한 쪽은 선이고 다른 쪽은 악이라는 가치 판단을 부여합니다.

이원성은 항상 환영입니다, 왜냐하면, 그 어느 것도 모든 생명의 하나됨을 파괴하거나 변화시킬 수 없기 때문입니다. 따라서 이원성은 단지 자각하는 존재들의 마음속에서 환영으로만 존재할 수 있습니다. 이원성으로 눈이 멀어 있는 한 우리는 그리스도 의식을 성취할 수 없고, 따라서 상승할 수도 없습니다.

인간 에고(Human Ego)

의식하는 자아가 분리와 이원성의 환영 속으로 하강했을 때 인간 정신 안에서 형성된 요소입니다. 의식하는 자아는 순수의식이므로, 원래 분리된 존재로서 활동할 수 없습니다. 그런데도 의식하는 자아는 분리된 자아의 감각 안으로 들어갈 수 있으며, 그 자아의 인식 필터를 통해 세상을 인식할 때는 자신이 정말 분리된 존재라고 믿을 수 있습니다. 이 왜곡된 인식을 실제로 여기도록 만드는 것이 바로 에고입니다.

입문(Initiation)

그리스도 의식을 향해서 의식을 높여가는 점진적인 과정을 의미합니다. 이것은 각 개인이 내면에서 안내를 받는 개별적인 과정이 될 수 있지만, 일반적으로는 외부의 가르침이나 구루, 또는 단체를 따르는 것을 포함하고 있습니다.

은거처(Retreats)

많은 상승 마스터들은 에테르층 또는 정체성층에 존재하는 영적인 은거처를 가지고 있습니다. 육체가 밤에 잠든 동안, 우리는 정묘체(finer bodies)로 그러한 은거처를 방문하게 해달라고 요청을 할 수 있습니다. 은거처는 보통 지상의 물리적인 장소 위에 위치하고 있으나 에테르 층에 있으므로, 물리적인 수단으로는 감지될 수 없습니다. 각 은거처는 지구로 내보내는 특정한 영적 에너지에 초점을 맞추고 있습니다. 또한, 준비가 된 사람들에게 특정한 가르침을 주는 집중점이 될 수 있습니다.

의식하는 자아(Conscious You)

의식하는 자아는 우리의 하위 존재의 핵심입니다. 의식하는 자아는 바로 아이엠 현존의 확장으로서, 영적인 세계에서 하강한 것입니다. 우리의 자유의지가 자리한 곳은 바로 의식하는 자아입니다.

그러나 우리는 자신의 인식에 근거해서 선택을 합니다. 만약 의식하는 자아가 순수한 인지능력이 있다면 아이엠 현존을 위한 열린 문으로 활동할 수 있습니다. 그러나 한 존재가 분리 의식으로 들어가버리면, 그의 의식하는 자아는 자신을 외면의 자아나 역할과 동일시하게 되고, 그 분리된 자아의 필터를 통해서 모든 것을 인식합니다. 이로 인해 마치 자신이 실제로 분리된 존재인 것처럼 종종 선택을 하게 됩니다.

중요한 점은, 의식하는 자아가 언제나, 그리고 영원히 순수의식으로 남는 다는 사실입니다. 이것은, 의식하는 자아가 스스로 선택하는 어떤 역할로도 자신을 투사할 수 있지만, 그 역할로부터 다시 벗어날 수 있는 능력을 결코 잃어버리지 않는다는 의미입니다. 따라서 그리스도 의식에 도달하여 그 안에서 예수님처럼 "나와 내 아버지(아이앰 현존)는 하나입니다"라고 말할 수 있는 주체가 의식하는 자아입니다.

자유의지(Free Will)

마스터들은 특히 이원성 의식과 관련해서 자유의지를 이해하는 것이 대단히 중요하다고 가르칩니다. 자유의지는 물질 영역이 어떻게 작동하는지에 대해 안내하는 기본 법칙입니다. 예를 들어, 지구는 엘로힘에 의해서 오늘날 우리가 볼 수 있는 것보다 훨씬 높은 상태로 창조되었습니다. 원래는 자원의 부족도 없었고, 자연의 불균형도 없었으며, 질병도 없었습니다.

대부분의 인간이 자유의지를 사용해서 이원성 안으로 하강했기 때문에 이러한 제한적인 조건들이 생겨났습니다. 자연의 정령들, 즉 엘리멘탈들은 대부분의 사람의 의식 안에 있었던 것을 물질적 조건으로 구현해낼 수밖에 없었습니다. 인간들은 지구에 지배권을 가지도록 창조되었고, 엘리멘탈들은 오직 인간들이 정체성, 멘탈, 감정적, 물질적 마음속에 품고 있는 이미지들을 취할 수 있을 뿐입니다.

그러나 자유의지에서 중요한 점은, 우리가 언제든 이전에 했던 선택을 초월할 권리를 가지고 있다는 것입니다. 신과 상승 마스터들은 우리가 이전의 선택들을 초월하는 것을 결코 저지하지 않습니다. 우리가 과거의 선택에 속박되어 있다고 믿게 만드는 것은 단지 에고와 어둠의 세력들뿐입니다.

정체성체(Identity Body)

우리의 정체감을 저장하고 있는 우리 오라/마음의 한 측면.

차크라(Chakra)

오라의 집중점. 일곱 영적인 광선 각각에 대응하는 일곱 개의 주요한 차크라들이 있습니다. 차크라들이 순수한 경우, 우리의 아이앰 현존으로부터 나오는 높은 진동수의 에너지가 차크라를 통해 흐르고, 이것은 우리에게 최대한의 창조적인 능력을 줍니다. 차크라가 오염된 경우 높은 에너지의 흐름은 감소되고, 그 대신 차크라는 우리의 오라로 들어오는 낮은 에너지를 받아들이는 통로가 될 수 있습니다. 심하게 오염된 차크라는 아스트랄계의 낮은 에너지에 개방될 수 있습니다.

초한(Chohan)

각 일곱 영적 광선마다 지도자 또는 주된 교사로 봉사하는 상승 마스터들이 존재합니다. 이 영적인 공직 또는 사무국(spiritual office)을 초한이라고 부릅니다.

카르마(Karma)

모든 것은 에너지이고, 따라서 우리가 무엇을 하든지, 심지어 생각하고 느끼는 것도 에너지를 사용해서 이루어집니다. 우리는 이 에너지를 아이앰 현존으로부터 선물로 받습니다. 우리가 받는 에너지는 순수하지만, 우리 마음의 네 층에 담겨 있는 내용에 따라서 에너지의 질이 변화됩니다. 우리는 자신의 에너지 사용에 대한 책임이 있으며, 오용된 에너지는 우리의 오라와 아카식 레코드 양쪽에 카르마로서 저장됩니다. 우리가 상승하기 위해서는 모든 에너지를 원래의 진동수로 높임으로써 균형을 잡아야 합니다.

또한, 마스터들은 카르마에 대해 더 깊은 이해를 제공하는데, 카르마는 우리 마음의 네 층에 보유하고 있는 이미지들입니다. 우리는 모든 것을 이 에너지의 필터를 통해서 보고 있으므로, 끊임없이 에너지의 질을 변화시키고 있습니다. 그러나 우리에게는 자신이 가진 정신적인 이미지들을 관찰하면서 언제든지 제한된 이미지들을 초월할 수 있는 선택권이 있습니다, 그리고 진정 이러한 초월을 통해서 그리스도 신성으로 가게 되며, 자신의 신성한 정체성을 받아들이게 됩니다.

카르마의 균형을 잡는 데에는 두 가지 방법이 있습니다. 우리는 디크리와 기원문들을 통해서 영적인 에너지를 불러일으키고 에너지를 다시 순수하게 하여, 우리의 현재 의식 수준을 벗어날 수 있습니다. 이것은 가능하지만, 느린 과정입니다. 왜냐하면, 우리는 계속 더 많은 카르마를 만들어 가고 있기 때문입니다. 더 빠른 방법은 정신적인 이미지들을 초월하는 작업을 하는 것이고, 그럼으로써 우리는 새로운 카르마의 생성을 멈추게 됩니다. 우리가 여기에 이르면, 남아 있는 모든 카르마의 균형을 훨씬 더 빨리 잡을 수 있는데, 높은 의식 상태에서는 더 많은 에너지를 불러일으킬 수 있기 때문입니다.

타락/추락(Fall)
가장 넓은 의미에 있어서, 자기-의식을 가진 존재가 분리 의식 속으로 내려오는 과정을 가리킵니다. 타락 이전에 우리는 자신을 고립된 존재가 아니라 자신보다 더 큰 어떤 존재에게 연결되어 있는 존재로 봅니다. 타락 이후에 우리는 자신이 신에 의해 버림받고 처벌 받은, 분리된 존재라고 확신하게 됩니다.

중요한 차이점은, 타락 이후부터는 우리가 자신의 성장에 대한 책임감을 가지기가 어렵다는 것입니다. 타락은 우리 자신의 선택에 의해 일어난 것이므로, 오직 자신의 선택에 의해서만 되돌릴 수 있습니다. 우리가 자신을 분리된 존재로 여길 때, 다른 사람에 미칠 영향을 고려하지 않고 자신이 원하는 무엇이든 할 수 있다고 생각하게 됩니다. 이로 인해 우리는 지속적으로 타인과의 투쟁에 빠져들게 되며, 더 나아가 타인과 물질우주와 심지어는 신과 맞서서 싸워야 한다고 생각하는 마음 상태로 이어질 수 있습니다.

이런 마음 상태는 딜레마에 봉착하는데, 자신의 상황이 스스로의 선택이 창조한 것임을 인정하지 않는 한, 그 선택을 바꿀 수 없기 때문입니다. 그 대신 타인과 물질세계를 강압적으로 통제하고 심지어 신까지도 통제하여 자신의 상황을 변화시키고자 합니다. 자기 눈에 있는 들보는 무시하면서 타인의 눈에 있는 작은 티를 변화시키려고 모색하는 것입니다.

추락한 존재들(Fallen Beings) 또는 추락한 천사들(Fallen Angels)

넓은 의미에서, 이원성 의식에 의해 눈이 멀어 있는 모든 존재를 의미합니다. 그러나 흔히 마스터들은 좀 더 구체적으로, 이전 구체에서 타락했던 존재들의 그룹을 지칭할 때 이 용어를 사용합니다. 이들의 중요한 특징은, 그들이 타락 이전에 이미 상당한 수준의 성취에 이르러 있었다는 것입니다. 따라서 그들은 대개, 이 행성에서 삶을 시작한 존재들보다 더 월등한 능력을 갖추고 있습니다.

역사를 통해 추락한 존재들은 종종 강력하지만, 잔학한 지도자들이 되었는데, 분명한 예들은 히틀러, 스탈린, 마오쩌둥입니다. 그러나 많은 추락한 존재들은 눈에 띄는 권력의 남용 없이 중요한 위치를 차지하고 있으면서 사회에 지대한 영향을 미치고 있습니다. 그들의 주된 특성은, 대부분의 지구 사람에 대해 우월감을 느끼면서 자신들이 옳다고 절대적으로 확신하는 것입니다. 또한, 물리층으로 육화하지 않고, 아스트랄층이나 멘탈층에 머무는 추락한 존재들도 있습니다.

황금시대(Golden Age)

현재, 지구는 원래 엘로힘이 의도했던 것보다 더 낮은 상태로 존재합니다. 이런 상태는 대부분의 사람이 이원성 의식에 의해 현혹됨으로 인해 생겨났으며, 필연적으로 다양한 갈등과 한계에 봉착하게 됩니다. 그러나 상승 마스터들, 특히 다가오는 2000년 주기의 지도자인 성 저메인의 목표는, 임계수치의 사람이 개별적인 그리스도 신성에 이를 수 있도록 영감을 주는 것입니다. 충분한 수의 사람의 의식이 높아지게 되면 오늘날보다 훨씬 높은 상태의 사회가 구현될 수 있으며, 이것을 일반적으로 황금시대라 부릅니다.

▶ 아이앰 출판사 연락처
· 이 책의 오류 및 아래 내용과 관련된 문의 사항은 메일로 해주세요.
· biosoft@naver.com (리얼셀프)

▶ 그리스도 의식 카페 안내
　용어집: cafe.naver.com/christhood/2411 (그리스도 의식을 추구하며 카페)
　이 책에 나오지 않는 용어는 카페의 용어집을 참조하거나 카페에서 검색을 하면 다양한 정보를 얻을 수 있습니다. 카페 회원 가입시 상승 마스터 가르침과 관련된 개인적인 질문, 답변도 가능합니다.

▶ 온라인, 오프라인 모임 및 행사 안내
· **공부 모임**: 서울, 분당, 대전, 대구, 부산 등에서 매달 온/오프라인 모임
　(공부를 하기 위한 진지한 목적으로는 누구나 참여 가능함)

· **온라인 기원문 낭송**: 카페에서 매주 1~2회 저녁에 공동 기원문 낭송

· **성모 마리아 500 세계 기원**: 매월 마지막 일요일 개최
　(오후 3시~7시 또는 8시~12시. 전 세계적으로 같은 시간에 진행)

· **상승 마스터 국제 컨퍼런스 및 웨비나**: 한국에서 매년 또는 정기적 개최
　(한국, 유럽, 러시아, 미국 등에서 매년 개최함)

· 더 상세한 내용은 네이버 카페 공지사항을 참조하시기 바랍니다.
　(cafe.naver.com/christhood)

▶ 자아통달 과정

상승 마스터들은 2012년부터 매년 한 광선에 해당하는 자아통달 시리즈의 책을 킴 마이클즈를 통해서 전해주었습니다. 이 과정은 책만 구입하면 별도의 비용이 들지 않고 개인적으로 누구나 수행할 수 있습니다. 처음 수행하는 분은 비영리 단체인 '그리스도 의식을 추구하며' 카페에서 진행과 관련하여 도움을 받을 수 있습니다.

- 단계별로 아래의 책을 구입 후 개인적으로 수행을 해도 됩니다.
  (카페에서 번역서 구입 가능. 일부 책은 yes24 등의 전국 온라인 서점에서 구입 가능)
- 초기에는 온/오프라인 모임과 카페의 '자아통달' 메뉴에서 도움을 받을 수 있습니다.
- 각 과정은 책을 읽고 기원문을 낭송하는 방식으로 진행됩니다.
- 수행 시간은 매일 약 20분~40분 내외입니다.

자아통달 시리즈 책 (킴 마이클즈 저)
(카페에서 한글판 서적 및 전자책 구입 가능)

한글 서적 명	시리즈
'영원한 나'를 찾아가는 여정	1
내면의 창조적인 힘 (1광선)	3
'신성한 지혜'를 찾아가는 여정 (2광선)	4
'조건 없는 사랑'을 찾아가는 여정 (3광선)	5
'영적인 순수함'을 찾아가는 여정 (4광선)	6
'초월적인 비전'을 찾아가는 여정 (5광선)	7
'내면의 평화'를 찾아가는 여정 (6광선)	8
'영원한 자유'를 찾아가는 여정 (7광선)	9
생명의 강과 함께 흐르기 (8광선) (내면의 영체들을 초월하기)	2

주의 사항: 상승 마스터 가르침을 처음 접하면, 몇 권의 책을 읽고, 기원문을 일정 기간 낭송하면서 자신에게 적합한지 살펴본 후에 이 과정을 시작하세요. 이 과정 전체를 마치려면 약 2년의 기간이 소요됩니다.

▶그리스도 의식 과정

이 과정은 "그리스도 의식에 이르는 열쇠(Master Keys to Personal Christhood)" 책으로 진행하며, 2008년 킴 마이클즈가 예수님께서 준 메시지를 책으로 출판했습니다. (카페에서 번역서 구입 가능)

이 과정은 예수님과 스승-제자 관계가 되어 그리스도 의식으로 올라가는 과정입니다. 2,000년 전에 예수님께서 제자들에게 모든 것을 말해주셨다는 이야기를 읽었으리라 봅니다. 이 시대에 다시 예수님이 직접 그리스도가 되는 길을 갈 제자를 모집하고 있습니다.

예수님도 육화 중에 이 과정을 동일하게 밟았다고 합니다. 특히 다른 메시지에 언급되듯이, 예수님이 이 과정을 시작할 당시에 이미 높은 의식 수준을 달성해 있었지만, 처음부터 단계를 밟아서 올라갔다고 합니다. 마찬가지로, 여기 온 모든 분들도 자신의 의식 수준을 내세우지 말고 바닥부터 차근차근 올라가시기 바랍니다.

모두 17개의 열쇠가 있으며 열쇠마다 기원문을 낭송하고 메시지의 일부를 읽는 과정을 33일간 실천하라고 제안하고 있습니다. 각 열쇠에 메시지가 있습니다. 메시지를 전체 읽고 나서 기원문을 하시면 됩니다. 그리고 33일간 기원문을 하기 전에 메시지 중 일부를 읽고 생활하면서 숙고하는 과정으로 진행됩니다. 예수님께서 마음속으로 어떤 아이디어와 가르침을 주십니다.

- 책을 보면서 카페의 '그리스도 의식 과정' 메뉴 또는 오프라인 모임에서 도움을 받을 수 있습니다.
- 단계별로 책의 내용을 일부 읽고, 로자리 또는 기원문을 매일 약 한 시간 낭송합니다. 단계별 33일간 매일 계속합니다.
- 총 17단계이며, 책에 나오는 예수님의 가르침에 따라서 진행합니다.

주의 사항: 상승 마스터 가르침을 처음 접하면, 몇 권의 책을 읽고, 기원문을 일정 기간 낭송하면서 자신에게 적합한지 살펴본 후에 이 과정을 시작하세요. 이 과정 전체를 마치려면 약 2년의 기간이 소요됩니다.

▶ 영적인 힐링 과정

"예수와 함께했던 나의 생애들" 책은 지구에 육화한 어느 존재의 수많은 전생 이야기를 통해 지구 문명과 예수 그리스도의 사명과 악의 기원에 대해 깊은 통찰을 제시하는 자서전적 소설입니다.

"힐링 트라우마" 책은 소설 "예수와 함께했던 나의 생애들"과 짝을 이루는 수행서(workbook)입니다. 그 소설은 많은 영적인 사람이 자원자나 아바타로 지구에 오게 되었다는 개념을 소개합니다. 우리는 그때 지구에서 겪은 경험의 결과로 깊은 영적인 트라우마를 받았습니다.

아래의 책들은 이러한 개념에 대한 더 많은 가르침을 포함하고 있습니다. 또한, 여러분이 그 트라우마들을 치유하고, 이 행성에서의 삶의 태도에서 모든 부정성을 극복할 수 있도록 도울 수 있는, 실제적인 도구들을 포함하고 있습니다. 이 책을 활용하기 전에 우선 "예수와 함께했던 나의 생애들" 소설을 읽어볼 것을 권합니다. 그 소설이 여러분이 치유 과정을 시작하도록 도울 수 있는 중요한 가르침을 많이 포함하고 있기 때문입니다.

· 단계별로 아래의 책을 구입 후 개인적으로 수행을 해도 됩니다.
  (카페에서 번역서 구입 가능. 일부 책은 yes24 등의 전국 온라인 서점에서도 구입 가능)
· 초기에는 오프라인 모임, '힐링 과정' 메뉴에서 도움을 받을 수 있습니다.
· 책을 읽고 기원문을 낭송하는 방식으로 진행됩니다.

아바타 시리즈 책 (킴 마이클즈 저)
(카페에서 한글판 서적 구입 가능)

한글 서적 명	시리즈
예수와 함께했던 나의 생애들	1
힐링 트라우마	2
신성한 계획 완성하기	3
최상의 영적인 잠재력 구현하기	4
지구에서 평화롭게 존재하기	5